U0561683

大
方
sight

这才是丝绸之路

重抵历史现场的行走

侯杨方 著

中信出版集团 | 北京

图书在版编目（CIP）数据

　　这才是丝绸之路：重抵历史现场的行走 / 侯杨方著. -- 北京：中信出版社, 2023.2
　　ISBN 978-7-5217-4800-0

　　Ⅰ.①这… Ⅱ.①侯… Ⅲ.①丝绸之路－考察 Ⅳ.①K928.6

　　中国版本图书馆 CIP 数据核字（2022）第 175946 号

这才是丝绸之路——重抵历史现场的行走
著者： 侯杨方
出版发行：中信出版集团股份有限公司
　　　　（北京市朝阳区东三环北路 27 号嘉铭中心　邮编　100020）
承印者： 北京启航东方印刷有限公司

开本：670mm×970mm 1/16　　印张：25.25　　字数：207 千字
版次：2023 年 2 月第 1 版　　印次：2023 年 2 月第 1 次印刷
书号：ISBN 978-7-5217-4800-0　　审图号：GS 京（2022）1116 号
定价：168.00 元

版权所有·侵权必究
如有印刷、装订问题，本公司负责调换。
服务热线：400-600-8099
投稿邮箱：author@citicpub.com

目 录

自　序　你从未见过的丝绸之路　　I

古道丝绸路　犹闻汉唐风

一　我们真的了解"丝绸之路"吗？　　3
二　"丝绸之路"概念究竟是怎么提出来的？　　16
三　葱岭之外：从帕米尔到地中海　　26
四　张骞通西域之前、之后希腊的影响　　39

闻道寻源使　从此天路回

一	张骞的传奇"凿空"之旅	55
二	西规大河，列郡祁连	61
三	天马之路：丝绸之路最终贯通	64
四	列邮置于要害之路：悬泉仍然长流	70
五	绿洲、高原：丝绸之路的地理环境	80

玉门山嶂几千重　山北山南总是烽

一	河西走廊与丝绸之路的"咽喉之地"敦煌	93
二	发现敦煌文书的王道士与斯坦因的百年纠葛	103
三	西出玉门，东归阳关，敦煌楼兰之间	115
四	何处玉门关：我们认为的"玉门关"并非玉门关	155
五	玄奘的"玉门关"并不是敦煌以西的玉门关	165
六	重走玄奘路的戈壁挑战赛路线	179

花销葱岭雪　毂尽流沙雾

一	其山高大，上生葱：什么是葱岭？什么是帕米尔？	191
二	时光凝固的喀什卡苏：发现唐代剑末谷	205
三	葱岭以西的瓦罕：玄奘的达摩悉铁帝，高仙芝的护密	216
四	壮丽的波谜罗川：葱岭丝路的主干道	228
五	阳光照耀塔什库尔干：公主堡和石头城	240
六	玄奘的"人生巅峰"：何处大石崖？	248
七	赤佛堂西是汉家：高仙芝远征	258
八	巴控克什米尔：穿越风之谷的喀喇昆仑公路	266
九	佛遗足迹于此，至今犹尔	278

明月出天山　苍茫云海间

一	玄奘为何要绕路热海	295
二	通往费尔干纳盆地的"鸟飞谷"	299
三	从丝路中道到北道的热海道	309
四	何处赤谷城？	317
五	天山脚下的楚河与碎叶	323
六	凭吊怛罗斯古战场	332
七	粟特人的河中	339
八	找到丝路的重要地标：铁门	362
九	阿姆河边的希腊遗迹和佛国	369
十	在最神秘的国度寻找波斯、希腊、印度遗迹	376

结束语　读万卷书，行万里路　　388

自 序

你从未见过的丝绸之路

"丝绸之路"几乎家喻户晓，无人不知，一提起它却总是不能脱离"大漠黄沙驼队"这一经典而又单一的意象，这很好地体现了信息时代想象力的贫困，因为很少有人能真正重走丝路，特别是那些人迹罕至而正好保留了原来风貌的地区。本书就是想提供给读者一幅"你从未见过的丝绸之路"的画卷，揭示丝绸之路产生的前因后果与历史演变过程，首次披露考察发现的玉门关遗址、中亚铁门、葱岭重要山口等丝路的重要地标。

2011年8月，我第一次到新疆，作为一名纯粹的观光客去了帕米尔高原，被其瑰丽壮美的景观震撼。我毕竟从事历史地理研究，知道古称"葱岭"的帕米尔高原是丝绸之路的重要交通枢纽；我又喜欢户外探险，特别好奇丝绸之路当年是走哪几条河谷，翻越哪几座山口，但翻阅了大量的研究论文后，并没有找到满意的答案，心想不如自己去寻找答案，这就是我自 2012 年以来一直从事丝绸之路"精准复原"工作的由来。

一切纸面资料仅仅提供线索，而不是结论和事实本身，再精妙的论证研究也不过是纸面作业，甚至文字游戏。"精准复原"要求超越纸面的研究，必须亲临现场，重走路线，给出精确的轨迹与照片、视频，必须公开结果可供重复性检验。于是 2013 年 4 月，在前期大量纸面准备的基础上，我选择了境内的帕米尔高原，开始了第一次丝绸之路精准复原的实地考察。自此，我探访的范围遍及境内外的帕米尔高原、陇山左右、河西走廊、罗布泊、南北疆、中亚诸国，以及巴基斯坦、阿富汗，从伊朗的最东部锡斯坦直至德黑兰。经过几十次的实地考察，初步精准复原了从中国陕西直至中亚的丝路主干道，找到并精准定位了重要的地标——汉唐的玉门关、玄奘的"大石崖"、高仙芝的青山岭、中亚的铁门等，随后建成了第一套"丝绸之路地理信息系统"，将历次考察的 GPS 轨迹、重要地标的经纬度以及照片公开于网络。

在前期的考察准备与实际的考察过程中，我不断思索究竟什么是丝绸之路并沉浸于它的多姿多彩，今天我之所见，即张骞、玄奘、马可·波罗之所见；也感喟"大漠驼队"这一经典丝路意象只是现代人想象力贫困的产物。因此我想用这本书向世人说明，丝绸之路是沟通亚欧大陆的重要文明之路，它绝非只有"大漠黄沙"，而是由绿洲、雪山、峡谷、草原、森林、冰川、鲜花、关隘、驿站、石窟、寺庙等组成的绚烂画卷。

自　序　你从未见过的丝绸之路

　　本书的很多结论和重要地标照片都是第一次正式公布，所有的地点、线路都是我本人的亲身经历，而不是根据前人纸面资料的推演，所以本书是用纸面资料作为线索，提出假设，用实地考察作为检验方式的原创性产物，希望提供给世人一幅"你从未见过的丝绸之路"的画卷。

自玉门、阳关出西域有两道。从鄯善傍南山北,波河西行至莎车,为南道;南道西逾葱岭则出大月氏、安息。自车师前王廷随北山,波河西行至疏勒,为北道;北道西逾葱岭则出大宛、康居、奄蔡焉。

——《汉书·西域传》

古道丝绸路　犹闻汉唐风

一

我们真的了解"丝绸之路"吗?

非经玉门、阳关、葱岭,皆非丝绸之路。

大家对丝绸之路都有自己的想象,你也许去了敦煌,也许去了喀什,也许去了西安,就认为自己到了丝绸之路。当然这并没有错,因为它们都是丝绸之路上的一个个地点。但是丝绸之路是"线",而且是多条线,是路线的网络。古代的丝绸之路到底是怎么走的?它经过的具体地形、地貌到底是什么样的?我想可能绝大部分人根本就没有概念,因为我们一般都是坐汽车、火车或者搭乘飞机,很少有人真正身临其境。另外,学术界关于丝绸之路的研究,基本上还是利用历史文字资料,也就是纸面上的资料,以纸面研究为主,到实地考察的人相对来说比较少,真正重走古代丝路路线的人更少。而且,现代人经常重走的丝绸之路无非是几个旅游热点,如西安、敦煌、喀什等,它们都是现代化城市,与东部沿海城市相差无几,与丝路时代的风貌相去甚远,而最贴近古代风貌的地区恰恰是从古至今人迹罕至之地，这也是我本人考察的重点与本书的重点。为什么本书的标题为《这才是丝绸之路》？这就是原因。

我从2012年开始做丝绸之路的精确复原研究，并于2013年4月进行了第一次丝绸之路实地考察与路线"精准复原"，到现在为止，已经进行了几十次实地考察，覆盖了关中平原、陇东山地、河西走廊、包括罗布泊和楼兰在内的南疆、北疆、帕米尔高原、中亚五国、巴基斯坦、阿富汗、伊朗等地，这些地点都是古代丝绸之路的主要路段所在，因此本书将以这些地区的丝路复原为主。

首先要讲一下什么是"精准复原"。在学术研究中，我很反对创造学术概念、术语，能表达的，尽量使用日常用语，但"精准复原"是个罕见的例外，是我创造的极少数概念之一。

那么什么是"精准复原"？它有4个要求和条件：

第一，必须要实地考察，而不是从纸面到纸面，即不能仅仅根据记录在纸面的文献资料来研究、复原路线。这里所说的"纸面"，当然还包括现在越来越多的电子介质和网络，我将它们统称为"纸面"。所有记录于纸面的资料，除少数文献之外，其余都是二手或被转引过多次的资料，并非亲临实地、现场的原创采集的信息，因此很难保证它们的可信度。另外，在目前的信息时代，二手及以上的资料非常容易得到，因此仅仅根据这些资料做的研究天生就缺乏原创性，很难提供给人们新鲜的、真实的、可靠的、宝贵的信息。从纸面到纸面的研究，即使做到极致，也不过是纸

一　我们真的了解"丝绸之路"吗？

精准复原：拿出你的 GPS 轨迹、地标经纬度以及照片，任何人到了同一地点，一定会看到同样的景观（图片资料来源于侯杨方"丝绸之路地理信息系统"[1]）

面上的逻辑自洽，换言之，最多是漂亮的文字游戏和推理，但要落到实处，使人完全信服，就需要第二点。

第二，必须要有实地考察的 GPS 定位、轨迹。如果没有实地考察，那么复原路线的成果是很难让人信服的。你自己都没有走过，如何有说服力让受众相信你的研究成果？那么如何证明你确实去了实地，而且确实重走了这些路线呢？在现代，非常简单，就是拿出你的 GPS 定位和行走轨迹，它们极难伪造，因此可作为令人信服的论据支撑论点。

第三，必须制作"地理信息系统"（GIS）发布于网络，公开考察的轨迹与地标的经纬度、照片、视频。这些都是传统的纸

1　该系统详见 http://silkroad.fudan.edu.cn/。

面无法表现的，所以这里需再一次强调，复原线路不能从纸面到纸面——如此大量的数据，如地标、轨迹、照片、视频等资料都来自实地采集，它们无法在纸面记录，也无法以传统的纸面方式表达。

第四，必须能令他人根据你的复原路线进行重复性检验，复原精度在目视范围内。在中文世界，"科学"是一个经常被滥用的词，比如这个事"不科学"，此处的科学就是"正确"或"真理"的同义语，但科学（词源为拉丁文"scientia"，意为"知识"）是一种系统性的知识体系，它积累、组织并提供可检验的有关宇宙的解释和预测。科学强调预测结果的具体性和可证伪性，它也不等同于寻求绝对无误的真理，而是在现有基础上，摸索式地不断接近真理。是否属于"科学"范畴只有一个标准：能否进行重复性的检验，即是否具有可证伪性。你在实验室或实地得出的结论，要公开使用的材料与论证的过程，以便其他人可以重复你的过程。如果大家得出相同的结论，那么这个研究的结果就被证实，否则则证伪；而单纯从纸面到纸面的研究只能陷入无休无止的无意义争论。"复原路线"是把纸面上未经证实的资料只当作线索而不是证据，然后到现场还原、验证，用现场的地形、地貌去验证纸面上的资料记录，或者察看之间有什么样的差异以及原因何在。

那么为什么说"非经玉门、阳关、葱岭皆非丝绸之路"？这个说法可能大家没太听说过。我们都听说过玉门关、阳关，也可能有少数人听说过葱岭，即今天的帕米尔高原。那么为什么未经

一　我们真的了解"丝绸之路"吗？

想象力的贫困：大漠黄沙骆驼，虚假的丝绸之路（图片来源于网络）

过这三个地方之一都不能叫丝绸之路？大家都对丝绸之路有自己的理解，但这里所说的"丝绸之路"是经典意义上的丝绸之路。现在提到这一概念经常有泛化的倾向，丝绸之路遍地开花，似乎所有的道路都可以统称为丝绸之路，甚至我们可以称通向巴基斯坦的中巴友谊公路也是丝绸之路。这是新时代的丝绸之路，而本书中所说的"丝绸之路"还是古典意义、经典意义上的丝绸之路。

丝绸之路有3个最重要的地标：玉门关、阳关与葱岭。为什么是它们？这一章节要讲的就是丝绸之路的缘起与背景，这决定了这3个地标的重要性。

提到丝绸之路，大多数人脑海中浮现的画面便是大漠、黄沙与骆驼。那为什么大家都会不约而同想到这样一幅画面？为什么几乎所有的文艺作品、会议招贴、宣传海报都是这种样子？这就是"想象力的贫困"，也就证明绝大多数人根本就不知道真正的丝绸之路的地形地貌是什么样子的，不知道真正能代表丝绸之路的地标是什么。

因为我们绝大多数人都生活在东部沿海地带，那里经常下雨，放眼看去满目葱茏，绿树成荫，所以更喜欢也更倾向于一种异域的想象：中国的广大西北地区，以及境外的中亚地区应该是反差极大的大漠黄沙，丝绸之路的景象就是一队骆驼从大漠黄沙中穿过。这又是为什么呢？因为很多人缺乏在那些地区实地行走而不只是单纯旅行的经验。你只要去实地行走，就知道这个情景是出现不了的。绝大多数人都是搭乘现代交通工具飞机、火车和汽车。飞机自不必讲，古人绝无可能搭乘，那为什么我们在火车和汽车上也无法体验真正的古代道路？原因很简单，在这些干旱地区，铁路和公路特别是高等级公路都尽量避开有住家、耕地、牧场的绿洲，而取道戈壁沙漠，以免占用宝贵的宜居地。这样很容易给外地游客一种错觉，以为甘肃、新疆及中亚地区都是大漠黄沙和戈壁。

敦煌的鸣沙山有一个很著名的旅游项目，就是骑着骆驼爬沙丘。沙丘蛮高的，鸣沙山有一二百米高，我也骑过几次，但是兴趣不大，因为这就是典型的异域想象。如果你骑着骆驼爬鸣沙山，虽然只有半小时、一小时，你会强烈感觉到什么？干燥、热，非常难受。这还仅仅是短时间内的感觉。如果古代丝绸之路的行人这样走几天甚至几个月，怎么受得了？不是人先趴下，就是骆驼先趴下。想想就明白了，这种情景完全违背生活的经验常识。

我们所有的想象都不能违背基本的常识，不能超越人的生理极限。在2016年"十一"黄金周，一匹骆驼就这样被累死了。旅游项目都把骆驼给累死了，大家想想走几百公里、几千公里要累死多少骆驼？而且你爬高大的沙丘有什么意义呢？上面没有草、没有水，更没有可以遮阳的绿荫，难道让一匹骆驼背着丝绸，另一匹骆驼再背着水吗？这是完全不可想象的。人可以一天不吃饭不吃干粮，但你一天不喝水，在这种烈日暴晒下试试？

所以我们要回归常识，"丝绸之路"一定是一条"常识之路"。不仅在研究丝绸之路的时候，在写其他著作或者文章的时候，我也经常会强调一句：我们要回归常识，也要将自己带入情境。带入进去能不能做到这件事情？如果你做不到，完全是想象之外的，完全是超越常识的，我们就知道这种场景基本上不可能出现。我们对于丝绸之路有很多异域的想象，骆驼爬沙丘的异域想象是最常见的，但这是不可能出现的，丝绸之路如同所有古代道路一样，不能脱离水、草，在中国西北内陆与中亚的干旱地区，也需要遮阳的绿荫。

对丝绸之路的想象是很多的。2017年中央电视台财经频道曾经拍摄过一部8集纪录片，叫《丝绸之路经济带》，主要是在巴基斯坦拍的，第一集在巴基斯坦的塔克西拉（Taxila）取景，就在伊斯兰堡的西边大概几十公里处。我去过塔克西拉，那是一处世界文化遗产，一个有 2000 多年历史的巨大的佛教遗址，里面有很多佛塔，还有寺院遗址。100 多年前英国在那里进行考古发掘，出土了大量的佛像。摄制组去那里采访，碰到一个当地的"专家"，还让他在镜头前讲解。当时我正认认真真看这部纪录片，看到他的时候，真是忍不住要笑，因为这位"专家"和我是老相识。

2016 年 10 月，我去塔克西拉的时候，这个人正好和大概七八个中青年男子坐在遗址入口处，他们英语讲得不错，一定要给我当导游。我一开始拒绝了，因为对这里的一切都很熟悉，路标、说明牌也都写得很清楚，但他非要当我的导游，非常热情，陪着我走了两三个小时，而且不收我的钱。天下没有白吃的午餐，只要违背常识的事，大家都要打个问号。

那么他的目的是什么呢？最后我们还一起合影，要告别的时候他拿出了几枚金币让我买，说这是贵霜帝国时期或者是希腊-印度王国时期流行于当地的金币，我说我没有美元，也没有卢比，因为我的学生在伊斯兰堡，我是一个人过来的，身上只有 200 元人民币。他说没关系，人民币也要的，我就将 200 元人民币给了他，表示感谢。他给我几枚金币、银币，又另外给了我几尊佛像，他非常真诚地说这些佛像都是假的。但 200 块钱你怎么可能会买到真的古币？这些金币、银币当然也是假的。

我讲这个故事是为了说明，如果电视现在还像 30 年前一样是我们的主要媒体的话，那么我们关于丝绸之路的认识，就会来自

一　我们真的了解"丝绸之路"吗？

与塔克西拉的"专家"在一起[1]

一个卖假文物的贩子，可想而知这一集将近一个小时的纪录片讲的东西靠谱吗？央视财经频道的微博还总结了这一集的主要内容，总共讲了三个观点：

1. 玄奘此行取经的终点是塔克西拉；

2. 丝绸之路的南线和北线最终都在塔克西拉汇合；

3. 对于从中亚、欧洲到东土大唐的那些商人来说，塔克西拉就是他们眺望东土大唐的第一站。

1　图片来源于作者。本书中所收录的实拍照片，如无特别说明，均为作者所拍摄。

我们经常讲，随便聊天时，一个人说一段话，发生一些技术性错误、偶然性错误很正常，比如记错了时间、地点、人名等。但一集一个小时的电视纪录片，总共就讲这三个主要观点，竟然一个都不对，这是非常罕见的。为什么说它一个都不对？很简单，因为我是做历史地理研究的，我非常喜欢地理，地理非常明确，要确定地球表面上一个地点的位置在哪儿，只需要两个参数——纬度、经度就行了，没必要争论，只要它存在就一定能找到，而且只要两个参数就可以确定。我们不需要像人文社会学科那样经常争来争去，商榷来商榷去，越来越复杂，几十年也没个结果，地理是简单而纯粹的。

塔克西拉在哪儿？就在下图红圈的位置，巴基斯坦首都伊斯兰堡的西边一点。玄奘取经的终点在哪儿？玄奘在印度生活了十几年，他游历了几乎整个印度，但你如果一定要确定一个终点，那他生活时间、学习时间最久，对他影响最大的地方就是那烂陀寺，它的遗址现在也是世界文化遗产。玄奘在那里学习了5年多。那烂陀寺在哪儿？就在塔克西拉的东南方。这两地步行距离超过1700公里，直线距离超过1500公里。那你怎么可以说玄奘的取经终点是塔克西拉呢？根本不是这样的。

那么丝绸之路的南线、北线是不是都经过塔克西拉？请看这张地图，红圈是塔克西拉，它的北面有两条黄色的线，就是丝绸之路的南线和北线。南线、北线都经过帕米尔高原，然后经过现在的阿富汗、中亚地区到达伊朗，再去往地中海，并不经过塔克

一　我们真的了解"丝绸之路"吗？

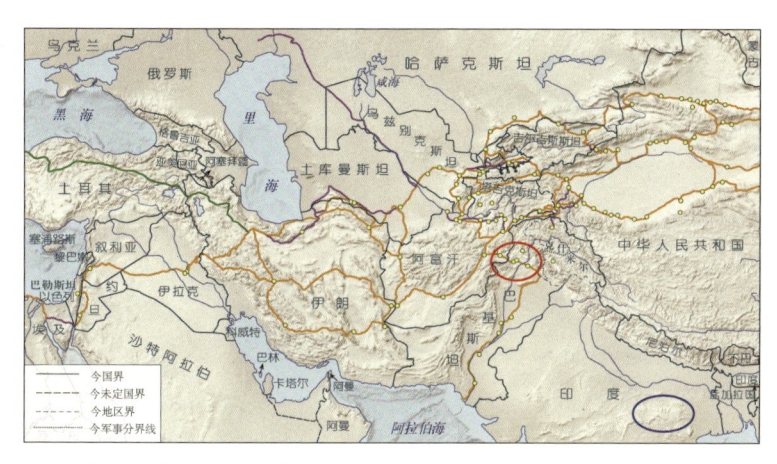

塔克西拉（红圈）、那烂陀寺（蓝圈）与丝绸之路（图片资料来源于侯杨方"丝绸之路地理信息系统"，本地图由星球地图出版社编制）

西拉。经过塔克西拉的这条丝路是一条去往古印度（含巴基斯坦）的支线，从阿富汗到巴基斯坦，然后再向东到恒河流域。反过来讲，中亚和欧洲的商人去东土大唐也不可能经过塔克西拉，那条路线明明是去印度，而不是去中国的，所以第三点也不正确。因此请"假文物贩子"充当专家出镜不会有好结果。

关于丝绸之路的其他错误想象还有没有？当然有。我们知道张骞是陕西汉中人。他的家乡现在要发展旅游，造了一个"西域风情园"，因为张骞曾出使西域。那么他看到的西域应该是什么样子呢？这个西域风情园竟然是伊斯兰风格的。我们都知道张骞到达西域的时候是2100多年前，而伊斯兰教在阿拉伯半岛诞生的时间是1400多年前。我也很喜欢历史，历史就是时间线，地理就是空间线，时间线和空间线都很明确，不能错乱，距伊斯兰教在

西安地铁站壁画中的"玄奘"

阿拉伯半岛诞生的 700 年前，张骞在西域看到伊斯兰风格的建筑，这是绝无可能的。

还有一个例子是陕西西安大雁塔地铁站的一幅壁画，画面中间是大雁塔，它是唐朝皇帝为玄奘造的，把从西天取来的 600 多部经书收藏在里面。那么大雁塔前面的这个和尚是谁？很多人都会毫不犹豫地讲，是玄奘。我就问一个最简单的问题，你怎么知道这个人是玄奘？你见过玄奘吗？玄奘有照片吗？有当时的画像吗？都没有。那你为什么认为这个人就是玄奘？因为很多历史课本、历史著作中就将此人当作了玄奘。这个和尚颈上戴的是骷髅头项链，明显是佛教密宗，玄奘不是密宗，不可能戴着骷髅头项链。那么这幅画是哪来的呢？是民国时期从日本传过来的。这幅画的原版收藏在东京国立博物馆，画的是一位镰仓时代的日本行脚僧，他背着的是能遮雨的背篓，因为日本经常下雨，而且日本从一个村庄到另一个村庄之间距离很短，背着背篓可以去化缘。玄奘是

一　我们真的了解"丝绸之路"吗？

去西天取经，经过西域要翻越天山、葱岭和兴都库什雪山才能到达印度，背着这么重的背篓步行，他能走到吗？

玄奘写得非常清楚，他从头至尾都骑着马，当然他更不可能一边骑着马，一边还背着背篓了。所以，认为这幅画像是玄奘完全是凭空想象，是一个错误。这个错误也就流行不到100年，但是现在已经变成我们的一个固定认知了，大家只要看到这幅画像就认为是玄奘，事实上他不仅不是玄奘，甚至不是中国人，而是日本和尚。我们对丝绸之路充满着各种各样的奇妙想象，但真实的丝绸之路究竟是什么样的？它经过哪些地方？景色如何？很多人不究其根本，就简单粗暴地用一幅骆驼爬沙丘的图画代替了。

玄奘去的是印度，所以这幅壁画里有泰姬陵，大家都知道它是印度的象征。但玄奘的时代绝无可能有泰姬陵，泰姬陵还要晚近1000年，我们总会有一些时间性和空间性的错乱，甚至把主人公都弄错了。

所以还是要问一句：我们真的了解丝绸之路吗？

"丝绸之路"概念究竟是怎么提出来的？

正本清源，要明白丝绸之路到底是什么，首先要明白"丝绸之路"这个概念是谁创造的，他创造时所指的具体内涵是什么。

创造"丝绸之路"这个概念的不是我们中国人。1877年，德国地理学家李希霍芬（Ferdinand von Richthofe）出版了一本书叫《中国——亲身旅行和据此所作研究的成果》（*China. Ergebnisse eigener Reisen und darauf gegründeter Studien*），在第499页出现了德文的"丝绸之路"（Seidenstrasse）。也就是说在1877年之前，全世界都还没有"丝绸之路"这个词，就单纯从词和概念来看，它的历史非常短暂，但这只是一个概念，是"名"，而丝绸之路的实体，即"实"的本身肯定不止100多年，只是李希霍芬后来把路线的实体命名为"丝绸之路"而已。

不仅如此，李希霍芬还画了一幅漂亮的丝绸之路彩色地图，就在他那本书的第499页与500页之间。地图覆盖的空间从最东

二 "丝绸之路"概念究竟是怎么提出来的？

边的中国河南、陕西开始，包括我们中国的甘肃、新疆，以及中亚五国、阿富汗，直到最西边的伊朗。地图上的丝绸之路并非只有一条，路线有两种颜色，一是蓝色，一是红色。蓝色和红色在哪分开的呢？在敦煌以西，然后便进入了南疆塔里木盆地，一条贴着天山南麓，一条贴着昆仑山北麓。那么这两条路线在哪交会呢？在帕米尔高原。

那么李希霍芬为什么会画这幅图？他从哪里得到的资料？他画这幅图并不是凭空想象的。下面我们就要解释这个问题。

这幅图是在1876年绘制、次年出版的，因此它肯定是世界第一幅丝绸之路地图，前面说过，"丝绸之路"这个词就是在1877年由李希霍芬创造的，此前当然不可能有"丝绸之路地图"。地图的右下角有文字说明，这是公元前128年到公元150年，中国到西方的贸易路线。这个时间段实际上就是中国的汉朝（包括西汉、东汉），这个时间范围是比较窄的，后来丝绸之路的时间段一直向后延伸，甚至延伸到了现在。地图显示的空间基本上东起长安，西到里海，伊朗高原的北边，包括了今天的中亚五国、阿富汗、巴基斯坦、北印度、伊朗等广大地区。为什么叫"丝绸之路"？原因很简单，因为运输的主要商品是丝绸。

讲到这里就会明白李希霍芬为什么将这条路命名为"丝绸之路"，这是站在西方人、地中海人、欧洲人立场上命名的。难道中国输出的只有丝绸这一种吗？不是的，肯定还有其他产品，比如茶叶、铜镜、瓷器等手工业品和特产，可在当时，对他们来说，中国输出的最重要的商品就是丝绸，所以这是按照西方的本位立场创造的概念。

对于当时的西方来说，丝绸是非常昂贵的奢侈品。古代陆路交通的成本极其高昂，如果你用驼队将麻布、水稻驮出去，是不会有人要的，因为太贵了，所以一定要运奢侈品，而且要好运输，另一种中国的特产瓷器是没法大规模陆运的，只能海运。所以这条路被命名为"丝绸之路"是非常恰当的。

丝绸在当时罗马市场上的价格要超过等重的黄金，因此它是货真价实的奢侈品。除了冬天，地中海都比较炎热，阳光灿烂，非常晒。罗马的男人普遍穿宽外袍（Toga），女人穿斯托拉（Stola），都是羊毛制品，夏天穿着确实很难受，一旦有了丝绸，立马感觉凉爽、舒适，又显得光彩夺目，华贵非常，丝绸自然就在罗马和地中海的上层社会流行了起来。导致的结果是什么？罗马的贵金属外流。所以当时有些罗马的政治家也抨击丝绸之路对罗马带来的不好的影响，比如社会风气堕落：我们以前很简朴，披着一件粗羊毛的宽外袍挺好的，现在都穿着这么奢侈的丝绸品，又是半透明的，裸露身体，社会风气败坏。1世纪的政治家、哲学家塞涅卡（Lucius Annaeus Seneca）对罗马人穿丝绸大加抨击："我所看到的丝绸衣服，如果它不能遮掩人的躯体，也不能令人显得庄重，这也能叫衣服？少女们没有注意到她们放浪的举止，以至于春光乍泄；男人们为此想入非非，以至于无心恋战……"罗马帝国皇帝提比略（Tiberius Julius Caesar Augustus，公元前42年—公元37

二 "丝绸之路"概念究竟是怎么提出来的?

年)甚至下令禁止男人穿丝绸服装,但最终不了了之。

我们中国人不会把通向西方的道路命名为"丝绸之路",因为当时大江南北、黄河两岸都生产丝绸,丝绸是很普遍常见的产品。那么我们中国人当时叫它什么路呢?我们只要明白李希霍芬丝绸之路地图的来源就知道了。他的根据就是《汉书·西域传》:

> 自玉门、阳关出西域有两道。从鄯善傍南山北,波河西行至莎车,为南道;南道西逾葱岭则出大月氏、安息。自车师前王廷随北山,波河西行至疏勒,为北道;北道西逾葱岭则出大宛、康居、奄蔡焉。[1]

整段话仅75个字,却全面记录了汉朝通向西域的两条道路,汉代的中国人没有"丝绸之路"的称呼,只是非常精当地命名为西域南道、西域北道。

首先这段话说明了西域北道、南道的起点分别是玉门关、阳关,因此玉门关、阳关是非常重要的地标。

玉门关、阳关都在汉朝的敦煌郡,位于河西走廊西端。但这两座承载着中国人2000多年家国情怀的关隘究竟在哪儿?本书将第一次揭示玉门关真正的地点,是的,我已经找到了它的遗址。但阳关遗址到现在仍然没有找到。

---

[1] (汉)班固撰,(唐)颜师古注:《汉书·卷九十六·西域传》,中华书局,1962年版,第3872页。

这里的"西域"是指哪里？

《汉书·西域传》有详细的说明：

> 西域以孝武时始通，本三十六国，其后稍分至五十余，皆在匈奴之西，乌孙之南。南北有大山，中央有河，东西六千余里，南北千余里。东则接汉，厄以玉门、阳关，西则限以葱岭。其南山，东出金城，与汉南山属焉。其河有两原：一出葱岭，一出于阗。于阗在南山下，其河北流，与葱岭河合，东注蒲昌海。蒲昌海，一名盐泽者也，去玉门、阳关三百余里，广袤三百里。其水亭居，冬夏不增减，皆以为潜行地下，南出于积石，为中国河云。[1]

显而易见，汉代的"西域"就是南疆的塔里木盆地，西至时称葱岭的帕米尔高原，东至玉门关、阳关。"南山"为阿尔金山、昆仑山；"北山"为天山。河为塔里木河水系，"一出葱岭"，即指叶尔羌河发源于帕米尔高原；"一出于阗"即指和田河，由玉龙喀什河、喀喇喀什河合流形成，发源于南山即昆仑山；叶尔羌河与和田河合流为塔里木河，东流入"蒲昌海（盐泽）"，即罗布泊，当时面积约1万平方公里，其水位不增不减，很平稳；向南流到青海的积石山，号称是黄河的源头——当然这个说法并不符合事

---

[1] 《汉书·卷九十六·西域传》，第3872页。

二 "丝绸之路"概念究竟是怎么提出来的？

实，反映了当时认知的缺陷；向东300余里即玉门关、阳关。

那么问题来了，什么是"波河"而行？传统的说法是顺着河流。按照传统道路的传统行走方式，长距离旅行一天一般也就行走二三十公里，人可以一天不吃饭，但不可以一天不喝水，驴、马、骆驼也不可能一匹驮着丝绸，一匹驮着水，因此一定要沿着水源而行，所以骆驼爬一座接一座连绵无边的沙丘，美则美矣，但在现实中不可能出现。有了水，有了河，才有可能有草，有树，有绿洲，有定居点，有补给，毕竟驴、马、骆驼也不可能不吃草。

西域的阳光非常强烈，也非常危险，只要在那里有过行走经验的人都明白这一点，因此绿洲非常重要，不仅是提供补给、住宿，也提供遮阳。现代人很少能领略到西域的绿洲，因为现代公路为了不占良田而选择从戈壁沙漠穿过。西域的绿洲有密如蛛网的灌溉水渠，水渠和道路再细，两旁也密密地、不留缝隙地种植着白杨，与长达几十公里的葡萄架一起，交织成绿色的伞盖，即使是盛夏的中午，行走其中也能避开炎热的阳光，这对丝路商队来说至关重要，否则一定会中暑倒下。所以"波河"而行，就是沿着水源而行，沿着绿洲而行，沿着定居点而行，沿着最容易、最安全的道路而行，沿着常识而行。

所以古代的丝路商队骑着驴、马、骆驼行走在沙漠里吗？那是自杀之路，而不叫丝绸之路，因而必须穿越河渠密布的绿洲。

现在很多人坐火车、搭飞机或自驾去了甘肃、新疆就自称"重走丝绸之路"，但一般只是点对点到了一个城市，这些城市和

丝路从绿洲穿过，传统道路更加狭窄

内地差别也不大，很少有人沿着县道、乡道、村道甚至驴道去甘肃、新疆绿洲深处的村庄，那是鲜为外人知的另一个世界，却恰恰保存了传统的风貌和行走模式。

"波河"而行还有另一层意思，即在传统时代，只要能水运，绝不会陆运，因为水运的效率之高、成本之低是陆运远远不能及的，否则为何要耗费人力物力开辟人工运河呢？那么在河西走廊，在西域也能水运吗？答案是肯定的。在河西走廊，传统时代就利用过由东向西流的疏勒河水运，19世纪末20世纪初的著名探险家斯文·赫定（Sven Anders Hedin）从新疆的西南部沿着叶尔羌河、塔里木河、孔雀河一路航行到罗布泊，那么古代的丝绸之路怎么

二 "丝绸之路"概念究竟是怎么提出来的?

可能不加以利用呢?

因此丝绸之路是常识之路,而不是猎奇之路、异域想象之路。

那么为什么要强调"傍南山""随北山"呢?因为新疆、甘肃这种亚欧大陆内部的地区,降水很稀少,水源补给主要靠山上的冰雪融水,而南山是阿尔金山、昆仑山,北山是天山,都是有常年积雪和冰川的雪山,所以贴着山脚的水源最丰富。

鄯善并非现在新疆的鄯善县,而是汉代的西域三十六国之一的鄯善国,它位于现在新疆东南方的若羌县,南山就是阿尔金山与昆仑山,也就是说,西域南道离开敦煌,出了阳关、玉门关后就沿着南山北麓"波河"而行(汉代丝路出了阳关后还北上与玉门关西的丝路会合,到达罗布泊后才分为南道、北道),就是从若羌向西经过和田到达莎车。此段文字中的"莎车"是西域三十六国之一的莎车国,位于现在新疆最大的莎车绿洲,也是新疆最西部的绿洲,再向西,就离开了塔里木盆地,开始攀登葱岭——帕米尔高原了。翻越葱岭到达大月氏、安息。大月氏在哪里?就在阿姆河(Amu Darya)流域,在现在的塔吉克斯坦、阿富汗,阿富汗向西就是安息帝国(Arsacid),又称帕提亚帝国(Parthian),就在现在的伊朗高原和两河流域,即今伊朗、伊拉克,再向西就是地中海。

北道"自车师前王廷随北山","车师前王廷"在哪儿呢?就在现在新疆吐鲁番的交河故城中,在两河相交的一个高台地上。交河故城是世界文化遗产,也是新疆最宏伟的一个古城遗址,非常值得去。顺着被称为北山的天山，就到了西域三十六国之一的疏勒国，位于现在新疆的喀什噶尔绿洲，在莎车绿洲的北边，再向西就要翻越葱岭，所以丝绸之路的南道、北道都要翻越葱岭。葱岭以西就是大宛、康居、奄蔡。大宛在哪里？它的核心区就是现在中亚人口最稠密的费尔干纳盆地；康居就是现在的中亚河中地区，以乌兹别克斯坦为中心；再往西的奄蔡就在里海周边，甚至到达了南俄草原。

这短短 75 个字非常精练，各个要点非常全面，信息很丰富，是世界上最早对丝绸之路路线的记录。李希霍芬就是根据这段文字绘出了世界第一幅丝绸之路地图，并提出了"丝绸之路"这个概念。

这段文字里有 3 个地标最为重要：玉门关、阳关和葱岭。那么为什么要着重强调这 3 个地标呢？

中国人都知道玉门关、阳关。"春风不度玉门关""西出阳关无故人"，这两句诗可以说是无人不晓，但它们表达的意思，显然并非地理上的地标，而是出了玉门关、阳关就出了国门，准确地讲就到了位于沙漠绿洲的西域诸国，并不是说春风刮到玉门关就打个 U-Turn 返回，而是出了玉门关以后，就离开了故土；当然也并非说西出阳关就真的没有了故人。这两句诗说的都是玉门关、阳关是丝绸之路非常重要的界线，是中原汉地和西域的分界线。

分界线很重要。所以李希霍芬的丝绸之路地图中画了两条路线，一条从玉门关出去，一条从阳关出去，这就是西域南道、西

二 "丝绸之路"概念究竟是怎么提出来的？

域北道。

李希霍芬的丝绸之路地图还有一段说明性文字：公元前128年到公元150年中国到中亚的贸易路线。为什么是公元前128年？这一年是汉武帝元朔元年，这一年汉朝使节张骞经过长达10年的颠沛流离到达位于今阿富汗北部、阿姆河南岸的大夏（希腊-巴克特里亚）首都蓝氏城（今阿富汗巴尔赫），他是世界历史上中国与中亚交往第一人，而且他后来又回到了中国，至少记录上没有人比他更早。《史记》称之为"凿空"。

为什么是150年？这一年古希腊的地理学家托勒密（Claudius Ptolemaeus）出版了《地理志》（*Geography*），他转述了推罗城的马林努斯（Marinus of Tyre）记录的"丝绸之路"（Seidenstrasse des Marinus），讲述了一个古希腊-马其顿商人从地中海走到中国当时的都城洛阳的故事。

因此我将公元前128年命名为"丝绸之路元年"，即丝绸之路开辟之年，150年是托勒密《地理志》的成书年代，世界首张丝绸之路地图正是根据《汉书·西域传》与古希腊托勒密《地理志》的记录绘制而成的，因此最初的"丝绸之路"有着严格的时间和空间限制。

葱岭之外：从帕米尔到地中海

在丝绸之路开通之前，也就是张骞翻越葱岭以后，他看到的是什么样的情景？丝绸之路开通以后，中华文明和什么样的文明进行了接触？2100多年前，帕米尔到地中海之间是什么样的状态？

这张有3200多年历史的埃及法老图坦卡蒙木乃伊的面具，主要有两种颜色，金色当然来源于黄金，而青色是由什么制作出来的呢？是青金石，产于阿富汗东北部的帕米尔高原。这说明早在3200多年前，帕米尔到地中海之间就有贸易往来，那么这两地之间必然有联络的道路。

有些敦煌壁画尽管已经有1400年左右的历史了，仍然闪耀着动人的青色，那就是用青金石的粉末绘成的，而青金石正是沿着丝绸之路从西域传入中国。

从帕米尔到地中海之间的广阔空间，基本上是一马平川，没

三 葱岭之外：从帕米尔到地中海

图坦卡蒙木乃伊的面具（图片来源于 Flickr，由 Mark Fischer 拍摄）

有什么大山大河阻隔，这说明什么呢？中国古代怎么形容这样的地方？这叫"四战之地"，来来往往、东西南北都可以走的十字路口。这会导致什么？人种、宗教、文明更替迅速，四面八方的敌人强大了，就会入侵此地，很容易被一个个强权统治。

公元前550年，这个地区就出现了人类历史上第一个横跨三大洲的世界性大帝国——第一波斯帝国，阿契美尼德王朝。波斯帝国从伊朗高原兴起，然后向西扩张，占领了两河流域和小亚细亚——也就是现在的土耳其，而当时那里居住着希腊人——更进一步跨越博斯普鲁斯海峡和达达尼尔海峡，占领了位于欧洲的色雷斯（Thrace）和希腊半岛的北部，南边占领了地中海东岸的黎凡特（Levant）和南岸的埃及，东边扩张到印度河，包括现在的阿富汗、巴基斯坦、印度西北部，东北则扩张到现在的中亚，帕米尔高原的西侧。所以从帕米尔到地中海都在波斯帝国统治下了。波斯帝国最东北的一个省叫索格底亚那（Sogdiana），这里居住着将在丝绸之路上扮演重要角色的粟特人，他们就是伊朗的"东北人"。

波斯帝国维持了两个多世纪，而统治一个国家最重要的就是交通。传达皇帝的命令、军队调动、官员上任都必须有道路，所以从帕米尔到地中海就形成了一个稳定、成熟的官方路网。

公元前4世纪，马其顿的亚历山大大帝率领希腊联军灭亡了波斯帝国，打到了印度河，东北边打到了中亚的费尔干纳盆地，占领了整个波斯帝国。但帝国实在过于庞大，亚历山大大帝死了以后，帝国就分成3块：在马其顿和希腊的本土有一块；在埃及有一块，埃及艳后克利奥帕特拉就是最后一个托勒密王朝的埃及法老；在亚洲就是亚历山大的部将塞琉古建立的"塞琉古帝国"（Seleucid Empire），统治了现在的伊拉克、伊朗、阿富汗、巴基斯坦、印度一部分及中亚地区。

塞琉古帝国的最东边有一个省，叫巴克特里亚（Bactria），它在中国史书上有个名字叫"大夏"。塞琉古帝国太巨大了，如此广阔的地区很难统治，东边的巴克特里亚后来就独立成为"希腊-巴克特里亚王国"（Greco-Bactrian Kingdom），它的首都在今阿富汗的巴尔赫，中国史书称为"蓝氏城"，统治的核心区域就是中

三 葱岭之外：从帕米尔到地中海

亚的阿姆河流域。

在公元前130年左右，希腊-巴克特里亚王国先后遭受了两个游牧部落塞种和大月氏的入侵，急剧崩溃并灭亡，就在这个过程中，张骞到达了大夏，他目睹了希腊-巴克特里亚王国被大月氏人灭亡的过程，所以这一段历史最早是由中国的史书记录的。

亚历山大大帝有个特点，他喜欢在新征服地以自己的名字命名一座座城市，现在最有名的就是埃及的亚历山大港，那么最东边的"亚历山大"在哪里？就在费尔干纳盆地，称为"极东亚历山大城"（Alexandria Eschate）。波斯帝国将治下的希腊人迁往中亚居住，亚历山大征服中亚后，一批批的地中海希腊人移民到中亚，因此可能出乎很多人的预料，2000多年前希腊人就已经住在中亚了。

这似乎只有纸面上的记录，那么有无考古的证明？因为单纯纸面上的记录还不是百分之百可信，还是需要文字与考古遗物、遗址的双重证明。答案是：有的。亚历山大大帝在中亚建立了不止一座亚历山大城，还有一座叫"阿姆河边的亚历山大"（Alexandria on the Oxus），非常幸运，这座城被完整地发掘了出来。

1961年，阿富汗国王穆罕默德·查希尔（Mohammed Zahir Shah）打猎时，在阿姆河左岸的阿伊哈努姆（Ai-Khanum）发现了一些希腊的科林斯柱式柱头，他邀请普林斯顿大学考古学家丹尼尔·斯伦贝谢（Daniel Schlumberger）和他的团队来研究，结果在科克恰河（Kokcha River）汇入喷赤河（Panj River）的地方发现了

阿伊哈努姆的科林斯柱头（图片来源于 Wikimedia Commons）

一座巨大的古希腊城市阿伊哈努姆，意思是"月亮女神"。

随后邀请法国驻阿富汗考古代表团（DAFA）进行了考古发掘：大街纵贯全城南北；城中是宫殿区，面积达9万平方米，内有广场、官署和珍宝库；宫殿区的东、北、南三面分别建有神庙、体育场和住宅。大街东侧是剧场和武器库。古城具有希腊化城市的所有标志，包括希腊剧院、体育馆和一些带有柱廊庭院的希腊房屋。整座城市有3.5公里长的城墙，在城市中心60米高的山丘上建有一座高耸的城堡（塔基底为20米乘11米的长方形，塔高10米）；有一座希腊式剧院，直径84米，有35排座位，可容纳4000到6000人；一座巨大的希腊-巴克特里亚式宫殿，带有波斯风格；古典时期最大的体育场，长宽各100米，其中一根柱子上

三　葱岭之外：从帕米尔到地中海

刻有希腊神话人物赫尔墨斯和赫拉克勒斯的希腊语名字；城外还有很多神庙，最大的一座可能是宙斯庙；还发现了很多科林斯柱、大量的人物雕像以及希腊语铭文。难以想象，在2000多年前的亚洲大陆腹地、帕米尔高原西侧，竟然有一座规模宏大的希腊城市。

发现的雕像中当然会有智慧女神雅典娜以及第一勇士赫拉克勒斯，他手拿一根巨大的木棒作为武器，这个形象将成为佛教艺术中的经典意象。

张骞到达这个地方的时候，正逢大月氏人占领希腊-巴克特里亚王国，因为大月氏人是游牧民族，文明不够发达，也没有自己的文字，因此他们就利用希腊人的文明与文字于此定居。100年后，一位大月氏王丘就却（Kujūla Kadphises）与他的5个后妃埋葬在阿姆河以南的阿富汗北部。又过了近2000年，在1978年，被当地叫作蒂拉丘地（Tillya Tepe，意为"黄金之丘"）的6座坟墓由苏联考古学家发现并发掘，出土了2万多件文物。有3具遗体的胸部都放着一面中国汉朝的铜镜，坟墓中多是希腊风格的艺术品与文物，还有刻有雅典娜的指环，以及小男孩骑着海豚的黄金制品，这是古希腊的经典艺术意象，这个小男孩就是爱神厄洛斯（Eros），罗马人称之为丘比特（Cupid）。你能想象在亚洲内陆的阿富汗发现海豚？阿富汗人怎么可能见到海豚呢？这是希腊人对故乡地中海的思念。

在大月氏王的王墓中发现的珠宝首饰就是放到现在也一点都不过时，国王的金腰带、后妃的挂饰都非常像现在的顶级奢侈品。

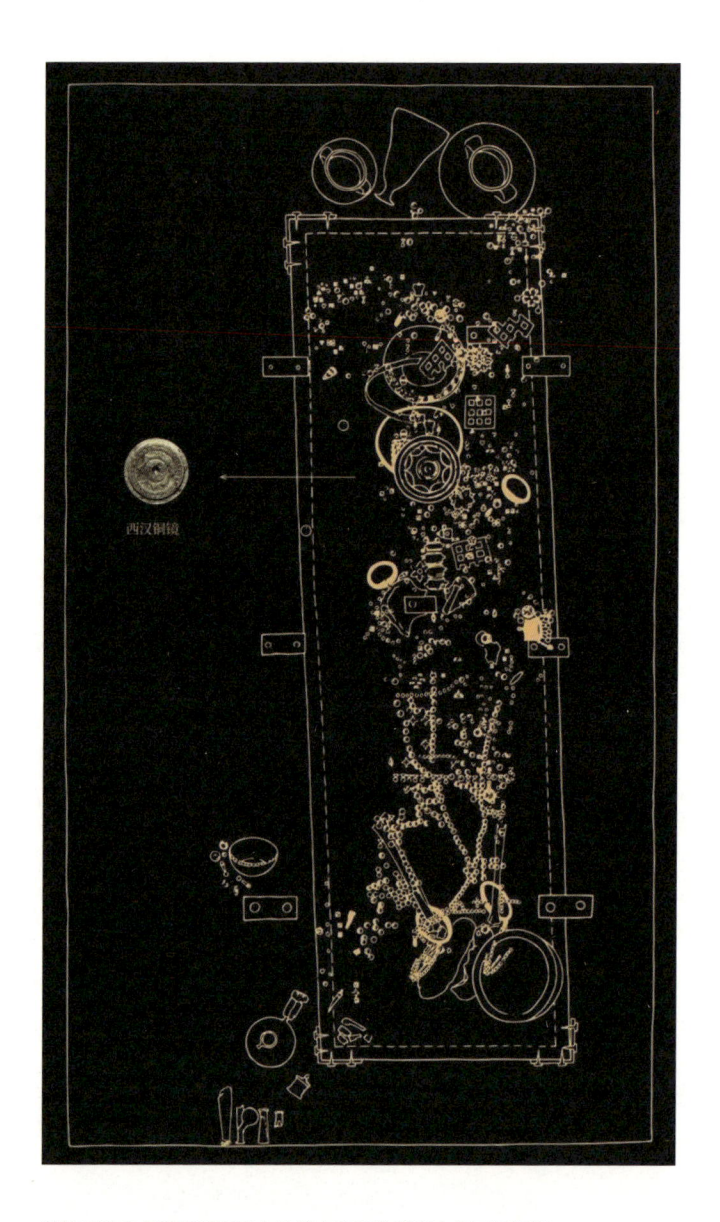

蒂拉丘地 3 号墓平面图及女性墓主胸部位置出土的西汉铜镜

三 葱岭之外：从帕米尔到地中海

蒂拉丘地出土的西汉铜镜

王后的冠是用薄薄的金叶子打造的，在故宫午门展览时，我走在地板上，都能看到金叶子在颤动。

丘就却是大月氏5个部落中贵霜部（Kushan）的翕侯，于30年至80年在位，他统一了休密、双靡、肸顿、都密4个部落，自立为王，又开疆拓土，建立了强大的贵霜帝国。其孙阎膏珍（Vima Kadphises）约于113年至127年在位，又南下占领巴基斯坦与印度西北部。阎膏珍之子迦腻色伽（Kanishka）是贵霜帝国极盛时期的国王，在位时迁都犍陀罗的富楼沙（今巴基斯坦的白沙瓦）。此时的贵霜帝国统治着广大中亚、南亚、西亚地区，是亚洲内陆的霸

阿伊哈努姆出土，骑着海豚的爱神厄洛斯（图片来源于 Wikimedia Commons）

蒂拉丘地出土的大月氏王后或女王冠。张骞翻越葱岭，到达阿姆河流域，见到了大月氏女王，女王很可能就戴着这样的黄金王冠（图片来源于 Flickr，由 H Sinica 拍摄）

三　葱岭之外：从帕米尔到地中海

阿伊哈努姆出土的赫拉克勒斯（图片来源于 Wikimedia Commons）

主，与当时的汉帝国、安息帝国、罗马帝国并称为亚欧大陆的四大帝国。迦腻色伽信仰佛教，四处弘法，富楼沙所在的犍陀罗成为世界佛教中心。迦腻色伽的贵霜军队甚至一度入侵汉朝的西域都护府，但被班超击退，汉朝仍然称他为"大月氏王"。

贵霜帝国还有一个夏季都城，位于兴都库什山间的贝格拉姆（Bagram），在今阿富汗首都喀布尔向北25公里处。在贝格拉姆的一个宫殿里面，法国考古学家发现一个2000年前的仓库，储藏有罗马的石膏像、玻璃杯，印度的象牙雕刻，亚历山大大帝骑马铜像及青铜像，此外还有中国的铜镜。所以当时中国向外出口的不仅仅是丝绸，还有铜镜等产品，丝绸不容易保存，而铜镜在中亚长存。

所以什么叫丝绸之路？前面给出的答案是否定的定义："非经玉门、阳关、葱岭，皆非丝绸之路。"这里要给出一个正面的定义：丝绸之路就是中华文明与地中海文明的交流，连接亚欧大陆两端的两大文明之路。很多现代人难以想象，2000年前，希腊文明、地中海文明就在亚洲内陆。

回到前面的问题，张骞翻越葱岭以后看到的是什么？他看到的是希腊人的国家、城市，他接触到的是希腊文明，地中海文明。张骞是有史记录以来的第一个从中华文明到达地中海文明的人。丝绸之路元年是公元前128年，是汉武帝的元朔元年，就是因为这一年张骞到达了中亚，接触到了地中海文明，因此丝绸之路有了特定的时间与空间限制。

三　葱岭之外：从帕米尔到地中海

贝格拉姆出土的罗马人物雕像（图片来源于 Wikimedia Commons）

你不能说从我家到你家叫丝绸之路，当然也不能说从这个村子到那个村子叫丝绸之路，甚至也不能说从洛阳到长安、从长安到武威或敦煌叫丝绸之路，因为它们还是同一个文明内部的交流。经典的丝绸之路代表的是当时亚欧大陆东西两端两大高度发达的文明之间的直接交流，而不是同一文明的内部交流。在当时，这两大文明就是以中国为代表的东亚文明和以希腊为代表的地中海文明。

当然，有了人类肯定就有了道路，3000多年前的殷墟妇好墓、2000多年前西汉文景时期的徐州狮子山楚王墓都出土了玉石，它们很可能就产自新疆和田，但这些路并不是"丝绸之路"。在张骞之前，中华文明与地中海文明没有直接的交流，至于间接的交流，虽然现在也能找到一些蛛丝马迹，但是找不到确凿的史料记录与直接证据，也没有带来重大的文明交流的成果。从全世界史料记录来看，张骞是从中国到达中亚的第一人，你找不到比他更早的，全世界也找不到，如果能找到当然就是惊人的重大发现。

但在张骞之前，亚欧大陆文明之间会不会有断断续续小规模的间接交流？一定有。几万年前，现代人类的祖先走出非洲，大约在三四万年前到达东亚、到达中国，因此从非洲到亚洲、欧洲，甚至更远的美洲，一定有道路，但是你不能说智人迁徙之路叫作丝绸之路，其他类型的道路也是如此，否则地球上有哪条道路不是"丝绸之路"呢？毕竟地球是圆的。

四

张骞通西域之前、之后希腊的影响

我们可以继续探讨一个问题：在张骞到达中亚之前，中华文明与地中海文明是否有交流？我们可以将秦始皇陵兵马俑当作一个切入点，考察一下中国的人物雕塑的变迁。

战国时期的人物雕塑比秦始皇陵兵马俑要早100年左右，很难说它们的技巧有多么高超，基本的比例都成问题，之后突然出现了秦始皇陵兵马俑，6000多个俑，它们的脸长得都不一样，这意味着什么？就是他们一定有实际的人物模特，否则凭空想象出几千张脸，这是很困难的。

秦始皇陵兵马俑大概出现在2200年前，你找不到任何一例同时期的中国雕塑能与之媲美，而且艺术水准相差很大，兵马俑似乎是横空出世。秦始皇陵兵马俑之后的几百年也没有出现可与之媲美的人物雕塑，这就非常奇怪了，这又是为什么？再看离秦始皇陵仅几十公里的杨家湾汉墓兵马俑，它仅比秦始皇陵兵马俑晚了几十年，艺术水准与技艺突然大跌。当然有一个说法，汉朝初年刚经历长期战乱，国家、社会经济非常困难，因此雕塑变小了，但两者相比，不仅是形体明显变小，比例和技艺明显下降太多。再往后，汉景帝阳陵的兵马俑也同样如此，同是皇帝的兵马俑，形体和技艺都相距很远。

我们来看一看汉武帝的上林苑，也就是皇家御花园中的两个人物石头雕像，一个是男人，一个是女人，但很难分辨男女。2000多年来当地人把他们当成"石爷""石婆"祭祀，但非常不幸，性别弄反了。因为没有性别特征，实在很难分辨。那么后来为什么纠正过来了呢？因为后来发现了人像上面的刻字，石婆是"牛郎"，石爷是"织女"。

中国的雕塑水平为什么在秦始皇之后一下子又跌下去了？一个艺术如果是本土产生的，它一定会有一个慢慢提高的过程，即使水准跌下去，也不可能突然像断崖似的跌下去，而且整整跌了400年，整个汉朝，你发现不了任何一件雕塑的艺术水平能和秦始皇陵兵马俑相媲美的。

1800年前，大约在汉朝结束时，中国的雕塑又突然一下恢复到秦始皇陵兵马俑的水平，这又是什么原因？

大月氏人建立了贵霜帝国，贵霜帝国又开始扩张，占领了印度的西北部，迦腻色伽时期开始信仰佛教。为了利于传教，贵霜帝国利用希腊人的工匠和艺术家，把佛祖释迦牟尼及其他佛教人物雕刻了出来。其实佛教讲究四大皆空，佛祖本人说过"凡所有

秦始皇陵兵马俑（罗维拍摄）

家湾汉墓兵马俑（图片来源于网络）

汉武帝上林苑中的牛郎（右）、织女（左）（图片来源于网络）

相，皆是虚妄"，不能雕刻佛祖人像，所以在印度，虽然有很多2000多年前的佛塔，但你找不到任何同期的佛祖的人物形象。

贵霜帝国的统治核心地区犍陀罗变成了佛教与佛教艺术中心，因此希腊化的佛教艺术被称为"犍陀罗艺术"。当然，在贵霜帝国之前的公元前，希腊-印度王国以及中亚的希腊人已经信仰了佛教，并创造了希腊佛教艺术，但迄今还没有发现佛祖雕像。约

四 张骞通西域之前、之后希腊的影响

2500年前,释迦牟尼去世,到1世纪,这600年间是没有形象流传的,佛祖的形象当然也是后来想象出来的,从人物形象到衣服、装饰都带有浓厚的希腊风格。

犍陀罗对中华文明影响非常大,汉语佛经最流行的版本是由一位犍陀罗人鸠摩罗什翻译的,他是一个语言天才,母语是犍陀罗语,又精通汉语,所以翻译起来得心应手。而最早的成文佛经就是由犍陀罗语佉卢文书写的,并非人们通常以为的梵语。这是因为虽然佛教诞生于印度,但佛教讲究四大皆空,佛祖语录一直口耳相传,并无文字记录,直到几百年后才以佉卢文记录,然后翻译成汉语传到了中国。"一切有为法,如梦幻泡影,如露亦如电,应作如是观。""若以色见我,以音声求我,是人行邪道,不能见如来。"……很难想象这么优美的中文语句竟然是一位犍陀罗人翻译的。鸠摩罗什还创造了一些重要的汉语语汇:烦恼、苦海、未来、心田、爱河等。他的译本丰富了汉语的表达方式。

希腊人非常擅长雕刻人体,所以虽然佛教不讲究偶像崇拜,未把佛祖雕出来,但是贵霜人和希腊人信仰了佛教以后,他们有技艺,为了便于传教,忍不住就把佛祖给雕刻了出来,这就是犍陀罗艺术,中心就在现在的巴基斯坦和阿富汗,包括著名的巴米扬大佛也是犍陀罗艺术。

不仅佛教雕像的技艺是希腊风格,甚至希腊神话人物也摇身一变成为佛教人物。佛祖身后有一个满脸胡子的壮汉,手里拿着一根木棒,他就是希腊神话中的勇士赫拉克勒斯。他担心佛祖一

犍陀罗艺术中的佛祖和赫拉克勒斯（图片来源于 Wikimedia Commons）

个人出去传教有人身安全问题，所以他充当佛祖的保镖，然后演化成汉传佛教中的金刚，赫拉克勒斯变成了金刚。我们中国的汉传佛教是从犍陀罗翻越葱岭，沿着丝绸之路东传的，所以它的源头是希腊化的犍陀罗佛教，并不是从印度本土直接传进来的。

佛教东传必然要翻越兴都库什山脉、跨过阿姆河到达现在的中亚地区，所以在阿姆河边的铁尔梅兹（Termiz）附近，乌兹别克

四 张骞通西域之前、之后希腊的影响

佛祖与弟子阿难、迦叶及科林斯柱，出土于铁尔梅兹附近的法耶兹特佩

疑似宙斯像

斯坦与阿富汗边界发现了佛寺与佛塔，出土了非常完整的佛祖以及他的两个弟子阿难、迦叶的佛像，还有两旁的科林斯柱。

在塔什干的乌兹别克斯坦国家博物馆也有大量的犍陀罗艺术品，馆中有一尊残缺的人物雕像，关于人物身份，有两个猜测，一个是希腊神话中的宙斯，还有一个就是佛祖，脚上的凉鞋是典型的希腊式。

头戴希腊头盔的帕提亚武士，公元前 2 世纪，尼萨出土

这些都是在中亚和阿富汗出土的，是否感觉他们和秦始皇陵兵马俑的风格有点像？我在土库曼斯坦拍下了一个战士雕塑，他戴的是典型的希腊头盔。

这是一尊中亚的维纳斯雕像，她是安息国王的女儿，就在靠近伊朗的土库曼斯坦出土。这就体现出希腊对整个中亚地区的影响。

当时的中亚就是希腊化地区，保留了大量的希腊遗址与文物。

四　张骞通西域之前、之后希腊的影响

中亚维纳斯：帕提亚国王的女儿罗德古娜（Rodoguna），公元前 2 世纪，尼萨出土

贵霜皇子头像　　　　　　中亚的中国美男子

很多人想象中亚也是大漠黄沙，但根本不是这样。

因此张骞到达并看到的中亚，是一个地中海文明的世界，有星罗棋布的城市，有剧场、浴场、宫殿……

乌兹别克斯坦国家博物馆里面有戴着尖顶塞种人帽的贵霜皇子头像。现代人一直猜测大月氏人是什么样的人种，看到这个头像就很清楚了，他们是印欧人，就是我们俗称的白种人。他们以前生活在"敦煌祁连之间"。在贵霜帝国皇宫的壁画中竟然发现了一位中国美男子，他很可能是中国使者，被希腊式的笔触描绘在了中亚的墙壁上。

四　张骞通西域之前、之后希腊的影响

所以丝绸之路就是这样，就是多种文明——中华文明、地中海文明、波斯文明以及中亚本土的文明交汇、交流，你能在中亚找到多种多样的文明地层、遗物、遗址。

1800年前，在中国境内，终于出现了可与秦始皇陵兵马俑媲美的人物雕塑，这就是中国的第一个佛窟，位于新疆库车（龟兹）的克孜尔石窟，其中早期的佛像与壁画是典型的犍陀罗风格。佛教文化和犍陀罗艺术沿着丝绸之路翻越葱岭到达这里，留下了辉煌的印迹。最精美的一些佛像、壁画当年被德国人盗走了，部分毁于"二战"中的轰炸。

从秦始皇陵兵马俑到克孜尔石窟中间有400年的断层，这个断层就是在丝绸之路开辟、犍陀罗艺术传入后填平的。那为什么会出现这样长时间的断层？前秦陵考古队队长段清波教授认为秦始皇陵兵马俑是波斯工匠制作的。但当时波斯帝国已经亡国，2200多年前波斯故土就已经被塞琉古帝国、希腊-巴克特里亚等希腊化国家占领，如果秦始皇陵兵马俑真的是外来的工匠制作或者有外来的艺术顾问，我觉得希腊人可能性更大一点。另外，古代波斯的雕塑风格与秦始皇陵兵马俑相差较大。

佛教与犍陀罗艺术继续东传，在新疆中部和东部也留下了一连串石窟，150年后，进入玉门关，终于在敦煌出现了丝绸之路上的最大艺术宝库——敦煌莫高窟，以及稍晚的麦积山石窟；再向东，1500多年前出现了大同云冈石窟，以及稍晚的洛阳龙门石窟。佛教与犍陀罗艺术怎么传过来的，路线与遗迹非常清晰，和中国

犍陀罗佛祖像（图片来源于 Wikimedia Commons）

丝绸西传路线恰好方向相反。

佛教与犍陀罗艺术传到中国内地后并未止步，继续东传至朝鲜半岛和日本，所以你现在还能看到的奈良的法隆寺，这座建于1400年前、世界保存至今最古老的木构建筑，以及其中同时代的佛像，它们的源头也在犍陀罗。

四　张骞通西域之前、之后希腊的影响

我们前面讲了"丝绸之路"是以西方人、地中海文明为本位命名的，我们汉朝的中国人不叫它"丝绸之路"，而是简单、直接、明确地以地理命名"西域南道""西域北道"。那么对于后来的中国人或东亚人来讲，应该怎样命名才合适呢？我觉得完全可以称之为"犍陀罗艺术东传之路"或者"佛教东传之路"。

现代经常有人争论丝绸之路的起点和终点，最常见的是长安、罗马，因为这两个城市都是东西方两大帝国的首都，洛阳有时也被拉入争论。丝绸之路毕竟不是现代的公路，有人为指定的起点和终点，但"佛教东传之路"的终点应该是日本的奈良和京都，这个没有疑义，因为再向东就是浩瀚的太平洋了。

这条连通东亚、中亚、南亚直至地中海的道路对中国以至东亚影响巨大，远远不只简单的物质层面，还影响了艺术与精神层面，而且一直持续到现代。

对于中国人来说，丝绸外运的意义并不十分重要，但这条"丝绸之路"却是中国人开辟的。那么我们为什么要开辟丝绸之路？丝绸之路究竟是如何开辟的呢？

然张骞凿空,其后使往者皆称博望侯,以为质于外国,外国由此信之。

——《史记·大宛列传》

闻道寻源使　从此天路回

一

张骞的传奇"凿空"之旅

自开国起,汉朝最危险、最强大的敌人就是北方蒙古高原的匈奴,虽然从汉高帝到汉景帝的 60 多年间一直奉行和亲政策,但匈奴仍然不时牧马南下抢掠汉朝北方的诸边郡。建元元年(公元前 140 年),年仅 16 岁的汉武帝继位,匈奴问题是摆在他面前的第一要务。志向高远、雄才大略的少年皇帝决心改变 60 多年来屈辱的对匈关系,准备对匈奴开战。

恰在此时,匈奴降者称匈奴曾在几十年前攻打在祁连山、敦煌一带放牧的大月氏部落,杀了大月氏王,并用他的头骨为饮器,大月氏西逃,痛恨匈奴,却找不到共同攻打匈奴的合作者。汉武帝听说此言,想与大月氏联合攻打匈奴,但道路被匈奴隔绝,风险很大,因此要招募出使大月氏的使者。

建元三年(公元前 138 年),时任皇帝郎卫(警卫)的张骞应募,率领一行 100 人的代表团从当时位于汉帝国最西部的陇西郡出发。途经已被匈奴占领的河西走廊时,张骞被匈奴俘获,扣留了10年,并且娶了匈奴女子为妻,与之生子,但仍然持汉节不失。汉节"以竹为主,柄长八尺,以牦牛尾其眊三重",长约1.8米,代表皇帝与国家,是身份与忠诚的象征,因此使者又称"使节"。终于在某一天有了逃跑的机会,张骞抛妻别子,却没有返回汉朝,而是率领部属继续西行,寻找大月氏,以完成10年前的使命。

张骞一行向西翻越时称"葱岭"的帕米尔高原,到达位于今中亚费尔干纳盆地的大宛国首都贵山城(可能位于今塔吉克斯坦苦盏),据张骞观察:"其俗土著,耕田,田稻麦。有蒲陶酒。多善马,马汗血,其先天马子也。有城郭屋室。其属邑大小七十余城,众可数十万。其兵弓矛骑射。"[1]和现代人一样,大宛的富人喜欢窖藏葡萄酒。

"宛"(yuān)是巴利语"耶婆那"(Yavana)的音译,是古代印度对希腊人的主要一支"爱奥尼亚人"的称呼,"大宛"在字义上就是"大爱奥尼亚",与其南方的"大夏"即"希腊-巴克特里亚"都是公元前4世纪亚历山大大帝远征的结果。亚历山大帝国分裂后在中亚形成了两个希腊人国家,而大宛的首都贵山城很可能就是"极东亚历山大城"。这是中华文明与希腊地中海文明第一次直接接触,是两大文明跨越帕米尔高原的握手。

大宛王听说大汉富裕,却无从交往,所以见到张骞很高兴,

---

1 (汉)司马迁撰:《史记·卷一百二十三·大宛列传》,中华书局,1959年版,第3160页。

一　张骞的传奇"凿空"之旅

问他要去哪里,张骞告诉了他此行的目的。之后大宛王为张骞配备了向导和翻译,他们一行经过康居(中心区在今乌兹别克斯坦撒马尔罕一带),渡过妫水(阿姆河,希腊人称为Oxus),到达了大月氏。张骞向大月氏女王表达了汉武帝10年前的意愿:大汉与大月氏两家联合夹攻匈奴。当时的大月氏刚刚征服了希腊人的大夏,享受到了高度发达的希腊文明,因此大月氏人安居乐业,乐于偏安,女王已经失去了复仇的心思——能否打败匈奴另讲,即使打胜了,也不过是重回故乡河西走廊的草原牧马放羊,有如今天从一线城市回到牧区,这个建议对大月氏女王毫无吸引力。张骞"竟不能得大月氏要领",没有达成联合大月氏攻打匈奴的目的。

阿富汗位于四战之地,早在张骞到达前的400多年,便已被居鲁士大帝建立的波斯帝国吞并为巴克特里亚省。而在此后的200年,亚历山大大帝率领希腊联军灭亡了波斯帝国,阿富汗又成为亚历山大帝国的一部分,以及帝国分裂后的塞琉古帝国的巴克特里亚省。又过了100年,中亚兴起的帕提亚部族南下占领了伊朗高原,建立了安息帝国,又称帕提亚帝国,将塞琉古帝国与其东部分割,巴克特里亚的希腊人独立建国,即希腊-巴克特里亚王国,当时中国人称之为"大夏"。

留在大夏一年多,不得要领的张骞决定回国复命,此时他已经离开长安12年了。早在元光二年(公元前133年),汉武帝已经与匈奴开战,到此时已经涌现了一颗光彩夺目的将星——卫青,他的胜仗一个接一个,大汉正逐渐获得对匈奴作战的优势。张骞启程回国的这一年，卫青因军功被封为长平侯。当然，远在万里之外、异乡绝域的张骞是不可能知道这些的。

充满好奇心的张骞再次翻越葱岭，他从蓝氏城一路向东，很可能路过了阿伊哈努姆，再沿着阿富汗巴达赫尚省的科克恰河谷，走到了妫水上游的喷赤河谷，就进入了俗称的"瓦罕走廊"。这条路线是葱岭东西两侧交流的常规路线，它将成为"丝绸之路"的一条主要干道。700多年后，一位名叫玄奘的僧人从印度东归长安时，也将从这条道路走过。

翻越葱岭以后到达莎车绿洲，张骞决定取道昆仑山北麓归国。为了避免再次被匈奴人俘获，他想绕开河西走廊，取道青藏高原上自然条件恶劣的羌人地区（羌中）返回长安，结果再次被已经占领了西域的匈奴俘获。张骞"为人强力，宽大信人，蛮夷爱之"[1]，因此即使再次被俘获，也没有因逃跑而受到匈奴人的处罚，反而被送回家中，与妻儿团聚。这次张骞被扣留了一年多，后趁着单于身死，匈奴内乱，携带妻儿和他的随从堂邑父一道逃回了长安。堂邑父是胡人，善射，他们一路捕猎返回长安。张骞出发时有100人，13年后的元朔三年（公元前126年），原使团中仅有这二人得以生返长安。从未想到竟然还能重逢的汉武帝提拔他为太中大夫。梁启超称赞张骞："坚忍磊落奇男子，世界史开幕第一人。"

梁启超的这句话并不是夸张，正是张骞此次的"凿空"之旅，

---

1 《史记·卷一百二十三·大宛列传》，第3159页。

一 张骞的传奇"凿空"之旅

使得当时的中国人第一次获得了临洮以西的河西走廊，河西走廊以西的西域，西域最西部的葱岭，葱岭以西的大宛、康居、大月氏、大夏的第一手信息。如同15世纪末的哥伦布发现"新大陆"，当时正处于文明青春期、奋发进取的中国人也发现了自己的"新大陆"：这是一片充满别样风情的异域，那里很多人都是金发碧眼白肤，有各种各样当时中国闻所未闻的物产，尤其是汉武帝最心仪的"汗血宝马"。

极具好奇心与开拓精神的汉武帝此时也不过31岁，当年他派遣张骞时才不过18岁。他非常喜欢听张骞讲述自己的传奇探险故事，那么正当盛年、锐意进取的汉武帝将做出什么改变中国历史乃至世界历史进程的决策呢？

《汉书·西域传》中记载："及秦始皇攘却戎狄，筑长城，界中国，然西不过临洮。"[1] 秦统一后至汉武帝前期，秦汉版图的最西界仅到临洮（今甘肃岷县）一线，张骞给当时的中国人带来了第一手的西部世界信息。汉武帝了解到东西长达1000余公里，地处祁连山、北山间狭窄的河西走廊是通往西域的最主要通道，可以隔绝蒙古高原的匈奴人与青藏高原的羌人，而且水草丰茂，可兼农牧，是匈奴人的主要经济基地。单纯的游牧经济非常脆弱，受自然气候影响很大，缺乏稳定的经济来源。匈奴趁着秦末战乱，南下占领了时称"河南地"的河套与陕北，又于汉初驱逐了大月氏，

---

[1] 《汉书·卷九十六·西域传》，第3872页。

占领了河西走廊，并进一步占领了西域（南疆塔里木盆地），这三地成为维系匈奴物资来源的重要经济基地，而且河南地与河西走廊从北、西北两个方向对汉朝形成了包围之势。汉武帝对匈奴的战略就是在不断北征漠北蒙古高原、杀伤匈奴有生力量的同时，逐步夺取这3块经济、军事战略要地，以解除匈奴对汉朝的包围，同时扼杀匈奴的生存空间，因此汉军要不断西进。

　　张骞不仅是历史记录的从中国到达中亚的第一人，也是从中亚到达中国的第一人，他的路线也被《汉书·西域传》记录了下来，从北道西行，从南道东返，这就是李希霍芬丝绸之路地图的来源之一，也是世界上最早的对丝绸之路路线的记录。

西规大河，列郡祁连

早在张骞被俘获羁留于匈奴的元光二年（公元前133年），汉朝已向匈奴开战，并于他回国的前一年，即元朔二年（公元前127年），取得了对匈奴的第一次大胜利，卫青率军收复了秦末丧失的河南地，夺取了匈奴的一块重要经济基地与南侵前沿阵地。回国后，张骞也随卫青大军北征匈奴，因军功而获封"博望侯"。因为他的显赫声名，以后汉朝出使西域的使节常常自称"博望侯"。

根据张骞的信息，汉武帝了解到河西走廊的重要性，于元狩二年（公元前121年）的春天，派遣冠军侯霍去病为骠骑将军，率领1万骑兵从陇西出发进攻匈奴，接连击破匈奴5个属国；又转战6日，越过焉支山千余里，杀折兰王，斩卢侯王，俘虏浑邪王子及相国、都尉，斩首8900余级，俘获休屠王的祭天金人。汉武帝加封霍去病2200户食邑。同年夏天，霍去病再次率领数万骑兵孤军深入2000余里，越过居延海、小月氏，到达祁连山，俘获单桓、酋涂王及其相国、都尉，以及投降者 2500 人，斩首 30200 级，获匈奴的小王 70 余人，又一次取得了辉煌的战绩。

霍去病的两次征伐与匈奴浑邪王的投降使得汉朝占领了原属匈奴的整个河西走廊。匈奴人失去了这块水草丰美、冬温夏凉、适宜畜牧的土地，为此悲歌："亡我祁连山，使我六畜不蕃息；失我燕支山，使我嫁妇无颜色。"随后汉朝设立河西四郡：武威、张掖、酒泉、敦煌，并于敦煌郡的西边设立了玉门关、阳关，这就是著名的"列郡祁连""列四郡、据两关"。"武威"就是宣扬大汉军队的威武；"酒泉"是盛赞此处泉水丰富，甘醇似酒；"敦煌"是盛大辉煌，这 3 个郡的名字都是对大汉国威的颂扬，那么"张掖"是什么意思？"掖"通假腋下的"腋"，即"张国臂腋，以通西域"之意。这就是汉武帝命名张掖的期许：大汉占领河西走廊并不是到此为止了，而是要将河西走廊打造成重要的军事基地和经济保障基地，为下一步继续向西进军做准备。

河西走廊是连接中原与西域的最重要的通道，具有极其重要的战略意义。只有控制了河西四郡，才能从匈奴手中夺得并控制西域，汉朝的版图借此才能一直扩张到帕米尔高原以西，中国与中亚、西亚、欧洲间的丝绸之路才能得以开辟。河西走廊从游牧区变成了农业区，大量的中原移民居住此地，隔绝了蒙古高原与青藏高原这两大游牧区，改变了对中原王朝不利的战略态势，同时，这一地区的经济文化也得到了极大的发展。在此后的 1000 多年里，这块土地将在中国历史上扮演着重要的角色。可以说，没有河西

二 西规大河，列郡祁连

走廊的"列郡祁连"，丝绸之路无从谈起，这也是《汉书·西域传》记载的西域南道、北道的起始地是玉门关、阳关的原因。

丝绸之路诞生于先行者张骞的凿空之旅，而形成于"列四郡、据两关"；更进一步说，丝绸之路是汉朝对匈奴反包围战略、汉军不断西进的产物，而并不单纯是地理意义上的道路，起初也并非为了经济、文化交流而开辟。

张骞来回两次分别从北道、南道经过西域，观察过西域的36个绿洲国家，号称"西域三十六国"，而新疆出土的以"楼兰美女"为代表的众多干尸，证明了这些国家的人基本上都是白种印欧人。西域诸国有畜牧业、农业、手工业、商业，他们被匈奴征服，变成了匈奴人的"奶牛"，要上供各种产品供养匈奴脆弱的游牧经济，因此西域和河南地、河西走廊一样也成为匈奴的重要经济基地。

经过元狩四年（公元前119年）卫青、霍去病两路北征的漠北决战后，匈奴主力遭受重大打击，从此"漠南无王庭"，但单于率残部远遁，汉武帝意识到仅仅依靠北征难以毕其功于一役，对匈作战是持久战，有必要在匈奴的西北再寻找盟友以达成合围，以"断匈奴右臂也"，并且扼杀匈奴的生存空间。

三

天马之路：丝绸之路最终贯通

"列郡祁连"后，通往西域的通道敞开，同年张骞向汉武帝提出结交乌孙共同夹攻匈奴的建议，得到汉武帝同意后，他第二次率领300人代表团出使西域。这次他到达了位于匈奴以西、伊犁河谷与中亚草原的乌孙，而他派遣的副使则继续西行至位于伊朗高原与两河流域的安息（帕提亚帝国），安息派骑兵2万人在东部国境迎接；其余副使分别被派至大宛、康居、大月氏、大夏、身毒等中亚、西亚、南亚诸国；随后的汉使最远到达了条枝（退到地中海东岸的塞琉古帝国）、黎轩（地中海南岸埃及的托勒密帝国），中国从此与地中海地区有了直接的政治、经济联系。西域诸国也派遣使节前往长安，由此汉与西域诸国形成了常态化的官方、民间交往，商人也沿着西域南道、北道进行贸易往来，西域的特产石榴、黄瓜、葡萄、葡萄酒、苜蓿、乐器、良马等被运送到中国，还有后来的佛教东传，中国则将以丝绸为代表的特产商品西

三 天马之路：丝绸之路最终贯通

送，终于形成了由中国至地中海的"丝绸之路"。

由于当时匈奴仍然控制着塔里木盆地的西域诸国，作为西域东边门户的楼兰国（罗布泊）、姑师国（即车师国，今吐鲁番）经常截杀汉使，元封元年（公元前110年）汉武帝派遣从票侯赵破奴将属国骑兵及郡兵数万攻灭楼兰、姑师，并列亭、障等军事驻所及设施至玉门关，确保西域道路的畅通，汉朝的军事、政治势力开始进入西域。

西域诸国中，位于西端富庶的费尔干纳盆地的大宛繁荣强大，有70多座城，人口30万，兵员6万，且出产"汗血宝马"。为了索要重要的战略物资——汗血宝马及其马种，太初元年和二年（公元前104年、公元前103年）汉军在李广利率领下两次沿着西域北道、南道，分道合击，翻越帕米尔高原万里远征大宛，沿途原归属匈奴的西域诸国纷纷归顺；远征前后长达4年，最终取得胜利，大宛斩国王首级奉送汉王朝，又献马3000匹，派遣太子到长安为人质，年献天马2匹，汉使采葡萄、苜蓿种子而归。从此汉朝威震西域诸国，版图扩张至今新疆中部，势力更是越过了时称葱岭的帕米尔高原。汉朝又在敦煌郡设置酒泉都尉，西至盐水（今新疆罗布泊），设有亭，在轮台、渠犁（今新疆尉犁以北、库尔勒以南）驻扎数百士兵屯田，并设置使者保护田地，储存粮食，供应汉使。

此时汉朝的版图已经向西扩张至今新疆轮台一带，比起秦朝时的西部边境临洮（今甘肃岷县）向西扩张的直线距离达2000公里，并将匈奴的势力逐出西域，夺取了匈奴的最后一块经济基地。

天马、汗血宝马，即现在的阿哈捷金马

至此，汉朝对西域南道、北道的第三个重要地标"葱岭"实施了有效的控制，汉朝的官吏、军队、使节、商人可以沿着丝绸之路顺利地由长安出发，经过河西走廊、玉门关、阳关到达西域，然后翻越葱岭到达中亚，而中亚诸国的国王、贵族、官吏、商人则得以东行到达长安。

三 天马之路：丝绸之路最终贯通

因此对中国人来说，"丝绸之路"既是佛教东传之路、犍陀罗艺术东传之路，又可以称为"天马之路"。

现在的土库曼斯坦拥有世界最大数量的阿哈捷金马（Akhal-teke horses），但也只有3000多匹，这就是汉武帝不惜以倾国之力、两次远征大宛追索的汗血宝马。《史记·大宛列传》最早记录了汗血马："多善马，马汗血，其先天马子也。"[1]"马嗜首蓿"，所以要引进马一定要把它的食物首蓿也引进过来，那时候，葡萄、首蓿、石榴也都是从西域传到中国的。由此开辟了中国的"天马之路"，即西方人的"丝绸之路"，各取其所需。可以说汗血马对丝绸之路的开辟居功甚伟。

大宛的富人将葡萄酒贮藏在地窖里面——和现在的富人一样，这个悠久的传统一直传到现在。张骞一定是第一个吃到葡萄和喝到葡萄酒的中国人，也是第一个记录它们的中国人。

张骞第二次出使刻意结交的乌孙国有人口63万，兵员近19万人，是西域强国。汉朝以和亲、礼物拉拢，乌孙逐渐疏远匈奴而亲汉。

汉宣帝本始二年（公元前72年），汉军16万骑兵分五路北征匈奴，匈奴老弱奔走，驱赶畜群遁逃，五路大军斩获很少；但乌孙昆弥（乌孙的王号）率领5万骑兵与汉校尉常惠的军队从西方进攻，至右谷蠡王庭，斩获4万首级，马、牛、羊、驴、骆驼共70余万头。这年冬天，匈奴单于亲自率领数万骑报复、进攻乌孙，撤

---

[1] 《史记·卷一百二十三·大宛列传》，第3160页。

军时忽遇大雨雪，一日深丈余，军民、畜产冻死生还者不到十分之一，于是北方的丁令、东方的乌桓、西方的乌孙三路合击匈奴，斩首数万级，俘获很多马匹、牛羊，此外匈奴民众因大雨雪死亡者达到十分之三，畜产死亡一半，匈奴的附属国全部瓦解脱离。

几乎与此同时，于西域驻军屯田的骑都尉郑吉攻灭了车师国，随后匈奴发生内乱，日逐王决定投降汉朝，郑吉征发渠犁、龟兹（都城在今新疆库车县城附近）诸国5万军队迎接日逐王部，汉军威震西域。神爵二年（公元前60年），郑吉因此被任命为西域都护，治所在乌垒城（今新疆轮台东北），距离阳关2700余里，匈奴从此不敢与汉争夺西域。西域都护肩负督察西域乌孙、康居等36国的任务，有征伐、废立诸国君主之权，这标志着自巴尔喀什湖向东南，包括整个帕米尔高原在内，天山南北的广大西域地区正式归属汉朝的版图。

匈奴历经汉、乌孙及周边民族的轮番打击后，各部分裂内战，再兼天灾，汉宣帝秉承《春秋》"不伐丧"的原则，决定不乘人之危，而是以德服人。几年后，匈奴呼韩邪单于决定归附汉朝。汉宣帝为此特地召开会议讨论呼韩邪单于朝见的礼仪，丞相黄霸、御史大夫于定国认为单于朝见的礼仪应该如诸侯王，且位次要在诸侯王之下；但太子太傅萧望之认为应该对待单于"以不臣之礼，位在诸侯王上"，以显示"羁縻之谊"，并最终被汉宣帝采纳，下诏"以客礼待之，令单于位在诸侯王上，赞谒称臣而不名"。甘露三年（公元前51年）正月，呼韩邪单于朝见汉宣帝于甘泉宫。

三 天马之路：丝绸之路最终贯通

朝见后，汉宣帝与呼韩邪单于共赴长安，诸蛮夷君长、王侯数万人，全部于渭桥夹道排列外接，向汉宣帝共呼"万岁"。至此与秦、汉为敌长达100余年的匈奴臣服，秦始皇、汉武帝没有达成的目标于汉宣帝手中实现，汉朝国威于此达到了顶峰。至此，大漠南北的蒙古高原、广大的西域诸国全部臣服于汉朝，困扰丝绸之路畅通的匈奴最终被解决。

如果河西走廊被匈奴人占领，西域也被匈奴人占领，丝绸之路是不可能通畅的，驮着丝绸出去是自寻死路，并非所有人都像张骞那样受匈奴人喜欢。所以这才是丝绸之路开通的主要目的——"断匈奴右臂"。公元前60年，汉宣帝设立了西域都护，直接统治中亚和新疆等地区。所以开通丝绸之路的一个大背景就是安全，任何的贸易交通安全性都是第一位的，出去以后九死一生的话，是没人敢去的，利润再高也没用。张骞就是九死一生，100个人出去仅剩下2个人回来，损失率高达98%，这是非常恐怖的事情。

因此丝绸之路是常识之路，也是安全之路。但道路的安全不仅在于要解决匈奴问题，还要有具体的配套措施。

四

列邮置于要害之路：悬泉仍然长流

> 立屯田于膏腴之野，列邮置于要害之路。驰命走驿，不绝于时月；商胡贩客，日款于塞下。[1]
>
> ——《后汉书·西域传》

丝绸之路并不单纯是一条自然地理意义上的道路，而是有屯田提供经济生活保障，有驿站提供住宿保障，有烽燧提供信息传递与安全保障的综合性交通系统。驿站，汉代叫"邮"和"置"，前者步行传递，后者靠马匹传递，汉朝从长安至敦煌沿途共设置了80多个邮置。

烽燧就是我们俗称的"烽火台"。我们大家看到烽燧好像只有一个眺望塔，实际上完整的烽燧还包括军营，有十几或几十名

---

[1] （宋）范晔撰，（唐）李贤等注：《后汉书·卷八十八》，中华书局，1965年版，第2931页。

四　列邮置于要害之路：悬泉仍然长流

士兵戍守，不仅具有信号传递功能，还能充当哨所，甚至兼备驿站的功能，供往来的官吏、商旅投宿。此外，汉代还建立"过所"制度，"过所"相当于护照、签证，行进、投宿时都要检查，否则就等于偷渡国境。西域诸国的国王、质子、贵族、官员、商旅都需要检验过所才能通行、投宿，而这一切在没能有效控制河西走廊、西域之前都是不可能实现的。

这些保障的位置也有一定的讲究。几十名士兵戍守烽燧，首先要有粮食吃，但又不可能将粮食从内地运过来，成本太高，因此必须要屯田。屯田必须得有水，几十个人戍守平时也得喝水，因此烽燧所在的位置必须有水源地。烽燧的另一项重要功能是防止偷渡，而古代没有望远镜，没有无人侦察机，那怎么预防偷渡呢？很简单，偷渡的人肯定也要喝水。人可以几天不吃饭，却无法几天不喝水，你只要到水源来取水，我就能发现你。在降水稀少的内陆，控制水源也是防守边境、阻止敌人进攻的有效手段。

敦煌东面的瓜州以北有一个保存非常完整的烽燧叫白墩子，它是出唐代玉门关后的第一烽，烽底下就是一大片水，戍守的士兵可以在烽燧上居高临下地监控。当年玄奘偷渡玉门关后，在这里差点被箭射死。他半夜渴得受不了，一定要去喝水，竟然就被守卫士兵发现了。一箭射来，虽然没中，但玄奘被捉住了，当时戍守的军官是个虔诚的佛教徒，就徇私舞弊把他放走了，否则他不可能走到印度，刚要偷渡就会被逮到。

烽燧必须要有水源地，驿站同样必须要有水源地。那么驿站

白墩子烽燧

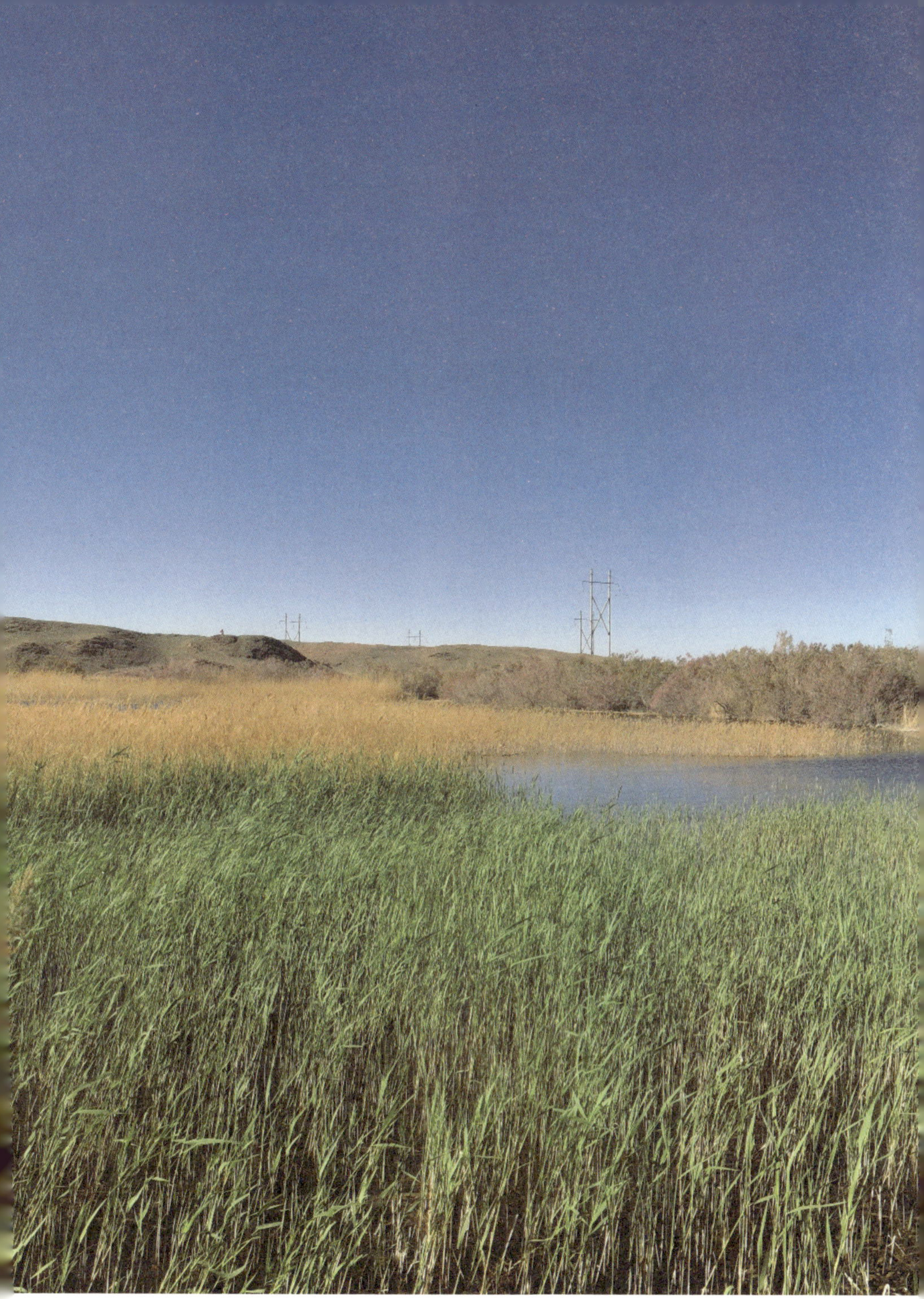

在哪里呢？汉朝从长安至敦煌设置了80多个驿站，但是只有1个被完整、确凿地发掘了出来，这就是在敦煌、瓜州之间的"悬泉置"，被列为世界文化遗产。为什么叫"悬泉置"呢？因为它的边上有一眼"悬泉"，从悬崖的石头缝隙中会渗出泉水。我去实地考察过几次，还喝过悬泉水，稍带咸味，富含矿物质，算是流汗后的"运动饮料"。悬泉置的遗址由院落、房屋、烽燧、马厩等组成。

悬泉置遗址是现在考古发现保存最完整、历史意义最重大、史料价值最丰富的丝路驿站，它也是丝绸之路的最佳象征。在汉朝，悬泉置是敦煌郡效谷县下辖的一处邮驿机构，汉武帝时名"悬泉邮"，汉昭帝时改称"悬泉置"，东汉后期又改称"悬泉驿"，魏晋时废置，到唐代又名"悬泉驿"，并设"悬泉守捉"，宋朝以后逐渐废弃，前后延续使用近400年。

悬泉置不仅是一个驿站，还是军事堡垒，它有高大坚固的围墙和驻军营房，周边还有3座警戒的烽燧。

悬泉置是一项特别重大的考古发现，最关键的发现在于一个垃圾堆，这个垃圾堆里面有几万支有字的汉简。因此现代可以确凿知道此处就是悬泉置遗址，因为多支简上注明就是"悬泉置"。

悬泉置接待了东来西往的大汉官员、使者，大破匈奴的常惠、刺杀楼兰王的傅介子、歼灭远遁康居的郅支单的陈汤、孤胆英雄班超等，还有远嫁乌孙几十年、晚年回到长安的解忧公主，当然还有西域诸国的国王、官员、商旅……其中与苏武一同被扣匈奴，

四　列邮置于要害之路：悬泉仍然长流

悬泉置遗址

后又大破匈奴的常惠还留下了保存完好的确凿的住宿与餐饮记录——《长罗侯过悬泉置费用簿》。

悬泉置得名于其东侧山谷中的悬泉水，距今至少 2000 多年了，它一直是此处唯一的水源，无数在丝绸之路上奔波的商旅、使者、官员、将士都赖它维生，这其中包括远征大宛的大汉军队，5 次出使西域的长罗侯常惠，守卫西域 30 多年的定远侯班超……一直到今天的遗址守护人。我们一行很幸运，于 2018 年 5 月第一次喝到了长流至今、清冽可口的悬泉水。

据《元和郡县图志》卷四十："悬泉水，在（敦煌）县东一百三十里。"[1] 悬泉置距离敦煌市区 60 公里至 65 公里之间（取决于是否走高速公路），可见里程记录非常准确。

悬泉水，当地人俗称"吊吊泉"，古代又称"贰师泉"。贰师，指的是汉武帝时期的贰师将军李广利。据《沙州都督府图经》记载："汉贰师将军李广利西伐大宛，回至此山，兵士众渴乏，广乃以掌拓山，仰天悲誓，以佩剑刺山，飞泉涌出，以济三军，人多皆足，人少不盈，侧出悬崖，故曰悬泉。"[2] 当然这仅仅是一个传说，但这个传说契合了丝绸之路是"天马之路"安全贯通于远征大宛之后的事实，早在东汉这个传说已经存在。

就在悬泉置的院墙外发掘出了 2000 多年前的路面和车辙。这就是 2000 年前真正的丝绸之路。

1　（唐）李吉甫撰：《元和郡县图志·卷四十·陇右道下》，中华书局，1983 年版，第 1026 页。
2　载于鼎秀古籍全文检索平台。

四　列邮置于要害之路：悬泉仍然长流

从 2000 多年前一直流到今天的悬泉

东汉时期，丝绸之路的东方是中国，向西是中亚、南亚的贵霜帝国，再向西就是占据今伊朗高原、两河流域的安息帝国，又称帕提亚帝国，再向西就是罗马帝国。当时丝绸之路连通的就是亚欧大陆这 4 个主要国家之间的贸易。因为讲国际贸易需要最起码的商业信誉，有基本的商业秩序，更要有基本的安全感，否则对方直接把你的商品抢了，人杀了，也就谈不上持续稳定的贸易往来。

在地理上，丝绸之路是从长安出发，经河西走廊向西，经过中亚，直至地中海地区的道路系统；在政治、军事上，丝绸之路是汉朝为了反击、扼杀匈奴生存空间的西进路线；在经济、文化

这才是丝绸之路——重抵历史现场的行走

悬泉置墙外的汉朝驿路——这就是丝绸之路

上，丝绸之路是中国与中亚、西亚、南亚，直至地中海地区进行贸易往来与文化交流的纽带，因此丝绸之路并不单纯是地理上的道路概念。

近来有一种观点很流行，即早在张骞出使之前，中国与中亚地区甚至更远的西方就有交通往来，因此丝绸之路早就存在。凡有

四 列邮置于要害之路：悬泉仍然长流

人类必有道路相通，道路是随着人类的迁徙形成的，早在3000多年前新疆和田的玉石就到了殷墟，2500前的古波斯也建立了完善的御道系统，其后的丝绸之路必然会在地理位置上利用这些早就存在的道路，但这并不代表这些道路本身就是"丝绸之路"。用一个简单的类比，现代公路肯定部分利用了古代驿道的地理位置，但这两者并不等同。

顾名思义，"丝绸之路"运输的是当时中国产的丝绸，它们从张骞通西域后才开始大规模、稳定向中亚、地中海出口，因此之前肯定不会存在"丝绸之路"。当时世界上只有中国能生产丝绸，因此丝绸价格昂贵，在西方世界是奢侈品，甚至与等重的黄金同价。更重要的是便于陆路运输。当时陆路运输的成本很高，高到如果不运昂贵的丝绸就会无利可图，因此中国销往西方的主要大宗商品只能是丝绸。如果河西走廊、西域仍然被匈奴控制，丝绸之路也不可能形成，毕竟交通的首要条件是安全。只有在汉朝夺取了河西走廊，"列四郡、据两关"并进一步控制西域及其最西端的交通枢纽葱岭之后，丝绸之路才能最终形成、畅通，这是《汉书》为何重点强调玉门关、阳关、葱岭的原因，所以对于"丝绸之路"这个概念，我们可以反向定义：凡是不经过玉门关、阳关和葱岭三者之一的路线都不是丝绸之路。

五

绿洲、高原：丝绸之路的地理环境

最初的丝绸之路从长安出发，经过河西走廊，分别出玉门关、阳关，沿塔里木盆地南北两缘分为两道，南道贴着昆仑山北麓，沿着若羌、和田、叶城、莎车诸绿洲一线，北道贴着天山南麓，沿着吐鲁番、库尔勒、阿克苏、喀什诸绿洲一线，两道在葱岭即帕米尔高原会合。隋唐时期在天山北麓，又开辟了一条（新）北道，沿着哈密、巴里坤、乌鲁木齐、塔城、伊犁一线西向中亚草原，但这一带主要生活着草原游牧部落，导致经常被抢劫，且缺少定居点，沿线的补给和市场都成问题，一旦中原王朝缺乏有效的政治、军事控制，就容易中断。

新北道出现后，原天山南麓的汉朝北道便成了中道，形成新的丝绸之路体系。沿着南道、中道翻越帕米尔高原之后，路线就开始发散：南道分别向西经过今塔吉克斯坦和阿富汗交界的瓦罕谷地，向南经过巴基斯坦北部的罕萨、吉尔吉特谷地；中道向西

五　绿洲、高原：丝绸之路的地理环境

汉代丝绸之路南北两道的交会处葱岭，即帕米尔高原

至吉尔吉斯斯坦等国的费尔干纳盆地；两道再往西是波斯、东罗马帝国，再往南到达古印度，这一带文明发达，人口众多，所以便融入、分散于当地既有的交通网络了。（新）北道向西到达哈萨克斯坦的中亚草原，再折向南越过锡尔河（Syr Darya）、阿姆河与中道、南道会合。

丝绸之路沿线的地理环境主要分为以下几段：

第一段是陕甘段，就是从长安到玉门关、阳关一带，主要由

关中平原、黄土高原、陇山、河西走廊等组成，其中河西走廊是一个狭长的走廊地带，地貌丰富，包括雪山、沙漠、草原和森林等；出了玉门关、阳关，北道在天山北麓，沿线主要是草原，中道和南道沿线则是沙漠和绿洲，这是第二段，相当于今天的新疆；第三段就是帕米尔高原，这是一片由高山、河谷纵横交错组成的高原草场、冰川地带，地形最为复杂，条件最为艰险；过了帕米尔高原向西经过农业区的高山峡谷瓦罕，到达阿姆河和锡尔河流域，这是一片沙漠和绿洲地带——向南经过农业区的罕萨、吉尔吉特等地的高山峡谷，再向南、向西，就是南亚和西亚的高原、平原农业地带。

西汉、东汉之交，中原因战乱丧失了对西域的控制，丝绸之路中断，后来班超出使，重新控制了西域，丝绸之路得以恢复。但东汉三国之后，丝绸之路时断时续，远不如汉朝时稳定繁荣。

两汉之后，丝绸之路的繁荣期在唐代。唐初的西界在甘肃西部，而蒙古高原和西域分别由强大的东、西突厥汗国控制。唐太宗首先攻灭了东突厥汗国，然后向西进军灭掉位于吐鲁番的西域门户高昌国，继续西进，占领了于阗、疏勒、龟兹等国，控制了西域；唐高宗时期继续向西进军，灭掉了位于中亚的西突厥汗国，设立安西、北庭都护府，控制了中亚锡尔河、阿姆河之间的河中地区，丝绸之路得以复兴、繁荣，东至长安、西至地中海往来商旅不绝，向西输送的不仅有丝绸，还有造纸术。

唐开元、天宝年间丝绸之路到达鼎盛："是时中国强盛，自安

五 绿洲、高原：丝绸之路的地理环境

远门西尽唐境万二千里,闾阎相望,桑麻翳野,天下称富庶者无如陇右。"[1]位于丝路要冲的河西走廊成为天下最富庶的地区,这时也是河西四郡最西的敦煌及其莫高窟的鼎盛时期。

吐鲁番出土过一件唐代过所,即1200多年前的护照身份证。汉代的过所是木制的,而这件唐代的过所是纸制的。其上注明了这支商队从今天新疆库尔勒的孔雀河边的"铁门关"经过"伊州"(今新疆哈密)到了瓜州(今甘肃瓜州锁阳城遗址),经过了一个我们熟悉的地方"悬泉守捉"。"守捉"是唐朝的边防军队驻地,就在汉朝的悬泉置,因为这里有方圆几十公里内的唯一水源"悬泉"。这个商队的领队叫"石染典",是一个来自中亚的粟特人,家乡在"石国"(今乌兹别克斯坦塔什干一带),他的副手叫"康禄山",也是粟特人,家乡在"康国"(今乌兹别克斯坦撒马尔罕一带)。"禄山"这个名字是不是很眼熟?他与唐朝武将安禄山同名。

安禄山本姓"康",也是粟特人,母亲改嫁给来自安国(今乌兹别克斯坦的布哈拉一带)的安姓粟特人,遂改姓。为什么这么多粟特人喜欢叫"禄山"?因为在粟特语中,"禄山"(Rokhshan)的意思是"光明",而讲东伊朗语的粟特人信仰波斯国教琐罗亚斯德教,就是中国俗称的"拜火教",崇尚火与光明。安禄山的副手史思明,是祖先来自史国(今乌兹别克斯坦沙赫里萨布兹)的

---

[1] (宋)司马光编著,(元)胡三省音注:《资治通鉴·卷二百一十六》,中华书局,1963年版,第6919页。

粟特人，虽然"思明"是唐玄宗李隆基的赐名，但含义很可能也与粟特人有关。粟特人原来生活在阿姆河和锡尔河之间的泽拉夫善河（Zarafshan）流域，即中亚的"河中地区"，由于地处丝绸之路中间段，非常善于经商，因而成为丝绸之路上的主力商人。我们现在见到的唐代胡人俑，包括李白笔下的"胡姬"，都是粟特人，唐时有大量的粟特人居住在中国。

唐朝在西域设置了安西、北庭两个都护府，共有超过5万名驻军，他们的薪水怎么付呢？当然不可能用当时的货币铜钱，否则陆运铜钱的运费将超过铜钱本身。中国的黄金、白银都很稀少，主要是靠进口，所以也无法以金银付军饷。于是唐朝就用丝绸支付数万名士兵的军饷，而西域诸国的国王、使者、商人到了中国，就把中国的特产奢侈品丝绸带回去，赚得高额利润，起码可以涵盖路费，丝绸之路就这样繁荣起来。

天宝十四载（755年），以两个粟特人安禄山、史思明为首的"安史之乱"爆发，为了平定叛乱，唐玄宗命令驻守河西走廊与西域陇右、安西、北庭的边防军精锐东调。8年后，吐蕃趁机占领了河西走廊，随后又占领了西域，甚至占据了关中平原的西部，唐与吐蕃的边界竟然到了凤翔（今陕西宝鸡），白居易哀叹："平时安西万里疆，今日边防在凤翔。"此时丝绸之路就已经彻底断绝了。

大中二年（848年），沙州（敦煌）汉人张议潮起义，赶走了占据沙州近70年的吐蕃人，为了向唐宣宗奏报这件大喜事，他前后派出了十批使者去长安。此时，这些使者已经无法沿着当年的

五 绿洲、高原：丝绸之路的地理环境

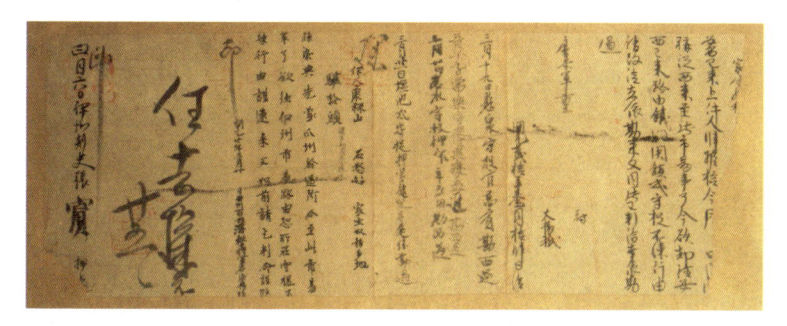

唐开元年间的"过所"

丝绸之路，即唐朝河西走廊驿路去长安了，因为沙州以东的河西走廊各州县还在吐蕃人手中，这些使者要迂回绕道蒙古高原的沙漠、草原，走了一年多，只有一批人到达了长安，其他人或死于险恶的沙漠，或死于吐蕃人之手。这说明什么问题呢？说明的还是那句话：丝绸之路并不是简单的自然地理的道路。在地理上，河西走廊的路仍然存在，但在实际中，这条路已经断了，怎么能说丝绸之路在此时仍然畅通呢？没有烽燧的保卫，没有驿站的补给，甚至还有敌人的阻截，所以又出现了张骞第一次出使时的情况——90%以上的损失率。如此高的损失率又一次证明，想象中的骆驼爬沙丘走大漠的丝绸之路完全是"自杀之路"。

汉、唐占领西域以后，西域的农产品和工艺品顺利进来，汉人用丝绸等商品去交换，就形成贸易往来，但这个经济、文化交流的结果是附带的，丝绸之路形成的首要原因还是政治、军事层面的，丝绸之路的形成是汉与匈奴、唐与突厥汗国（随后的吐蕃、阿拉伯帝国）在亚洲大陆争霸的结果，一旦控制并维持了西域的政

泽拉夫善河

治稳定、和平,中国与西域、欧洲的经济文化往来就会自然发生;然而,如果失去了对西域的有效控制,丝绸之路便就此中断。这也是对中国影响特别巨大的事件。

失之东隅,收之桑榆,既然向西北内陆的道路交通被切断了,我们就得想办法,向东南进行海上贸易。"安史之乱"导致北方黄

五 绿洲、高原：丝绸之路的地理环境

河流域的人口大批流向南方长江、淮河流域，经济中心便向东南移，向沿海移，于是就更加侧重于海上贸易。

传统时代，中国有两大特产，一个是丝绸，一个是瓷器。1500多年前，欧洲东罗马帝国掌握了生产丝绸的技术，打破了中国的垄断，而瓷器到18世纪欧洲人才模仿成功。不过瓷器太重太易碎，很难陆运，运少数几件没什么问题，大规模依靠驴马驮瓷器是不可能的，成本太高昂，但海上就可以。而且瓷器正好可以充当压舱物，因为古代的船是木制的，吃水很浅，与其用石头压舱，还不如用瓷器压舱，运到海外目的地后上岸又可以卖掉，这是一举两得。当然海上也会运输丝绸等其他物品，只是在海底沉船中发现的主要物品是大量的瓷器，还因为瓷器在海水里不会腐烂，而其他包括丝绸、茶叶在内的物品很容易腐烂。这就是"海上丝绸之路"，或"海上瓷器之路"。

丝绸之路是亚欧大陆间综合交流的体系。国家兴，则丝路兴；国家衰，则丝路衰，这是汉唐丝绸之路千余年波澜壮阔的历史给出的明确答案。

这才是丝绸之路——重抵历史现场的行走

《张议潮统军出行图》，莫高窟第 156 窟（图片来源于 Wikimedia Commons）

五　绿洲、高原：丝绸之路的地理环境

北行五十余里有瓠卢河，下广上狭，洄波甚急，深不可渡。上置玉门关，路必由之，即西境之襟喉也。

——《大慈恩寺三藏法师传》

玉门山嶂几千重　山北山南总是烽

一

河西走廊与丝绸之路的"咽喉之地"敦煌

"春风不度玉门关""西出阳关无故人"等诸多为人们所熟知的边塞诗句,都彰显出玉门关和阳关在交通路线中的重要地位。但汉、唐的玉门关究竟在哪里?迄今仍然没能明确。从敦煌到楼兰的具体路线究竟如何?这也始终是个悬案。

西出玉门,东归阳关,从敦煌到楼兰之间,有3个很重要的地标,即玉门关、阳关和敦煌。河西走廊是一条1000多公里长的走廊,为什么叫它走廊?从地图上看得很明显,这是一条地处两个山脉之间的细长地带,最窄的地方只有一二十公里,最宽的地方也不过几十公里,站在嘉峪关上,两边的山都看得到。它的南边是平均海拔超过4000米的祁连山脉,祁连山脉的南边就是青藏高原,它的北边是马鬃山等一系列相对来说海拔较低的山,统称为"北山",翻过去以后就是蒙古高原。河西走廊最重要的一个作用就是隔绝蒙古高原的匈奴人与青藏高原的羌人——他们都是汉朝的敌人，向西就是西域，所以它的战略地位非常重要，这也是汉朝在此"列四郡，据两关"，将河西走廊打造成重要军事基地的原因。

汉代时，河西走廊被匈奴人占据，张骞出使西域经过河西走廊，曾被匈奴人俘获。后来，汉武帝派霍去病打下了河西走廊，并把它打造成军事要塞，建立了四郡两关，四郡就是武威、张掖、酒泉和敦煌，两关就是建在敦煌的玉门关与阳关，同时设立都尉，是汉代边防军长官。玉门关和阳关外边还有白龙堆的沙漠、蒲昌海（今罗布泊）。

河西走廊的最东端从乌鞘岭开始，从兰州向西翻越陇山后就到了乌鞘岭，乌鞘岭之后就是武威，也就是唐代的凉州，由此就进入了河西走廊。我曾经徒步翻越过乌鞘岭，沿途可见明代长城与汉代长城紧密相邻，山上就是烽火台，可见它地理位置的重要性。

汉代丝绸之路出长安后，分成几道后又汇总在河西走廊，而后从敦煌出玉门关和阳关，分成南道和北道，到隋唐时更分成三道，多了一条北道，以前的老北道变成丝路中道，这就是通常讲的"丝路三道"。东汉末年北道已经有人在走，直到隋唐时期才正式开辟，也是使用非常频繁的一条商路。

敦煌在这条交通要道上的地位非常重要，大家读到关于隋朝裴矩的这段话就会明白：

发自敦煌，至于西海，凡为三道，各有襟带。北道从伊吾，经蒲类海铁勒部、突厥可汗庭，度北流河水，至拂菻国，

一　河西走廊与丝绸之路的"咽喉之地"敦煌

乌鞘岭，右侧是并列的汉、明长城遗迹

达于西海。其中道从高昌、焉耆、龟兹、疏勒，度葱岭，又经锁汗、苏对沙那国、康国、曹国、何国、大小安国、穆国，至波斯，达于西海。其南道从鄯善、于阗、朱俱波、揭盘陀，度葱岭，又经护密、吐火罗、挹怛、忛延、漕国，至北婆罗门，达于西海。其三道诸国，亦各自有路，南北交通。其东

隋朝的丝绸之路三道（图片资料来源于侯杨方"丝绸之路地理信息系统"，本地图由星球地图出版社编制）

女国、南婆罗门国等，并随其所往，诸处得达。故知伊吾、高昌、鄯善，并西域之门户也。总凑敦煌，是其咽喉之地。[1]

隋朝并没有控制西域，丝绸之路也不畅通，隋炀帝当时想效仿汉武帝攻打西域，重新开辟河西走廊，再度开通丝绸之路。他派大臣裴矩到西域去探查路线，这段话就是裴矩回来之后向他汇报的。他说，通往西域的道路"发自敦煌，至于西海"，西海就是地中海；"凡为三道，各有襟带"，意思是说共有3条干道，中间有各种支路相连。

从他这段话就看出，当时已经多了一条北道，北道怎么走？伊吾就是今天的哈密，蒲类海就是今新疆东部的巴里坤湖，所以

---

[1]（唐）魏征等撰：《隋书·卷六十七·列传第三十二》，中华书局，1973年版，第1579页—第1580页。

一　河西走廊与丝绸之路的"咽喉之地"敦煌

北道也就是走现在的天山北麓，到突厥可汗庭（今巴音布鲁克草原）、碎叶（今吉尔吉斯斯坦的托克马克附近），再到拂菻国（东罗马帝国），东罗马帝国的范围是现在的叙利亚、以色列、土耳其、希腊这一块，也就是地中海的东部，所以是"达于西海"。

中道从高昌、焉耆、龟兹、疏勒到葱岭，又经䥽汗至波斯，达于西海。隋朝的中道就是汉代的西域北道。高昌就是车师前王庭，两地都在吐鲁番。现在吐鲁番有两个著名的古城，一个是车师前王庭，即今交河故城；一个是高昌故城，两地相隔仅几十公里。龟兹就是库车，疏勒就是喀什，然后翻越葱岭到䥽汗，䥽汗就是费尔干纳盆地，汉时的大宛。

南道从鄯善、于阗、朱俱波、揭盘陀，度葱岭。鄯善就是现在的新疆若羌；于阗就是和田；朱俱波在叶城一带，也就是葱岭的脚下；揭盘陀就是帕米尔高原上的塔什库尔干塔吉克自治县，也是我国唯一的塔吉克自治县；护密就是瓦罕，隋唐时期中国人叫它护密；吐火罗就是大月氏，西汉时候大月氏在阿姆河两岸一带。

裴矩一句话总结，伊吾（哈密）、高昌（吐鲁番）和鄯善（若羌）是西域的门户，这是新疆最东边由北向南排列开来的3个绿洲国家，当然现在每一个地方涉及的范围都非常大，例如现在若羌一个县就有20万平方公里，相当于2个江苏省的面积。这3个地方"总凑敦煌，是其咽喉之地"，就是说敦煌是整个西域三道的咽喉之地。

为什么敦煌会出现丝绸之路上最大的艺术宝库莫高窟呢？隋

唐时期，西域人和中原人普遍信仰佛教，中原人在前往西域之前，也就是离开敦煌向西走之前，有钱的人就凿一个洞窟，没钱的人就找人画一幅画，目的都是祈祷佛祖保佑平安归来，顺利回来的时候再来还愿。经过1000多年的经营，敦煌就形成丝路上最大的一个艺术宝库。

隋炀帝是唯一去过河西走廊的中国皇帝。他去过张掖，走的是青海那边，然后翻越祁连山那时被称为"大斗拔谷"的扁都口到达张掖的焉支山。虽然他有雄心壮志，但是最终隋朝的版图只到了现在的新疆东部，丝路没有完全开通。

唐朝兴盛时期也是丝绸之路的鼎盛期，《资治通鉴》中提到，在开元、天宝年间，陇右地区（陇山之右，主体即河西走廊）成为当时最富庶的地方。为什么会这样呢？因为丝绸之路的主干道就经过这里。唐太宗、高宗两朝不断越过敦煌向西进军，收复西域，进一步攻灭了西突厥汗国，成为西域、中亚的霸主，大批粟特商人到达中原内地，敦煌成为唐朝对外交流开放最重要的窗口城市，莫高窟也相应到达了最繁盛的时期。

20世纪80年代以后，有大批日本人去敦煌，我们当代有记忆的"敦煌热"就是从这时开始的。当然，世界上真正的"敦煌热"是从1900年左右开始的，这与敦煌文书的发现有关。

日本人对敦煌的痴迷和日本作家井上靖的小说《敦煌》密切相关。这本书写于1959年，但他本人直到1979年才第一次到了敦煌。他到了之后曾经感叹："敦煌竟然与我想象中的这样相像。"

一　河西走廊与丝绸之路的"咽喉之地"敦煌

史称"大斗拔谷"的扁都口，是青海湖地区通往河西走廊的要道

那么，20年前他为什么能写成《敦煌》？

众所周知，敦煌文书有一部分流传到英国、法国、印度等国，其中也包括日本。日本的文书就是大谷探险队带回去的那一批。井上靖可能在当中看到一张宋仁宗时期的小纸条，上面有两段文字：

这才是丝绸之路——重抵历史现场的行走

莫高窟的早晨

  维时景祐二年乙亥十二月十三日，大宋国潭州府举人赵行德流历河西，适寓沙州。今缘外贼掩袭，国土扰乱。大云寺比丘僧搬移圣经于莫高窟而罩藏壁中。于是发心敬写般若波罗蜜多心经一卷，安置洞内。

  伏愿龙天八部，长为护助，城隍安泰，百姓康宁；次愿

一 河西走廊与丝绸之路的"咽喉之地"敦煌

> 甘州小娘子承此善因,不溺幽冥,现世业障并皆消灭,获福无量永充供养。

这段文字是说,景祐二年(1035年)乙亥十二月十三日,大宋国的潭州府举人赵行德游历到沙州——宋代时敦煌叫沙州,突然敌人来袭,国土扰乱,他和大云寺的和尚们把佛经藏到莫高窟洞中,就是现在的17号窟,即敦煌文书出土的地方,又用砖头把洞口砌起来。他还抄了《般若波罗蜜多心经》一卷,一起放在里面。

他最后写了一句话表达了自己的心愿:一愿天下太平;二愿甘州小娘子不要吊在幽冥地狱里面,现世业障全都消灭,获福无量,永充供养。甘州就是张掖,这位小娘子可能是他的情人或妻子。

井上靖看到敦煌文书里的这张纸条,很感动,就写了一本小说《敦煌》,主人公就是赵行德。后来的电影也是在敦煌实拍的,为此剧组特地在敦煌城西造了一个宋代沙州城。这座沙州城现在还在,虽然是临时建筑,但质量很好。《敦煌》电影的女主人公就是甘州小娘子,井上靖把她写成一个回鹘公主,所以电影里她长得有点像西方人。这部电影一公映,就在中国和日本掀起了"敦煌热",很多人慕名前往敦煌。那时候去一趟敦煌还很不容易,不像现在坐飞机就能到达。

这部电影最后一个镜头是这些人把一卷一卷的文书藏在敦煌

的小洞窟里边，然后用砖头把这个很窄的门封起来，这就是以后的敦煌文书。直到1900年左右，这批文书才被王圆箓道士发现，轰动了世界。但敦煌文书是不是这个原因被封存的？其实未必如此，这是一个美丽的错误。

二

发现敦煌文书的王道士与斯坦因的百年纠葛

敦煌文书被发现以后,第一个过来的外国人是斯坦因(Marc Aurel Stein)。斯坦因一到就找王道士,要把敦煌文书买走,王道士一开始不乐意,这个过程斯坦因在他的书中有过回忆。现在有篇进入人教版高中课本的文章叫《道士塔》,讲王道士贪图钱财,也没见过世面,所以在斯坦因和伯希和(Paul Pelliot)的连哄带骗之下,他就让他们把敦煌文书带走了。其实不是这么回事,王道士根本不缺钱,他虽然是个道士,但对佛教特别感兴趣,也是个奇葩。他是湖北麻城人,到了敦煌以后不断打扫、修缮莫高窟。当时莫高窟一二层洞窟很多都被流沙掩埋了,他就把沙子全部挖开。在挖的过程中,他发现墙壁上有一条裂缝,里面是空的,打开以后发现了这5万多件的文书。

王道士一生为修砌莫高窟花了20多万两银子,所以只用点小钱去收买他是不可能的,这些外国探险家并不比他富有。但斯坦

这才是丝绸之路——重抵历史现场的行走

二　发现敦煌文书的王道士与斯坦因的百年纠葛

斯坦因拍摄的放置于17号洞窟外的敦煌文书，1907年

因非常聪明。他身边有一位蒋师爷，叫蒋孝琬，是湖南人，教斯坦因中文，斯坦因不会写中文，阅读也很困难，但是能说上一点。师爷说的是湖南官话，所以也教他湖南官话。非常不幸或巧合的是，湖南官话与湖北麻城话之间能交流，斯坦因和王道士互相居然能听得懂，否则以下的故事都不会发生。

斯坦因与蒋孝琬还游历了瓜州榆林窟，并在第17号洞窟留下了刻字："大清光绪三十三年五月廿一日，湖南湘阴县蒋资生与英国总理教育大臣司代诺当幕游历到此。""司代诺"即斯坦因，是当时清政府颁发给他的护照中的官方中文译名，"英国总理教育大臣"纯属捏造的头衔，竟然也与护照中的头衔一致，清政府颟顸无知如此，将斯坦因从英属印度"西北边境省俾路支斯坦教育监察主任兼考古调查员"变成了大英帝国的"总理教育大臣"。

斯坦因觉得单纯用钱收买不了王道士，他发现王道士虽然是个道士，却特别崇拜佛教和尚玄奘。这一点和斯坦因正好一致，斯坦因称玄奘是他的"中国保护神"。斯坦因和他谈了一段时间以后，就对他讲，他自己也特别崇拜玄奘，所以从印度翻越葱岭，到达中国来取经，因为现在的印度已经没有佛经了。这样谈来谈去，两个人之间便惺惺相惜。王道士觉得斯坦因是一个识货、有情怀的人，就让他挑走了那些"经"。斯坦因只给了他很少的一笔钱，就把敦煌文书拿走了。

斯坦因拿走的这批文书先是被运到印度，最后绝大部分都进了伦敦大英图书馆及大英博物馆，轰动了世界。

二　发现敦煌文书的王道士与斯坦因的百年纠葛

斯坦因拍摄的王道士，在莫高窟居所门前

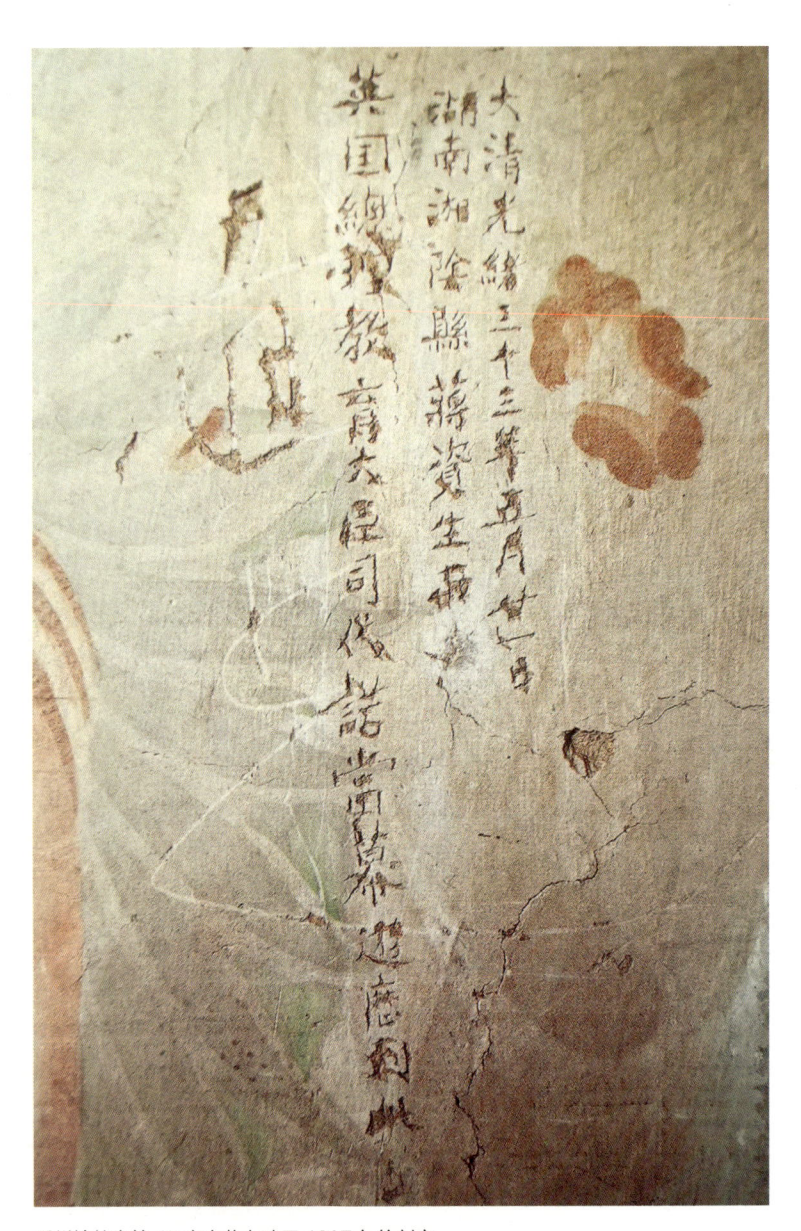

瓜州榆林窟第 17 窟中蒋孝琬于 1907 年的刻字

二 发现敦煌文书的王道士与斯坦因的百年纠葛

此后,法国人伯希和也到了敦煌。伯希和与斯坦因不一样,斯坦因的中文水平不太好,阅读能力比较差,所以他拿的敦煌文书中很多是图画等艺术品。但伯希和精通多种语言,一些流行于中亚的"死语言"他都懂。他把剩下的经卷全部看了一遍,刻意挑选佛经以外的文书,因为它们的史料价值更大,这些文书现在收藏在法国巴黎吉美博物馆和法国国家图书馆。这两批人过来以后,日本人也来了。那时,中国人听说外国人把这些"废纸"当作宝,就开始伪造。当地人把伪造的敦煌文书卖给日本人,所以井上靖看到的赵行德非常感人的话是后来编造出来的,并不是宋代的原文。宋朝的时候湖南没有潭州府,明代才有这个地名。编造的人懂点历史,但又不是特别精通,留下一个破绽,但日本人不知道,就把它拿走了。

王道士把敦煌文书卖给斯坦因等人以后,他是不是像传说中那样感到后悔,或者是觉得对不起?其实根本不是这么回事。

斯坦因1916年又来到敦煌,再次见到了王道士。王道士对他说,他非常后悔,当时应该把文书全部给斯坦因,这样文书就不会散失了。因为他刚发现敦煌文书时,曾经向政府打报告,要求把它们捐赠给政府。政府说财政紧张,你自己把它们存放在洞窟里。外国探险家到敦煌把这些文书运到国外引起轰动以后,清政府才开始重视,要把它们运到北京的京师图书馆,即现在的国家图书馆。运送过程中各地地方官觉得这东西很珍贵,就偷了很多,偷了以后件数不对,他们就把残存的卷剪成好几段,一段算一卷,所以文书被破坏得很厉害,被偷走反而算是幸运了。国内现存的敦煌文书大多遭到破坏，价值最高、保存最好的文书都在英国和法国。

王道士知道了这个情况，所以他说很后悔，应该把所有的全给斯坦因。这才是敦煌文书流失的真相。敦煌文书现在永远不可能再全部集中到一起了，这是非常遗憾的事情。但是好在法国和英国的那部分保存得相当好，而且全部被高清扫描后上传网络了。斯坦因带到印度的那一批目前还没有开放。

王道士是一个很复杂的人。究竟该如何评价这个人呢？王道士被国人唾弃、指责理所当然，但他只是一个文盲，不可能充分理解这些文书的珍贵，只是从自己浅陋的宗教意识出发，以为这些文书是玄奘取来的真经；从现实的角度来看，他也需要钱来恢复莫高窟的辉煌。出身科举的政府官员们应该比这个文盲道士懂得更多，但在长达10年的时间里他们无所作为，同样没意识到这些文书的珍贵。如果他们一直这样，也许莫高窟的文书还算幸运。因为一旦意识到了，盗窃和毁坏就开始了。

更大的悲剧并不是敦煌文书的散失，而是莫高窟本身。政府同样也没有意识到莫高窟本身的价值，王道士仅以个人之力募集巨款，花费30余年的时间修复莫高窟，可谓鞠躬尽瘁，死而后已，而且他完全是出于对宗教的热忱，他出卖文书也是为了这个目的。他没有贪财，没有赢利，与同时的政府官员相比，他是一个高尚、无私的人。他清理了各个洞窟的流沙，发现那些唐代、五代时期、宋代的绘画和塑像有些残缺、损毁，于是又招募工匠修复、重塑。现在我们在莫高窟发现的大量晚清时期的雕塑大多是王道士的业绩。但是，

二 发现敦煌文书的王道士与斯坦因的百年纠葛

王道士是一个文盲,一个有着低劣艺术品位的文盲,而且同时期的敦煌工匠们早已失去了前辈的艺术品位和技术,他们重塑了佛教、道教以及传说中的各路神仙鬼怪,在唐代壁画的背景下显得拙劣刺目;他们甚至给唐代塑像涂抹上了大红大绿的色块,我们只能从没有被祸及的部分发现原来的色彩是多么优雅怡人。

王道士破坏了已经留存千年的珍贵艺术,但他至死都认为自己毕生奉献的是一项伟大事业。如果没有王道士,莫高窟一直掩埋在流沙中无疑会保存得更好,那批文书也不会散失。一个人出于热忱和信仰,献身于一项自以为的伟大事业,越是努力则危害越大,由于自身的愚蠢和局限,他对此一无所知。这样的角色,王道士不是第一个,更不是最后一个。这就是王道士及其理想主义同道们的悲剧,更是人类的悲剧。西谚有云,"通往地狱的路是好心铺成的",信然!

斯坦因来中国考察过4次,第二次收获最大,不仅发现了敦煌文书,还发现了所谓的"玉门关",即小方盘城遗址。斯坦因非常聪明,他顺着汉朝长城一路走过来。因为汉朝的丝路就是贴着长城走的。长城控制的是水源,一路都有水草补给,而且沿线和周边都是军营,还可以保证安全。他在现在的小方盘城遗址附近找到一个垃圾堆,里面出土了很多汉简,上面写着"玉门都尉"的字样,于是他认为这就是控制着整个沙漠地区最重要商道的"汉代玉门关遗址"。

小方盘城是一个方形城堡,汉代称为"障",城墙有一二十米高，但是边长不到 30 米，里面很小，大概只能住几十个人。它很可能只是玉门都尉府边防军营长或连长住的地方，也可能是都尉驻地，但并不是玉门关本身，后来开发时就把它当作玉门关了。最近几年又开始校正，把"玉门关"的字样给去掉了，只叫"小方盘城"，不过 2020 年我又去了一次，发现"玉门关"的字样又加了上去，但真正的玉门关还是不知道在哪儿。当然，本书将揭晓真正的玉门关遗址究竟在哪儿，而且不止一处：汉朝一处，唐朝一处。

斯坦因此行还有一个有意思的发现。他从罗布泊过来向东走，在小方盘城以西的一个烽火台里发现了 8 封用古代粟特文写的书信，书写方式是从右向左横排写的。粟特人住在乌兹别克斯坦一带，正好处于地中海到中国的正中间，粟特人本来又擅长经商，于是就在丝路上当中间商，把中国的丝绸运往地中海，将地中海、中亚、西亚各地区的物产、珍宝、金银器运往中国。不少粟特人来到中国居住，河南、山西、河北和陕西等地都发现了很多粟特人的墓。

斯坦因本人并不懂粟特文，他将这 8 封书信带回欧洲，经过学者们几十年的解读，发现这些都是家常信件，内容却很有意思。有一个名叫米薇的粟特女子写信给丈夫，抱怨说她在敦煌等了好几年了，都没收到过他任何来信，要和他离婚：

一次又一次，我寄信给你，〔但是〕我却不曾从你那儿收到任何〔一封〕信，〔因此〕我已经对你失去希望。我在敦

二 发现敦煌文书的王道士与斯坦因的百年纠葛

斯坦因拍摄的小方盘城遗址,被后世误认为"玉门关",实际只是"障"

煌不幸地过了三年,都是因为你。曾经有一次、两次,甚至五次机会,离去的路(为我而)开。但是〔他们〕拒绝与我同行,我被如此告知:"在这事上,〔这里〕没有任何(人)可能陪你。"

在我本家我从未有过如此遭遇……我服从你的指示来到

斯坦因发现的粟特文书信

敦煌,违背了〔我〕母亲和〔我〕兄弟们的意愿。显然在我答应你的那天,我就惹怒了众神。我宁愿做猪狗之妻也不该嫁给你!

这封书信的时间应该是在1700年前到1800年前之间,就是西晋末年的时候,因为它提到了当时洛阳被蛮族占领焚烧的事件。

西出玉门，东归阳关，敦煌楼兰之间

2016年6月，我们的考察队从敦煌出发，走北路，顺着疏勒河的传统丝路出小方盘城遗址到罗布泊，再南下至新疆若羌（鄯善国），考察楼兰遗址后，顺着阿尔金山东归，经阳关回到敦煌，途中又经过了楼兰，对罗布泊、阿尔金山两条丝路沿线的古代遗址、地标和通行条件做了科学考察。

从敦煌穿越罗布泊至楼兰的古代通道，按其走向可分为三部分：第一段由敦煌西北行，经玉门关到丝路地标"五船"（雅丹地质公园西界）、"三陇沙"，这段路大部分与疏勒河的干河床并行；第二段在三陇沙折向西南，进入库姆塔格沙漠北缘的阿奇克谷地，直抵古罗布泊东岸；第三段穿过罗布泊湖区到达楼兰古城。

敦煌至玉门关怎么走？游客现在要去玉门关景区，也就是小方盘城遗址，一般是走穿越沙漠和戈壁的公路，长90公里，但古代走的不是这条路。按照古代商队的行走速度，90公里的路程起

从敦煌前往所谓的"玉门关"——小方盘城遗址：蓝色是现代公路，红色是我们的轨迹，即古代丝绸之路

码要走3天，沙漠里没有水草，这只能是一条"自杀之路"。古人其实是从敦煌顺着党河向北走的。党河是从祁连山、阿尔金山流出的一条河，由南向北流，出山以后到敦煌形成一片巨大的绿洲。党河向北汇入自东向西流的疏勒河，商队又顺着疏勒河折向西走，这就是"波河而行"。

党河在古称"兴胡泊"的哈拉淖尔（蒙古语，意为黑湖）汇入疏勒河。据敦煌莫高窟藏经洞出土的唐代《沙州都督府图经》

三　西出玉门，东归阳关，敦煌楼兰之间

记载，行走于丝绸之路的胡人商旅进出在此处停留："兴胡泊，右在州西北一百一十里，其水咸苦，唯泉堪食，商胡从玉门关道往还居止，因以为号。"[1]

前面讲过，波河而行并不仅是沿河徒步、骑马或车载，也采用水运，尤其是运输大宗货物时，水运的便利性更加凸显。党河与疏勒河在古代也是重要的水路，这是铁证如山的。清雍正年间，岳钟琪率领清军与准噶尔在新疆东部作战，粮食就是从疏勒河水运过去的。

我们考察队沿党河、疏勒河而行，走的就是这条真正的丝路。车刚刚拐上东西向的古道，远远望见汉代的第 51 号烽燧矗立在高台之上，底下是一片郁郁葱葱的湿地。烽燧控制水源、道路并保卫商旅的安全，这条古道两侧密布烽燧，也是古代敦煌郡通向玉门关、楼兰的交通干道，是真正的"丝绸之路"。

当地的文物部门在路边还立有一个"丝路古道碑"，考古发现了古代的路面和车辙，长 7000 米，宽 3 米，只是在考古后回填了。此处还是水陆两路丝路的交会处，由此又一次证明了丝绸之路并非通常认为的陆路。现在这条古道尚未被开发，仅越野车可勉强通行。100 多年前，斯坦因从罗布泊过来时，和我们走的路线是一样的，只是方向相反。沿途经过大面积的湿地，水草遍地，鸟儿啁啾，车队不时要穿过一二米高的芦苇丛，湿地深处都是牧

1　载于鼎秀古籍全文检索平台。

远处即是 51 号烽燧

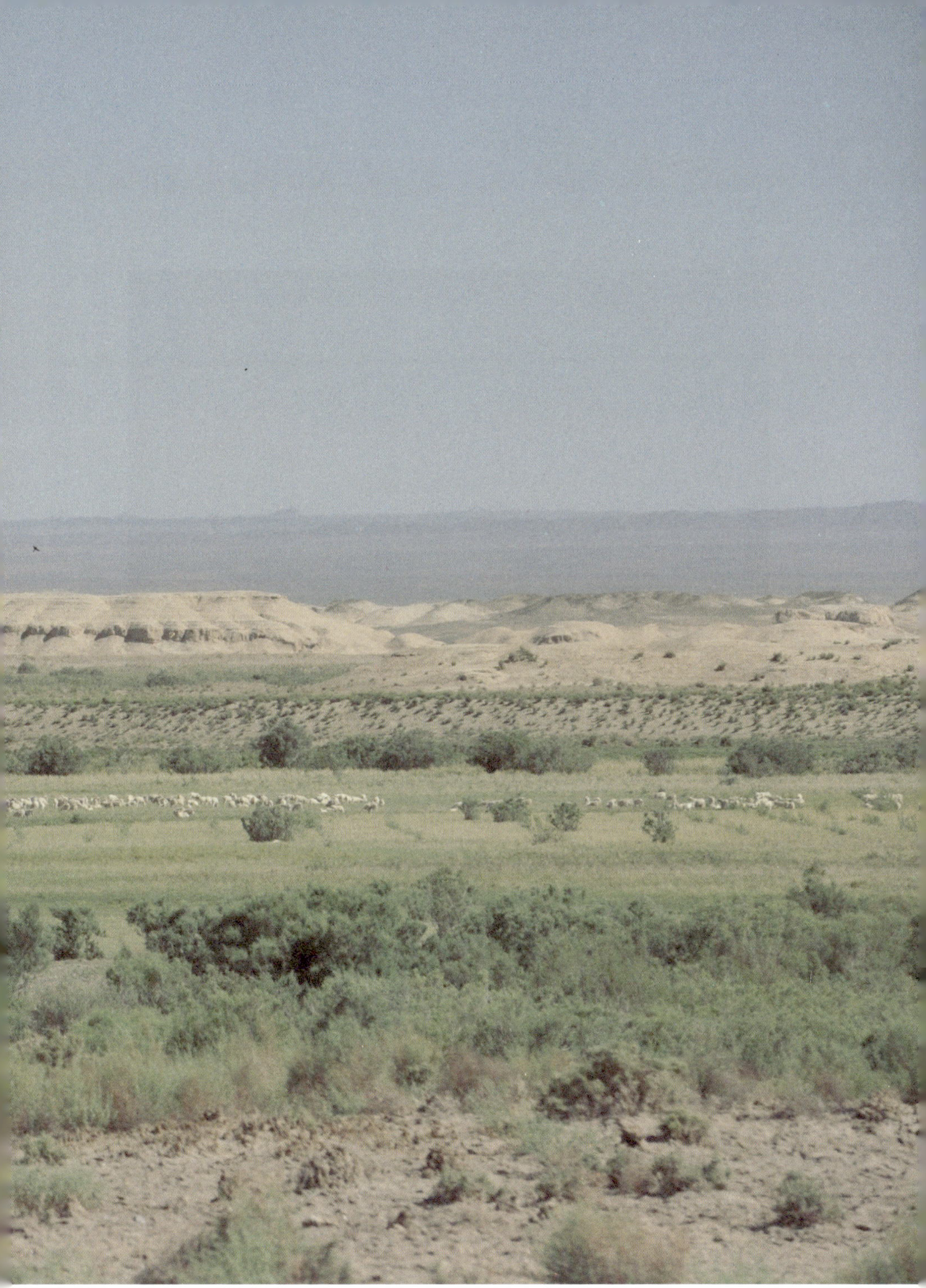

道路从高达一二米的芦苇丛中穿过

场、马、羊遍地，一般人很难想象古代丝路是从这样的地方走过的。沿途经常能看到一座座烽燧，它们在古时控制着丝路上的水源，因此在当时河流、长城、烽燧是一体的。文物部门对沿线的汉代烽燧、长城遗址做了编号，划出了范围广大的遗址保护区。

远处疏勒河在午后的阳光下闪着亮光，现在的疏勒河水量因上游建水库减少很多。虽然下游早已断流，但河床沿线至今仍然水泊相连，草木茂盛，罗布麻花盛开，还有大片一眼望不到边的甘草，以及高达一二米的芦苇丛，因此这条通道也被称为"敦煌水草路"。盛夏的古道边一片生机盎然的景象，可以想见在疏勒河水量丰沛的时期，通行条件是极优越的。

疏勒河是中国大陆上少有的自东向西流淌的内陆河。自清代

三　西出玉门，东归阳关，敦煌楼兰之间

从敦煌通往玉门关的真正丝绸之路水草丰茂，远处就是疏勒河

以来，因上游大量引流灌溉，河水仅流到哈拉淖尔这里便终止了。史书记载疏勒河也曾是罗布泊的水源之一，先秦时的《山海经》云："敦薨之山……敦薨之水出焉，而西流注于泑泽。""敦薨"本是大月氏语，"薨"即死的意思，同音字里选了个最差的贬损词。后来匈奴进占河西走廊，迫使大月氏人西迁，汉武帝发动河西之战，击走匈奴，开河西四郡，改以"敦煌"作为此地的郡名，寓"盛大辉煌"之意，遂沿用至今。"敦薨之水"自然是穿过敦煌城的党河，与疏勒河汇合后，注入"泑泽"即古罗布泊。当然这仅是一个猜想，还缺乏实际的多重证据证明。

继续西行，穿过一大片芦苇丛，前面就是大方盘城，斯坦因根据考古发现的文物与汉简，认为这就是汉代的河仓城，是汉朝

盛开的罗布麻花丛中的丝路

军队的仓库，当时的边防军把粮食、武器储藏在里面，而且它就建在疏勒河边，方便士兵把粮食从船上拖到岸上存储。所以，丝绸之路不仅不是骆驼爬沙丘，而且只要有可供通行的河流，一定是用船走水运的。大方盘城已被划入玉门关景区的范围，与小方盘相距10公里，游人多慕玉门关之名，容易把这座规模宏大的遗址忽略掉。大、小方盘城遗址的名称是自明清时期延续下来的，新迁入的汉族移民不知这两座土城的来历，只是遵循当地蒙古牧民的称呼翻译过来，分别以大、小方盘城称之。直至几十年前，当地牧民还将这两座遗址当成羊圈，牧民当中有一位就是我们的越野车司机的爷爷。

经过小方盘城遗址后继续向西北行，疏勒河的干河床自玉门

三　西出玉门，东归阳关，敦煌楼兰之间

关继续向西延伸，直到雅丹景区近旁，沿岸也分布有汉代烽燧。河道两岸景观分明，南侧的荒漠呈土黄色，过疏勒河大桥便是闪烁着金属光泽的茫茫黑戈壁，从新疆连绵过甘肃，直到内蒙古。敦煌西北角的雅丹地貌属于古罗布泊的一部分。"雅丹"出自突厥语，指"具有陡壁的小丘"，19世纪末斯文·赫定进入新疆罗布泊考察时，用它正式命名了这种典型的风蚀地貌，继而被地理学界接受，成为国际通用的术语。我们的考察车队抵达雅丹地质公园时已近黄昏，沿着景区内新开辟的南线游览公路，绕过俗称"西海舰队"的大片雅丹，抵达丝路的著名地标"五船"，由此可北通新疆哈密、吐鲁番。

"五船"位于雅丹区域的最西端，甘肃与新疆的交界处，前方几里便是另一处古老的地标"三陇沙"。"三陇沙"是库姆塔格大沙漠的延伸部分，几座小沙丘散落在黑戈壁中，丝路由此沿着沙漠的北缘直达罗布泊、楼兰。《魏略·西戎传》记载："从玉门关西出，发都护井，回三陇沙北头，经居卢仓，从沙西井转西北，过龙堆，到故楼兰，转西诣龟兹，至葱岭，为中道。"[1]

穿越古称"五船"的雅丹地貌区，到达三陇（或作垄、垅）沙，已是新疆地界，我们在沙丘下扎营。此处长宽仅十来公里，沙丘高度不过10米左右，它也是古代西出玉门关至楼兰的丝路经过的唯一沙漠地带，即使是缓慢的传统商队，最多两三个小时就可以

---

[1] 转引自（晋）陈寿著，（宋）裴松之注：《三国志·卷三十》，中华书局，1959年版，第859页。

大方盘城遗址

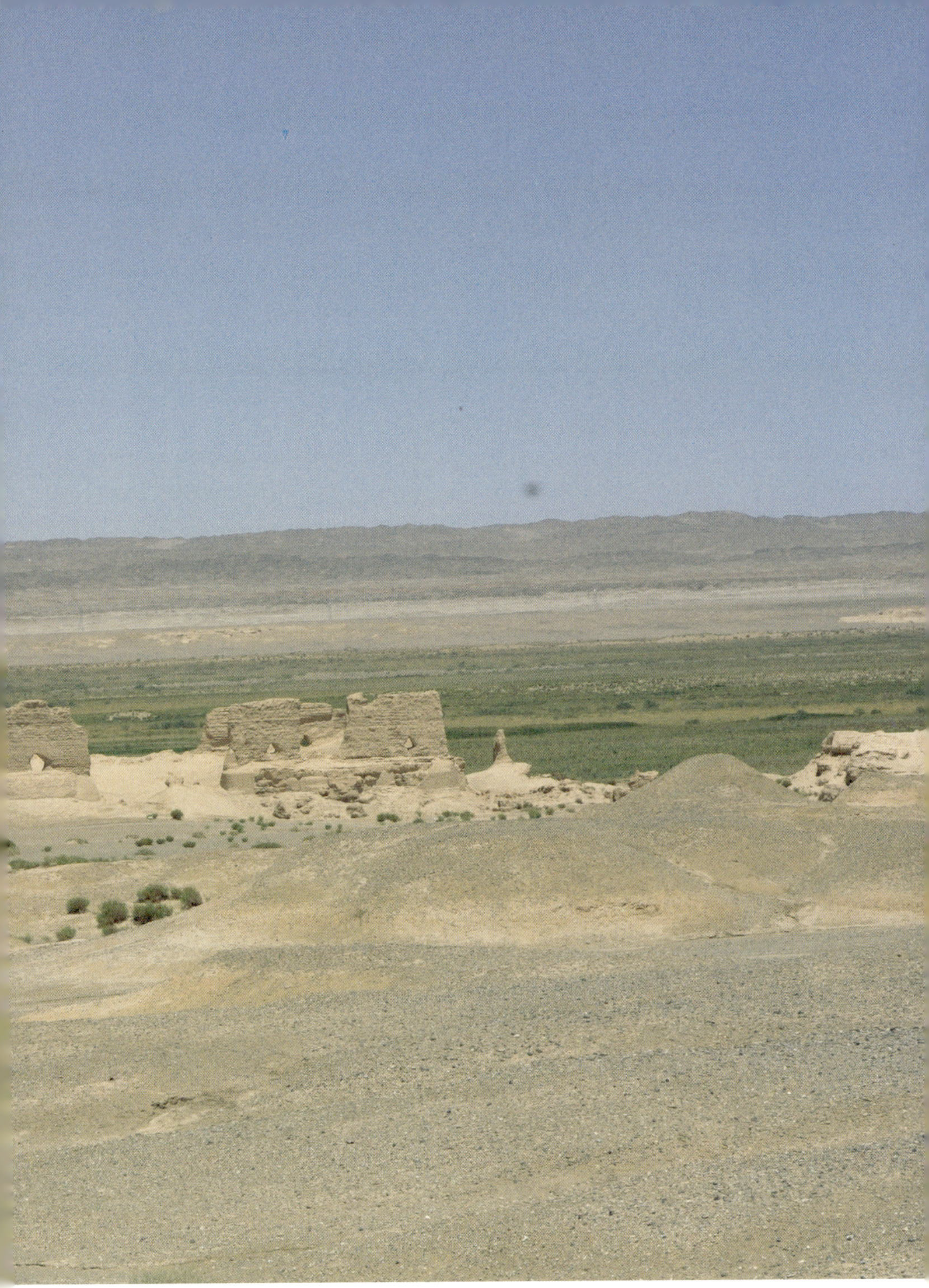

由西向东看,这里的雅丹地貌形似舰队的"五船"

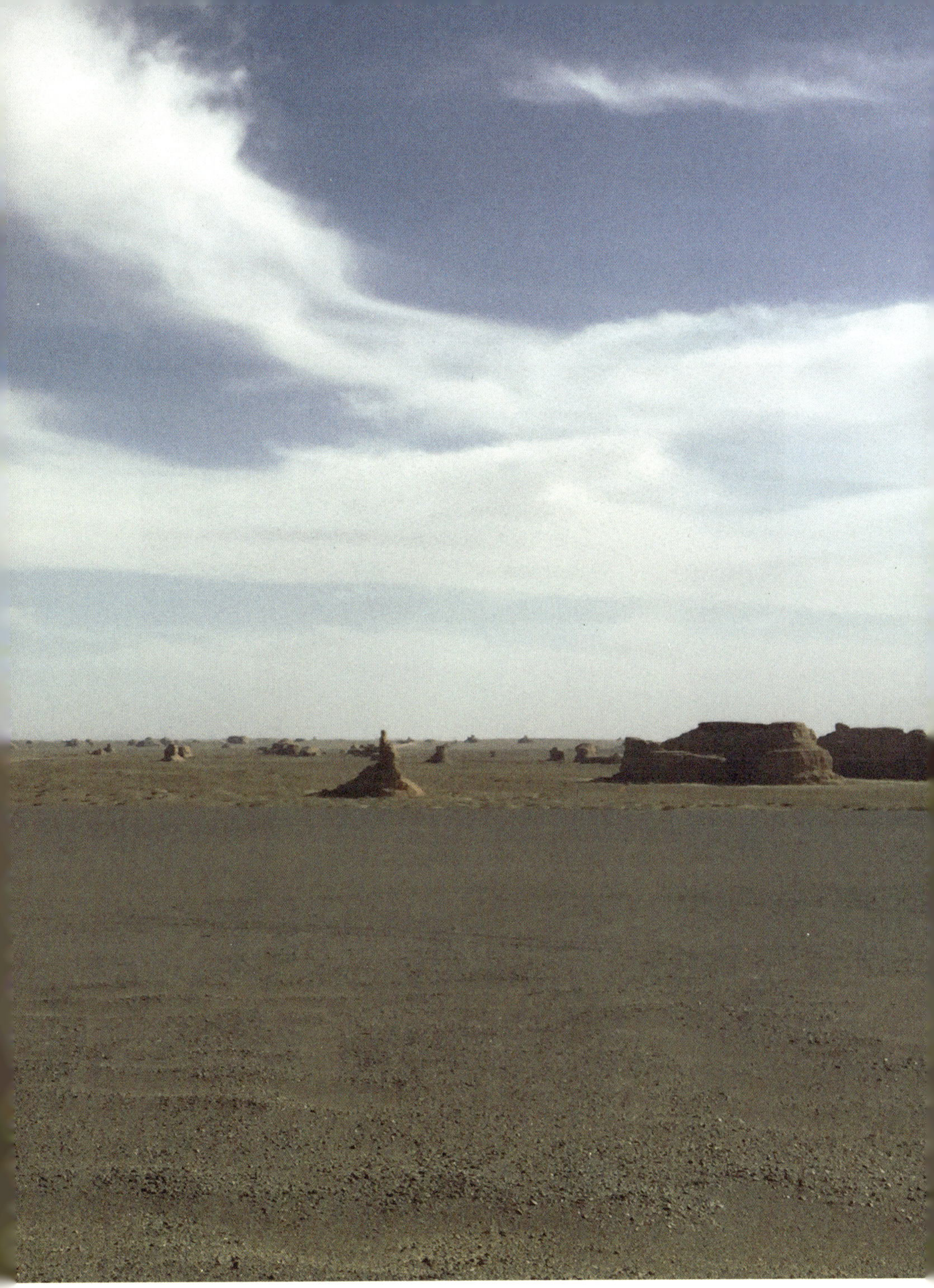

三陇沙宿营，放眼远眺，并无高大沙丘

越过，因此凭空想象的驼队艰难翻越无边无际的高大沙丘的情景根本不存在。

我们一行5辆越野车，还有1辆装载后勤物资的皮卡，因此我们能在营地吃到丰富的炒菜，这在沙漠之中可谓奢侈。但住宿条件就没法讲究了，我们住在帐篷里，风沙很大，打在帐篷上竟然有雷鸣的效果，惹得我整夜无法入眠。

这是一片低洼地带，不久前应该还有积水，水分蒸干后在沙子表面结出一层纯净的盐壳，就像是重生的陆地。盐壳很脆，踩上去咯吱作响。可以想象，那时刚刚干涸的罗布泊大概也经历了这样的过程。

第二天考察队离开三陇沙后，又进入一片芦苇地，沿途都有水草，然后车行于库姆塔格沙漠的北缘。考察中，我记录了精确的

三　西出玉门，东归阳关，敦煌楼兰之间

车行于阿奇克谷地南侧沙漠

GPS 轨迹。从带有 GPS 轨迹的卫星图片上可以看到，红色的轨迹下面是沙丘，这就是库姆塔格沙漠，沙丘北缘是一条深色的条带状痕迹——贴着库姆塔格沙漠北缘有一条阿奇克谷地，那里水源充沛，草木茂盛，古代的丝路当然是走的这条谷地，而不是沙漠。

罗布泊无人区，或一般所称的罗布泊地区，范围并不限于已经彻底干涸的湖盆，也不完全都是"生命禁区"。在三陇沙与"大耳朵"干湖盆之间，有一条平坦开阔的谷地，东西长近 150 公里，南北宽 20 余公里，夹在黑戈壁和大沙漠之间，就是阿奇克谷地。"阿奇克"在突厥语中是"苦"的意思，是形容水的味道。有水，便有生命存活的条件。这块在地形图上很不显眼的低地，却是戈壁沙漠中不可多得的天然通道，也是古代丝绸之路的关键路段。阿奇克谷地中生长着耐盐碱的灌木草丛，在戈壁荒漠的映衬下显得

由库姆塔格沙漠向北望阿奇克谷地

生机勃勃。这是一条历久不衰的优良通道，即便在罗布泊已经退缩、变干的时期，依然使用频繁。8世纪的玄奘，13世纪的马可·波罗，100多年前的斯文·赫定、斯坦因，以及不同时代丝路的行旅，便循着这条谷地从南疆走到敦煌。阿奇克谷地因地势较低，有地下水补给，谷底沿线有多处古老的泉眼、水井。位置居中的八一泉便是一处重要的水源。泉水略有咸味，附近有几棵榆树，长满了水草，这里也是野骆驼的出没地。谷地内的水源、植被为旧时

三　西出玉门，东归阳关，敦煌楼兰之间

阿奇克谷地的泉水与植被，远处即库姆塔格沙漠

的商队提供了补给保障，但密布的灌丛沙堆、盐碱滩却不利于行车，进入罗布泊科考、探险的车队大多沿着沙漠的边缘进入。

因为骑乘工具不同，古代和现代对道路的要求不一样，骑着驴马可以走湿地，越野车就不行，很容易陷进去，所以只能走沙漠顶上。中途我们曾经开进谷地一段，发现不仅有树、草和芦苇，地下还汩汩地冒着清澈的泉水，我们美美地品尝了一下：不仅不苦，甚至还很甘冽。

彭加木纪念碑

　　彭加木的纪念碑已成为这段路上的著名地标。彭加木，原任新疆科学院副院长，1980年率领一支综合考察队第三次深入罗布泊，车队在行经这段路时水、油告急。6月17日，他因寻找水源不幸失踪，遗体至今仍未找到。彭加木纪念碑树立在他脚印消失的地方，过往的探险者留下了各式祭奠品，鲜花、洋酒、二锅头、月饼等，当然最多的还是瓶装水。纪念碑已接近阿奇克谷地的西端，侧方是罗布泊干涸的湖湾，古代陆上丝路由此转向西北，绕过北山一脉的克孜勒塔格（突厥语，意为红山），通过罗布泊湖区抵达楼兰。

　　罗布泊在汉代叫蒲昌海，又叫盐泽，因为它是咸水湖。《汉书》记载2000多年前的罗布泊"去玉门、阳关三百余里，广袤

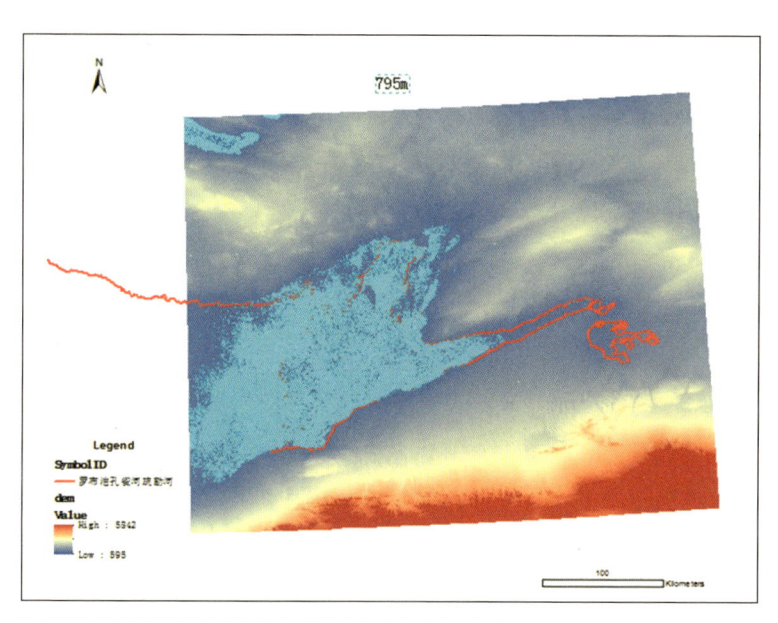

三　西出玉门，东归阳关，敦煌楼兰之间

汉代的罗布泊面积超过 1 万平方公里（由作者制作生成）

三四百里"[1]，"广"是指东西，"袤"是指南北，汉代的罗布泊是个约 1 万平方公里以上的大湖，面积是我国现在最大的咸水湖青海湖的 2 倍，而且"冬夏不增减"，水位很稳定。现代首次实测数据来自民国时期，在 1931 年由陈宗器和德国人霍涅尔（Hörner）完成，当时面积约 2300 平方公里，呈葫芦形，这也是近百年来对有水的罗布泊进行的唯一一次环湖实测，教科书上称罗布泊曾经是"中国第二大咸水湖"便来源于此（青海湖以 4000 多平方公里的面积位居榜首，第三名是位于西藏的纳木错，面积略低于 2000 平方公

1　《汉书·卷九十六·西域传》，第 3872 页。

里)。考虑到罗布泊的干涸速度,这一排名维持的时间不会很长,陈宗器测量的这个"葫芦形"的罗布泊,也是因1921年塔里木河改道,在"大耳朵"西、北侧新扩展的水域。

作为西域众水的归集地,古人将罗布泊奉为黄河之源,相信有地下暗河相通。如《史记》中记载"盐泽潜行地下,其南则河源出焉"[1],《汉书》也称"皆以为潜行地下,南出于积石,为中国河云"[2]。实际上罗布泊湖心海拔仅778米,而在青海循化县的积石峡出口,黄河水面海拔就有1800米,流到交通要道上的兰州后水面海拔仍超过1500米。中国古人很早就利用天文测经纬,却没能发展出测量绝对高程的方法,以致这一误说流传了2000多年。

罗布泊最终干涸的时间,最常见的说法是1972年。这一年美国陆地资源卫星扫过罗布泊上空,在卫星影像上,退缩的湖岸线勾画出一只逼真的人耳形状,耳郭、耳心、耳垂俱全,这一新发现引发了人们的极大关注,"地球之耳"便成为罗布泊的代称。但这只能说明罗布泊在1972年之前就已经干涸见底了。近年美国公布了一批20世纪60年代侦察卫星拍摄的资料,于是这一时间被锁定在1962年至1963年间。而在1958年的苏联军用地图上,罗布泊的水面仍然存在,这说明罗布泊的干涸与上游孔雀河、塔里木河水系的一系列水库建成有关。目前关于"大耳朵"的形成过程、一圈圈"耳纹线"的形成年代,还没有确切的结论。

---

1 《史记·卷一百二十三·大宛列传》,第3160页。
2 《汉书·卷九十六·西域传》,第3872页。

三　西出玉门，东归阳关，敦煌楼兰之间

罗布泊卫星图及重要地理坐标

　　罗布泊地区是古代丝绸之路的重要节点，东接敦煌及河西走廊以达长安，西出塔里木盆地南北两道以至葱岭。自张骞通使西域以来，无数商贾、使者、士卒、官吏往来其间，也是法显、玄奘、马可·波罗等旅行家行经之地。位于罗布泊西岸、孔雀河三角洲上的楼兰古国，则成为东西丝道上的交通枢纽，扼控汉帝国沟通西域的门户，优越的地理位置曾使这个绿洲小国繁盛一时。

　　从卫星图片上看，罗布泊的东边伸出一条细长的深绿色条带，这就是阿奇克谷地。古代罗布泊水面宽阔，所以一定是水运往来频繁。20世纪30年代，在罗布泊西北岸发现的土垠遗址就是汉代的码头，正好位于孔雀河注入罗布泊的河口，地理位置非常优越，类似于现在位于长江入海口的上海。孔雀河边现在还保留着十几座烽燧守卫着这条通道，这也证明这条路当时必定是水陆兼运的要道。

阿奇克谷地在古代也是河道，可见货物一定是用船载入罗布泊，到西北岸的码头，然后顺着孔雀河一直向西可以到库尔勒的博斯腾湖，再向西沿着开都河到达巴音布鲁克草原，即隋唐丝路所经的"突厥可汗庭"；而在1952年人为阻隔之前，孔雀河曾是塔里木水系的一部分，它们一起汇入罗布泊，丝绸之路从此处再向西"波河而行"，水陆兼运，从罗布泊沿着塔里木河的几大支流——叶尔羌河、喀什噶尔河、阿克苏河、和田河、克里雅河等，可以抵达天山、帕米尔高原以及昆仑山环抱下的南疆几大绿洲——阿克苏、喀什、和田、于田、叶尔羌等；罗布泊的西南还有车尔臣河注入，丝路也可以"波河而行"至和田以东的且末、若羌绿洲。

一句话，塔里木盆地的所有绿洲都由罗布泊水系相连。

罗布泊是塔里木盆地的低点，因此南疆的众水汇于此，整个罗布泊水系就是丝绸之路的天然通道，也是南疆的天然路网，丝绸之路当然要沿着它们"波河而行"，因此罗布泊可以称为丝路的一大枢纽。只要能水运绝不会陆运，这不仅仅是基于基本常识的猜想，而且也有实际的事例证明：1901年与1933年，瑞典著名探险家斯文·赫定就是顺着塔里木河-孔雀河水系，由西向东，一路漂进了当时还烟波浩渺的罗布泊。

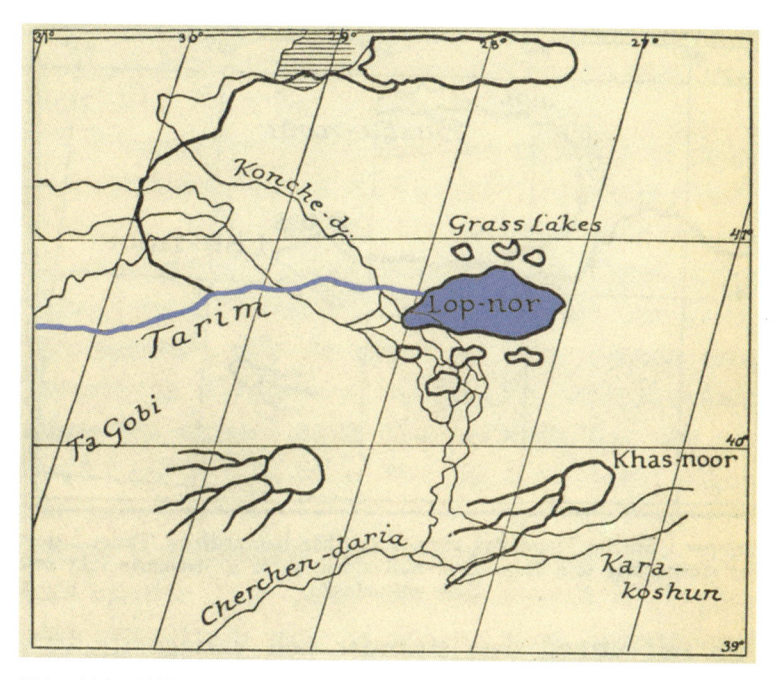

三　西出玉门，东归阳关，敦煌楼兰之间

斯文·赫定手绘的罗布泊水系略图，当时孔雀河是塔里木水系的一部分，一同流入罗布泊，南边是车尔臣河（图片来源于日本东洋文库）

斯文·赫定航行于罗布泊（图片来源同上）

罗布泊干涸的湖床中心，全是干裂翘起的盐壳

    卫星图片上的"大耳朵"罗布泊，由不同时期的湖岸线组成，可以看出湖面逐年缩小。现在的罗布泊一滴水也没有，遍布着盐壳。罗布泊原本是塔里木盆地的积水和积盐中心，湖水蒸干后盐分结晶析出，最终结成像岩石一般坚硬的盐壳。打孔取样研究结果表明，盐壳厚度可达50厘米，含盐量超过90%，没有任何草木能侥幸生存。在结晶过程中地面受胀缩作用而龟裂，将盐壳掀起，看上去就像凝固的海浪，可以说是名副其实的"死亡之海"。行走在干湖盆的中心，气温超过40摄氏度，地温超过60摄氏度，

三 西出玉门，东归阳关，敦煌楼兰之间

空气中没留下一丝水汽，举目之下尽是一望无际破碎的盐壳，天空不见一只飞鸟，地面无任何生机，一派惨淡恐怖的景象。

"上帝视角"的罗布泊"耳心"还不是湖盆的最低点，真正的湖心在距离"耳心"的西边数十公里处。一条简易的小道开在坚硬的盐壳表面，连接湖心测量碑与探险家余纯顺的遇难地，直到楼兰遗址保护站。

楼兰古城在罗布泊的西边，由斯文·赫定发现。1900 年，他在罗布泊考察时，派向导去找回丢失的唯一一把铁锹，意外发现了一座古城遗址。第二年赫定重返古城进行挖掘，出土了丰富的木简、文书、钱币、木雕、丝绸等文物，楼兰古国的神秘面纱被揭开，震惊了世界。随后各国探险队相继进入罗布泊，多处古代城址先后被发现，分布在距离最先发现的古城遗址的数十公里范围内，是楼兰不同时期的经济或政治中心。

楼兰古国建立于罗布泊西北岸，位于塔里木河与孔雀河汇合后流入罗布泊的三角洲。赵破奴率汉军攻破楼兰后，改国名为鄯善。楼兰强盛时控制了塔里木盆地的多个绿洲小国，势力范围自罗布泊向西扩展到西域南道的精绝。楼兰曾经是丝绸之路上的一个交通枢纽，东西方文化汇聚的中心，但约在 1600 年前，神秘地消失了。这很可能与水系变迁有关：罗布泊水面缩小，楼兰不再濒湖，流经的河流也断流，楼兰人只能放弃在此地居住，开始移民。

现在去楼兰也非常困难，因为根本没有路。楼兰保护站设在遗址群的外侧，四周是一眼望不到头的盐壳、"雅丹"，就像是死

楼兰遗址：三间房和佛塔

亡荒漠中的一座孤岛。我们一行就住在楼兰文物保护站，砖墙被烈日暴晒透了，如同不断散发热量的暖气片，烤得我干燥难忍。从楼兰保护站到遗址只有18公里，我们的车却走了3个多小时，一路上状况不断，或轮胎爆裂，或陷入沙地，这也是我众多考察中行车最艰难的道路。这里很可能算是中国条件最艰苦的文物保护单位了：用水需从数百公里外定期补给，夏季气温超过50摄氏度，常年风沙肆虐，极度干燥的空气时刻困扰着呼吸道……在站长的关照下，我们考察了临近的土垠遗址，并得以进入新发现的楼兰壁画墓参观。

土垠遗址于1930年被"中国西域考古第一人"黄文弼发现。

这里出土的汉简表明，在2000年前这里曾是一个繁忙的水运码头。土垠也被认为是楼兰古国早期的一个中心，但除了一些裸露着盗洞的古墓与木柱外，地面并没留下多少建筑遗存。

著名的楼兰古城，也即赫定最早发现的古城、斯坦因编录的LA遗址，在距离保护站西南18公里处。这里原本是罗布泊湖畔富庶的农业绿洲，如今在风蚀作用下已演化成年轻的雅丹地貌，除了零星的沙漠植株外别无生命迹象。据城墙的残迹推算，古城几乎呈规整的方形，长宽各约330米，面积10万余平方米，在楼兰一带先后发现的多处遗址中仍是最大的一座，以标志性的"三间房"官署建筑、楼兰佛塔以及其间出土的众多文物与文书闻名于世。在魏晋时期，这里曾是西域长史的驻地。

曾经如此繁华多姿的楼兰绿洲文化，再现时已是残垣断壁、土台废墟，让人不由感叹历史的沧桑巨变，大自然的残酷无常。

楼兰古国的消失，曾引发诸多猜想，现在一般认为是孔雀河改道、水源断缺所致。这也是塔里木盆地下游绿洲不变的历史命运，南道流沙中的尼雅遗址、安迪尔古城就是其例。塔里木盆地降水稀少，河流的水量供给主要来自四周的雪山冰川。上游绿洲的扩展，必然导致下游灌溉的不足、土地盐碱化、收成锐减，这又迫使居民向上游迁徙开垦新的土地，如此循环往复。

这次考察还到了原名楼兰的鄯善国的"伊逊"城，即现在的米兰遗址，汉军曾在此屯田戍守。斯坦因在米兰一间佛寺里发现一张木版画，上面刻着一个长着翅膀的天使，这很明显是受西方基督教文明的影响，那时希腊文明、罗马文明、基督教文明和佛教在新疆这块地方汇聚。斯坦因后来追述当时的激动心情："我不禁为之大吃一惊。在亚洲腹地中心荒凉寂寞的罗布淖尔岸上，我怎能够看到这样古典式的天使呢？"他认为，这些壁画所在处是古罗马壁画向东方传播的最东方。

结束楼兰遗址的考察，我们准备前往若羌县休整，随后继续探寻阿尔金山-阳关的古代通道。再次穿过湖心的盐壳回到哈若公路时，我们终于在无人区的边缘地带见到了久违的公路指示牌，而此时我们也将正面遭遇一场罕见的超强沙尘暴。

当时我在第一辆车中，发现远处地平线出现了山脉，心中非

三 西出玉门，东归阳关，敦煌楼兰之间

斯坦因发现的米兰壁画天使像

常奇怪，就问同伴：难道现在就能看到阿尔金山？仅过了几分钟，就发现这座"山"竟然在移动——这是沙尘暴。我们停车在公路上远远地看着，沙尘暴就像一座移动的山，呈排山倒海之势朝我们推进，而且速度似乎越来越快。我们并没有惊慌恐惧，反而有些兴奋，纷纷拍照留影。沙尘暴数分钟后就变成了一堵矗立在眼前的高墙，吞噬着地面的沙砾，浓烟翻滚，直至此时我们才纷纷躲进车中。这魔幻般的场景让人目瞪口呆，就像置身在电影特效

遭遇沙尘暴

中,极不真实。沙暴扑来的瞬间,四周完全被黑暗笼罩,转眼伸手不见五指,铜钱大的雨点打在车窗上,走石、飞沙随着狂风猛烈掀动着车身。我去过新疆多次,还是第一次遭遇沙尘暴。富有沙漠行车经验的司机说沙尘暴要2个多小时才能过去,结果我们在车里从晚上9点待到凌晨5点多,等了8个多小时。我们为什么不逃离?当时手机还有微弱的信号,我打电话给若羌县的公安

局,问沙尘暴什么时候经过县城——因为这场沙尘暴正从南向北移动,若羌就在我们的南边——知道时间后我按照距离一算,它的时速是80公里,跑不过它,索性在车里等着了。

399年,高僧法显自长安启行前往印度取经求法,历时17天通过罗布泊地区。对这段路途他只留下了简短的文字:"沙河中多有恶鬼、热风,遇则皆死,无一全者。上无飞鸟,下无走兽。遍

天高云淡的阿尔金山谷：巴什库尔干山口

望极目，欲求度处，则莫知所拟，唯以死人枯骨为标帜耳。"[1]法显印象深刻的"恶鬼""热风"，或许正是这样的场景吧。

由此也看出，古代丝绸之路只要能避开沙漠，是一定会避开的，因为他们没有现在的密闭空调车，遇到这样的沙尘暴将会有生命危险。

1　（晋）法显著：《佛国记·卷一》，内府藏本。

第二天早晨天刚亮，沙尘暴才过去，我们的车也终于到达了若羌县城。若羌原名"婼羌"，为西域三十六国之一，属于西域都护；现在是中国面积最大的县——是江苏省的两倍大，其地处塔克拉玛干沙漠东南缘，东南部和南部是昆仑山-阿尔金山，即《汉书》所说的"南山"。

考察队回程敦煌东进阳关，取道阿尔金山一个宽阔的河谷，也就是西域南道的路段。宽阔的河谷既可以避免夏天的洪水，也有足够的水草可供补给，我们一进入阿尔金山就发现了烽火台。这又一次表明，丝绸之路上的旅者情愿走海拔超过3000米的高山河谷，也不愿意走低海拔的沙漠。环罗布泊的丝路北面循着库姆塔格沙漠的北侧阿奇克谷地，南面沿着库姆塔格沙漠的南侧阿尔金山谷，就是为了避开酷热危险的沙漠。

阿尔金山谷植被茂盛，有丰沛的泉水，我们一路上翻越了海拔超过3200米的巴什库尔干山口、安南坝山口，能看见成群的野生羚羊，路边草丛中挂着野骆驼褐色的毛，还有一眼望不见边的羊群，一个哈萨克族女性骑着一头驴正在放牧。发源于阿尔金山北流的泉水冲出了一道道沟谷和冲积扇，其中最有名的就是多坝沟。汉朝西出阳关的丝路顺着多坝沟向北直到榆树泉盆地，与西出玉门关的丝路会合，然后再北上翻越三陇沙到达阿奇克谷地的东端，这是丝路在玉门关、阳关以西的"波河而行"，沿途当然少不了烽燧的守护。到了魏晋时期，丝路西出阳关以后，折向南，在泉水喷涌的"葫芦斯台"进入了阿尔金山谷，这就是我们2016年6月的考察路线。

阳关以西有两条重要的丝路古道，一是前面提到过的多坝沟，一是在东边的崔木图沟。这两条古道上不仅有烽燧，而且在崔木图沟中的海子湾还发现了一座不明年代的方形城堡。古代丝路西出阳关后，向西偏北行至崔木图沟口折向南行，出崔木图沟南口后折向西至多坝沟南口，再折向北行，直至榆树泉盆地的湾窑，与西出玉门关的路线会合。

阿尔金山中的哈萨克牧人与羊群

葫芦斯台的泉水和山上的烽燧

发现崔木图沟海子湾古城堡

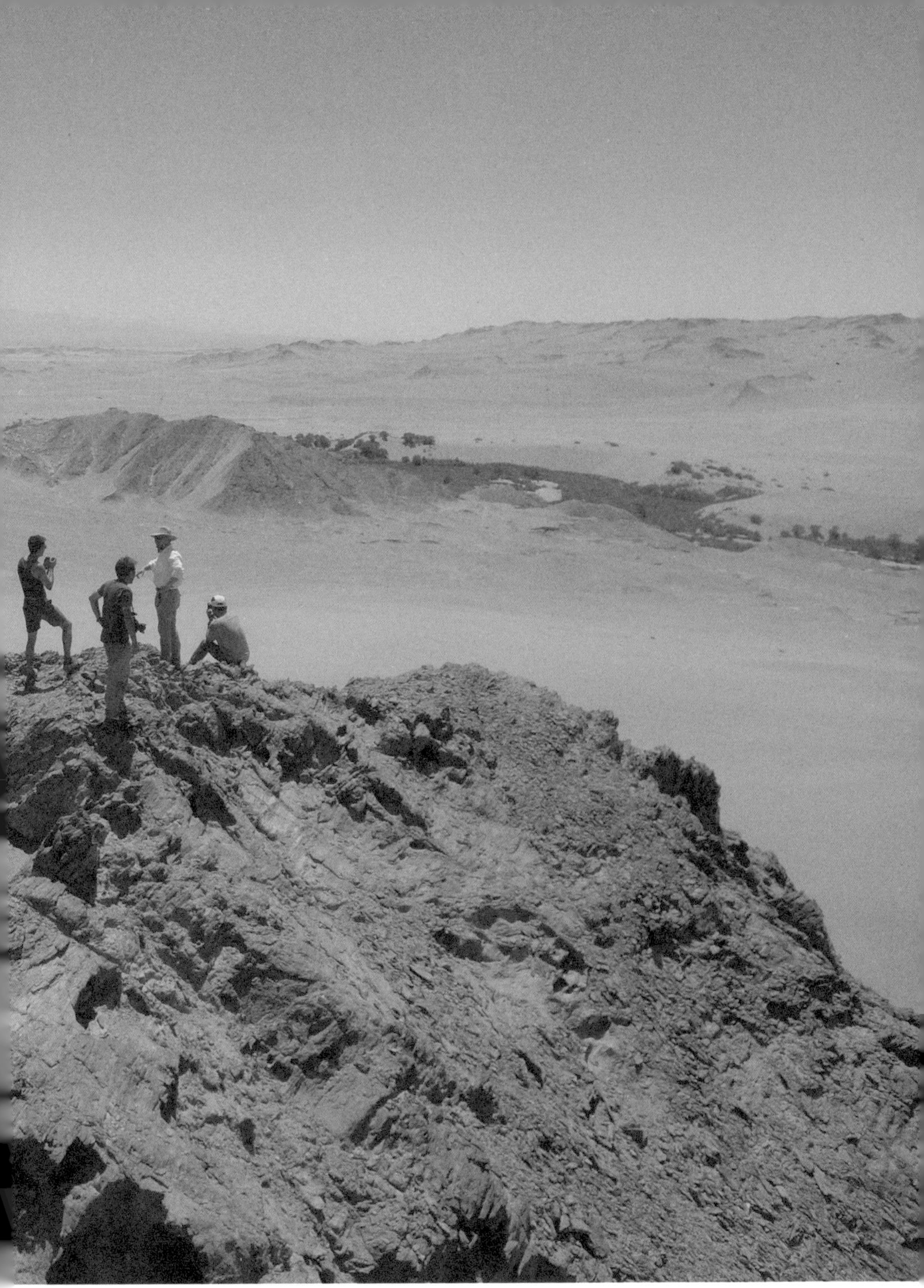

从多坝沟 3 号烽燧远眺阿尔金山，多坝沟流水即发源于阿尔金山

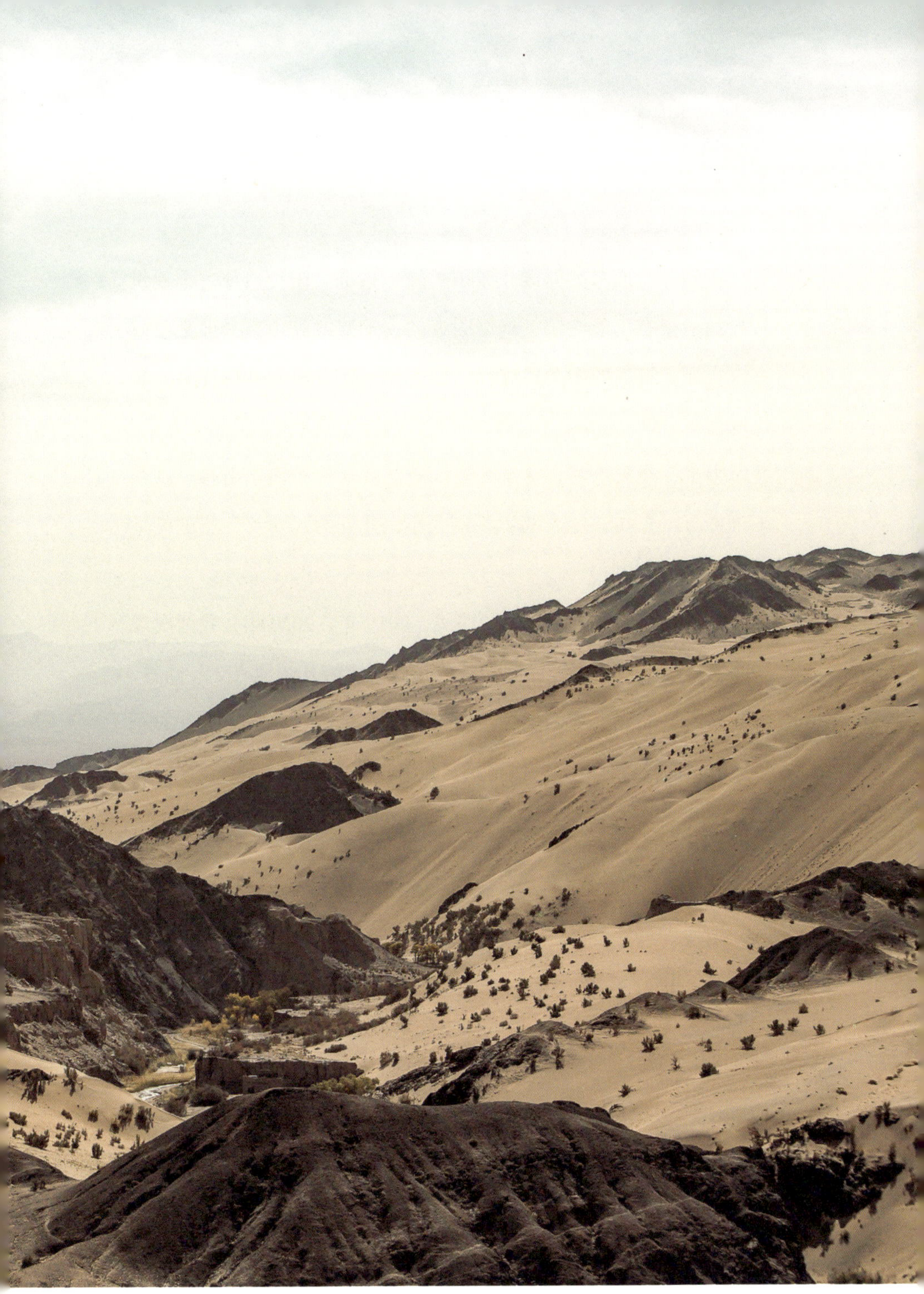

我们此次的考察路线止于阳关烽燧遗址。阳关遗址迄今也没有找到，很有可能在阳关烽燧附近的古董滩或红山口，但都没有考古实证。汉朝的阳关在唐代已被废弃，据敦煌文书唐代的《沙州地志》记载："阳关，东西二十步，南北二十七步。右在（寿昌）县西十里，今见毁坏，基址见存。西通石城、于阗等南路。以在玉门关南，号曰阳关。"按其形制大小，此处的"阳关"指的应是守关门的障。

多坝沟是丝绸之路重要的路线。2019年、2020年，我两次考察此地，沟南口有1号烽燧，继续北行到达的开阔地有2号烽燧，再向北的制高点有3号烽燧。登上3号烽燧极目远眺，南方的阿尔金山东西横亘，北方的榆树泉盆地清晰可辨。

四

何处玉门关：
我们认为的"玉门关"并非玉门关

臣闻太公封齐，五世葬周，狐死首丘，代马依风……臣超犬马齿歼，常恐年衰，奄忽僵仆，孤魂弃捐。昔苏武留匈奴中尚十九年，今臣幸得奉节带金银护西域，如自以寿终屯部，诚无所恨，然恐后世或名臣为没西域。臣不敢望到酒泉郡，但愿生入玉门关。[1]

——班超

既然小方盘城不是玉门关，那么真正的玉门关在哪里？玉门关、阳关，作为丝绸之路的两大最著名地标以及中华民族认同的象征，其遗址都没有被发现、确定，真是一大憾事。但非常幸运，我很可能已经找到了玉门关的遗址，而且不止一座。

---

[1] 《后汉书·卷四十七》，第1583页。

玉门关是中原通往西域的门户，也是古代丝绸之路上的重要关隘。在过去的 2000 年中，玉门关频繁出现在各类文学作品中，内涵早已超出其具体所指，成为历史文化感鲜明的空间符号，可以说是中华民族一个很重要的标志与象征。

镇守西域 31 年的东汉班超，当年仅率 36 个人就收复并镇守了整个西域，同时抗击意图夺取西域的匈奴和葱岭以西的贵霜帝国。班超一生在西域 31 年，儿子班勇出生在西域，都没回过中原，一直生长在西域。班超在年过七旬时想要回去，但皇帝觉得西域少不了他，不同意。他就写了一个奏章，说了这句："臣不敢望到酒泉郡，但愿生入玉门关。"这位曾说过"不入虎穴，焉得虎子"的超级孤胆英雄，"生入玉门关"成为他晚年最大的愿望，可见玉门关在他以及当时中国人心中的分量——进入玉门关，就离开了异域，虽然他已经离开熟悉的家园，在西域镇守了几十年。汉朝皇帝此前多次驳回班超的请求，因为西域实在少不了这位英雄，但这次也被这封深情沉痛的奏章触动，批准班超退休回乡。当年班超西出玉门关时还是壮年，东归玉门关时年已古稀，英雄迟暮，他一定会热泪横流，终于在死前回到了玉门关内。班超回到洛阳仅一个月后就去世了。

东汉时还发生过"十三勇士归玉门"的壮烈故事，耿恭率几百孤军先后死守西域的金蒲城、疏勒城，被匈奴军队包围长达一年，汉军西出玉门关千里救援，孤军从疏勒城出发时"尚有

四　何处玉门关：我们认为的玉门关并非玉门关

二十六人，随路死没，三月至玉门，唯余十三人"。[1]

所以玉门关是中国人很重要的一个情结，寄托着浓重的家国情怀，进入玉门关就等于回家了，安全了。

然而自西汉设关至唐朝中期废弃的近1000年中，玉门关几度兴废，关址亦几经变迁，加之史料记载的缺乏和现有资料的互相矛盾，致使人们对不同时期玉门关的位置争论不休。现在人们猜测的玉门关有十几处，最东边的已经到了嘉峪关附近，而最西边的则到了小方盘城附近。但这些猜测最大的问题是都没有找到任何确凿的遗址证明，甚至利用的史料也几乎都不是第一手亲眼看见过玉门关者的记录，大多是几十年甚至几百年后的猜测。利用猜测的史料再进行猜测，只会离事实越来越远。想要确证必须找到遗址，就像悬泉置出土了几万枚汉简，上面有明确的记录，证明这里就是悬泉置，没有什么好争论的。仅仅根据纸面材料的争论，好听一点是推理考证，实质上只是一种文字游戏，真相如何并没有证据。

2019年4月，我在敦煌两次讲课之间正好有几天空闲，就决定根据之前做的功课与初步定位，去找一下汉代的玉门关遗址，来验证我的假说。

我认为汉代的玉门关在小方盘城以西。因为汉朝长城经过现在的小方盘城，还继续向西延伸了好几十公里，到了一个叫"马

---

[1] 《后汉书·卷十九》，第722页。

马迷途盆地芦苇丛中真正的玉门关——坞障遗迹（视角向西北），2020 年 9 月

迷途"的地方。虽然汉代的烽燧一直建到新疆中部，但是长城墙体已到此为止。玉门关作为国门，应该在汉代长城的终端，就像明代长城的终点在嘉峪关一样。

马迷途是一个很大的盆地，里面是一大片长满芦苇、杂草和胡杨的湿地。在这片湿地里，我们找到了汉代的玉门关。在去的

四 何处玉门关：我们认为的玉门关并非玉门关

汉长城的最西端（视角向西），玉门关的关门即在由北至南的长城线上，距离坞障直线距离不到700米，2020年9月

路上，沿途能看到很多个烽燧，有的在长城北边，有的在南边，有的则像前哨一样远离长城。烽燧被风化后露出里面的木头和芦苇秆，这是古人砌在夯土墙里加固用的。

汉代玉门关的遗址从卫星图片上能看得很清楚，是一个大小约110米乘90米的方形城。因为湿地经常有盐碱积水，城墙墙体

这才是丝绸之路——重抵历史现场的行走

玉门关北，马迷途盆地边缘高地上的烽燧（D12），2020年9月

四 何处玉门关：我们认为的玉门关并非玉门关

上部一层层剥落，现在仅余一二米高了，但在实地仍然能很清楚地识别。我站在一个城角上拍了一个全景，这个直角非常完整。城的外边都是芦苇，我们也是从芦苇丛中穿过才抵达城边的，但城内没有芦苇，草也很少，因为是夯土，植被稀少。城东还有一个小城堡，应该是一个互相拱卫的子城。

在这个盆地的边缘，长城由东而来再折向南，在一处"雅丹"北边为止。此处在距玉门关址西北直线距离 700 米处，形制与河西走廊黑河边的肩水金关很相似——长城城墙上设关门，长城内不到 1 公里处设驻军城堡——"障"。长城在北、西两面拱卫玉门关，而南面则依靠茂密的芦苇与大片的湿地作为天然防线。

这里也是中国长城的最西端，距离明长城的西端嘉峪关直线距离 421 公里。

盆地边缘的高地上还有 4 个烽燧，烽火台边上还有古代点燃烽火的积薪。边防军万一发现敌情，就要点烽火，所以平时会存放很多的芦苇和草根，2000 多年后这些积薪还在。

这是长城最西端的一个城，也是大方盘城以西最大的一个城，很可能就是汉代玉门关守军驻扎的"障"，但是现在还缺少考古发掘的印证，如果考古能够发现有文字记录的文物，那就更加确凿无疑了。

这里地处罗布泊的边缘，此处离敦煌的直线距离已经超过了 100 公里，离小方盘城的直线距离 38 公里。

丝路西出玉门关后折向西南，沿着盆地的边缘沙梁高地，而

这才是丝绸之路——重抵历史现场的行走

四　何处玉门关：我们认为的玉门关并非玉门关

敦煌最西的烽燧"广昌燧"（向西视角），2020年9月

不是穿行于长着浓密芦苇而难以行走的湿地。这一路都有烽燧护卫监控，直至榆树泉盆地西南侧，敦煌郡最西的一座现代编号为 D1 的烽燧——广昌燧，再折向北经过疏勒河的终点哈拉齐湖，翻越库姆塔格沙漠最东缘的相对高度不到 30 米的三陇沙，就到达了阿奇克谷地，进入了西域都护的辖区。但据最近的研究，库木塔格沙漠每年向东迁移 35 米，因此在 1000 年前，榆树泉盆地的水系应该会向西流入阿奇克谷地，直至更西的罗布泊，行走比现在要便利得多。广昌燧也证明汉代敦煌郡的西界到达此处，并非《中国历史地图集》绘制的小方盘城（图标为"玉门关"遗址）。

回程时我们车队穿过多坝沟，远远看着南边的阿尔金山，向东奔回敦煌，沿途在车队左侧发现 4 只野骆驼高速伴行，我们立即停车让它们超越。据同行的保护人员讲，野骆驼一旦发现车辆就会追击、超越，时速可达 60 公里，如果车辆不停，它们就会在 15 分钟内在高速奔跑中突然死亡，所以一定要停车让野骆驼超越，更不能追赶它们。

五

玄奘的"玉门关"并不是敦煌以西的玉门关

很多人不知道的是，历史上的玉门关不止一座，汉朝与唐朝的玉门关并不在一处，甚至相距遥远。唐诗中的"玉门关"只要是写实，指的都是敦煌以东、位于现在瓜州县境内的玉门关。但唐朝玉门关具体在哪里，也一直是个谜。

贞观元年（627年），玄奘去印度时从玉门关偷渡，但是他走的唐代玉门关和斯坦因发现的所谓玉门关（即小方盘城遗址）以及汉玉门关是两码事。汉代玉门关在敦煌以西，玄奘走的玉门关在敦煌的东边，也就是说，唐代玉门关东移了，因为唐代多了一条从瓜州（今甘肃瓜州县锁阳城遗址）通向伊吾，也就是哈密的道路。为了控制从敦煌东边去哈密的道路，唐朝政府就把玉门关东移了，这样可以同时控制3条道。

贞观年间，唐朝的国境线最西边就到敦煌，再往西就是高昌，而高昌属于西突厥汗国，是唐朝的敌人，所以当时是禁止国人私自出关的。玄奘昼伏夜行企图偷渡，从凉州（今甘肃武威）跑到瓜州。那时的瓜州城并不是现在敦煌东边的瓜州县城，而是瓜州县城以南的锁阳城遗址。锁阳城遗址是整个河西走廊现存规模最大的古城遗址，现在城墙保留得还很完整。城边上有一个塔尔寺，还有一座高大的佛塔遗址。

《大慈恩寺三藏法师传》（以下简称《法师传》）对从锁阳城到玉门关的路线描述得非常清楚，"从此北行五十余里有瓠卢河，下广上狭，洄波甚急，深不可渡。上置玉门关，路必由之"[1]。就是说，他从锁阳城向北行50多里到瓠卢河，河岸边就是玉门关。他后面还写了，出玉门关后经过了5个烽火台，每两个之间相距百里，中间没有水草——设置这5个烽火台就是为了控制水草，过了烽火台穿过莫贺延碛就到了伊吾。

唐代玉门关东移后的位置，主要有以下几种观点：

一、双塔堡说，认为唐玉门关在今瓜州县东约百里处的双塔堡。这一观点由来已久，清人陶保廉在途经双塔堡附近时指出"唐时玉门关迁此"。其后，阎文儒在《河西考古杂记》一文中也指出唐玉门关位于双塔堡。之后的学者多采此说。近年来，李并成又先后发表《唐玉门关究竟在哪里》和《新玉门关位置再考》等文章，进一步论证了唐玉门关在今天的双塔堡。因为这一观点支持者比较多，且由来已久，所以得到不少学者的认同。

---

[1] （唐）慧立、彦悰著：《大慈恩寺三藏法师传·卷一》，中华书局，2000年版，第12页。

五　玄奘的"玉门关"并不是敦煌以西的玉门关

二、马圈城址说，认为唐玉门关在锁阳城西北12公里处的马圈小城。持这一观点的学者主要是李正宇，他先后发表《新玉门关考》和《双塔堡决非唐玉门关》等文章加以论证。他认为《法师传》所记载的玉门关在唐瓜州城北"五十余里"只是约数，并不精确，又表示开元十五年（727年）吐蕃攻陷瓜州城后，城址由今锁阳城迁至今马圈大城，而马圈大、小城相隔极近，与《元和郡县志》（以下简称《元和志》）所记"玉门关，在县东二十步"相符合，从而合理解释了《元和志》和《法师传》对玉门关位置记载的矛盾之处。

三、六工城说，认为唐玉门关在今瓜州县西南19公里处的六工城。此观点由王乃昂新近提出，认为玉门关应在常乐县（即六工城）东"二十步"。

以上几种观点各有所据，自成一家之言，然而谁对谁错，还需要从最初的资料入手。

那么唐代玉门关究竟在哪里？

明确记载玉门关位置的唐代史料有两则：一是《元和志》，"晋昌县"条下记有"玉门关，在县东二十步"一句；二是《法师传》，记载从瓜州城"北行五十余里有瓠卢河，下广上狭，洄波甚急，深不可渡。上置玉门关，路必由之，即西境之襟喉也"[1]。

唐时瓜州治晋昌县，两者同为一城，学界普遍认为就是今天

---

[1]　《大慈恩寺三藏法师传·卷一》，第12页。

的瓜州县锁阳城遗址。本来确定了瓜州城的位置，就可以很方便地得出玉门关的所在，但因为这两个史料中对玉门关位置的记载相互矛盾，问题变得复杂了起来。

古代关隘多设置于远离城池且道路险要之处，平时用以盘诘往来、征收关税，战时则闭关拒敌。《元和志》记载的玉门关距离瓜州城仅有20步之遥，不仅不符合古人设关的经验，更与岑参亲眼看到的"玉门关城迥且孤"这一景象相去甚远，且与现代考古发现相矛盾。更何况这本书完成于元和八年（813年），唐朝失去陇右地已有50年，所以它的准确性遭到不少学者的质疑。相比之下，《法师传》的记载更为合理。这本书由玄奘弟子慧立、彦悰编撰，他们和玄奘相处了十几年，对玄奘的西行了解较深。再者，通读《法师传》就能知道玄奘从瓜州到伊吾一段走得相当艰难，可以说是几经生死，而且玄奘是非法偷渡，所以对这段经历的印象一定极为深刻，书中对地点、人名及内心活动等很多细节都记载得一清二楚，从这个角度看，《法师传》对于玉门关的方位记载更加可信。此外，玄奘是迄今为止亲眼目击过玉门关，并记下具体方位、里程、时间的唯一亲历者，其他人或是道听途说，或是语焉不详。

但是玄奘为什么不在《大唐西域记》中描写偷渡玉门关的过程呢？这与《大唐西域记》的重要作用有关，因为它是给唐太宗看的。唐太宗在洛阳接见了玄奘，迫不及待地要求他写一个西域记。那时高昌已经被唐灭掉了，唐太宗对已知的地区没什么兴趣，

五　玄奘的"玉门关"并不是敦煌以西的玉门关

所以让玄奘从高昌以西写起。这也就是《大唐西域记》并没有涵盖他取经全过程的原因。

若玉门关在六工城（常乐县城），它与瓜州（锁阳城）相隔近70公里，玄奘"与少胡夜发。三更许到河，遥见玉门关"[1]，牵着两匹运行李的马（且其中一匹为瘦弱老马），还在黑夜中，仅四五个小时便行进70公里，其速度令人难以相信。同样，如果玉门关在马圈城，仅仅12公里平原路需要走四五个小时也不可信。另据《法师传》记载，玄奘在瓜州时令护送而来的小僧道整先行进入敦煌。瓜州至敦煌需经由常乐县，若玉门关果真位于瓜州、常乐间的大道上，他们为何不结伴而行呢？可知玄奘所行与道整所行原非一路，故"马圈""六工城"二说，大可弃之不论，里程、时间完全不匹配，玄奘的记忆再不靠谱，他起码还能分辨出70公里、12公里与50余里（近30公里）之间的巨大差别。

按《法师传》，玉门关位于瓜州城北50余里处的瓠卢河边。或认为瓠卢河即今天的芦草沟，又或布隆吉乡境内的葫芦河（又名"东大河"），再或锁阳城北某条干涸的河道。然而玄奘渡过瓠卢河后，经过关外五烽和莫贺延碛就再未提及过其他的河流，尤其是最大且位置最北的疏勒河。因此瓠卢河必为疏勒河无疑，过了疏勒河即为戈壁滩。疏勒河正在锁阳城以北，当年漫流的河谷距锁阳城北恰好约30公里——虽然比《法师传》记录的多了几公

1　《大慈恩寺三藏法师传·卷一》，第14页。

里，但当时没有GPS，里程有些误差很正常，更何况唐代的"里"标准不一，与现代的"里"也相差颇多。

那么，双塔堡到底是不是唐玉门关的所在地？这个说法同样存在疑问。如果双塔堡是玉门关，由瓜州（锁阳城）去伊吾，就要先向东北绕过截山子，在玉门关附近渡过疏勒河后，再折向西北进入莫贺延碛。然而瓜州向北虽然有截山子阻隔，却有一条宽阔的谷道贯通南北，很好走。从这里走不仅道路便捷，还可以避开玉门关，玄奘何必非要冒险向东北绕远路呢？他询问了瓜州本地人，本地人不会不知道这条大路，而且他询问的人明确答复"上置玉门关，路必由之"。若玉门关果真在双塔堡，那么由瓜州向北经山谷至疏勒河便能轻松绕过玉门关，路分明是"不必由之"，岂非互相矛盾？最关键的是，由锁阳城至双塔堡的步行距离长达43公里，玄奘没有可能在短短的四五个小时内到达，也完全不符合《法师传》的记载。

总之，玉门关在马圈城的假说距离太短，在六工城或双塔堡的距离则太长，方向也不吻合，因此都不符合相关记载。

唐初以瓜州为中心存在3条大道，一条向东通往酒泉、凉州；一条向西通往常乐、敦煌；一条向北经截山谷道出玉门关，通往伊吾国。而玄奘所走的正是第三条路。按照这样的思路，唐玉门关应当在截山子以北距离北侧山谷口不甚远的地方。

根据《法师传》记载的关键距离信息，在地图上也能估测出玉门关的位置。《法师传》把整个偷渡的过程写得很清楚：

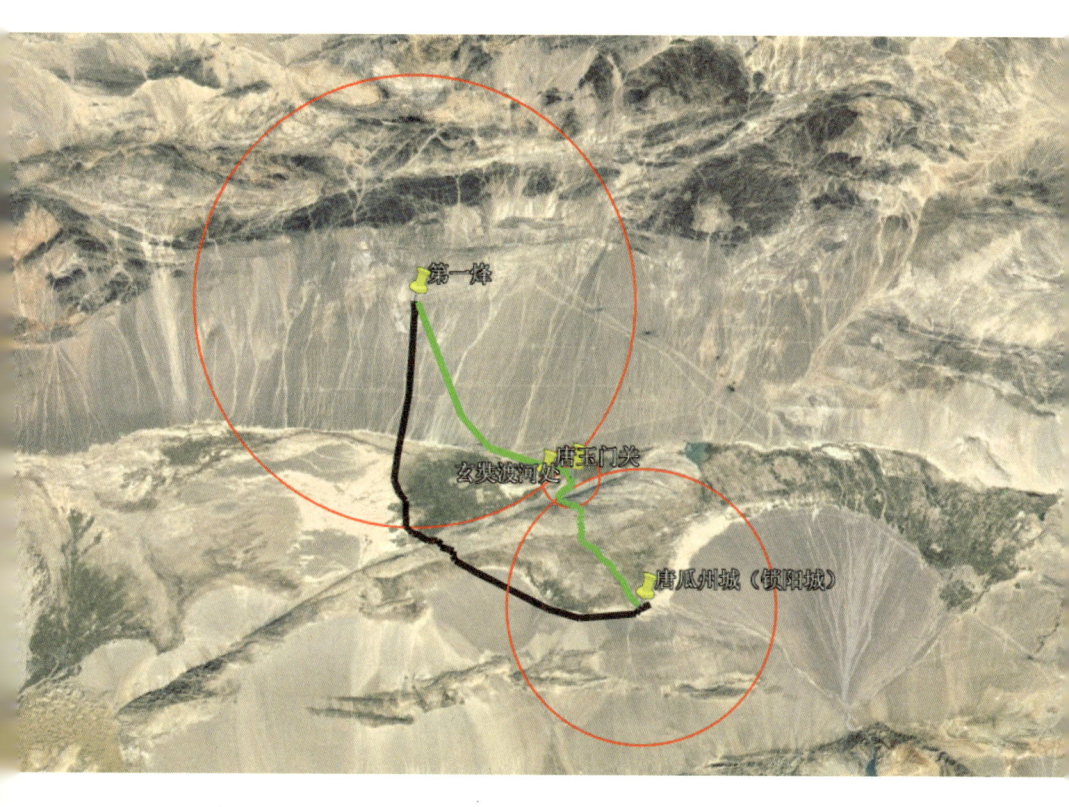

五 玄奘的"玉门关"并不是敦煌以西的玉门关

黑色路线为戈壁挑战赛曾经路线，绿色为玄奘路线

> 与少胡夜发。三更许到河，遥见玉门关。去关上流十里许，两岸可阔丈余，傍有胡桐树丛。胡人乃斩木为桥，布草填沙，驱马而过。[1]

根据《法师传》记载的关键距离信息，在地图上做一个分析，

---

[1] 《大慈恩寺三藏法师传·卷一》，第14页。

也能估测出玉门关的位置。《法师传》上说他找了一个少年胡人石盘陀做向导，天黑了开始走，到三更的时候已经走了四五个小时到了河边，这个速度与瓜州到瓠卢河50余里的距离正相吻合。

《法师传》言"遥见玉门关"，很准确地描述了玄奘所见。古称瓠卢河的疏勒河从东向西流，玄奘是从离玉门关东边10里的瓠卢河上游偷渡的，夜里他能看到玉门关上的灯火。《法师传》记载过了玉门关后又走了80多里，见到"关外西北"的第一座烽燧。50余里、10里和80余里，这三个约束条件非常清楚明确，在地图上用圆规画3个圆，同时满足这三个条件的三圆交会处附近就是玉门关所在地。

首先，以瓜州为中心画一个半径60里的圆，就划到了疏勒河南岸；第一烽就是瓜州通往古称伊吾的新疆哈密道旁的白墩子，它位于现在通往哈密的公路旁，控制着方圆几十公里的唯一水源，是疏勒河以北、瓜州通往哈密道路上由南到北的第一座烽燧，玄奘当年就因在此取水而被边防军擒获。以白墩子为中心画一个半径80多里的圆，两圆正好相切，这个地方就是玄奘渡河的地点；再以切点为中心画一个半径10里的小圆，那么小圆与疏勒河西面相切处就是玉门关。图中绿色的路线即玄奘偷渡路线。

这个推断从逻辑上是无可挑剔的，但这仍然是地图纸面作业，即使逻辑推断再完美，如果到了现场什么都没发现便仍无法证明玉门关的位置。纸面纪录只能是线索，还需要实际的证据，需要符合各项条件的遗址证明。

五　玄奘的"玉门关"并不是敦煌以西的玉门关

2019年4月,我们从瓜州向东,顺着疏勒河南岸绿洲的乡村道路走,一路上的风景很美。高速公路与古代道路相差最远,因为前者走直线,遇山开山,遇水造桥,所以我们要走乡道、村道,走拖拉机和驴车走的道,这些道路更接近于古时真实走的道路。我们先去了一个双塔堡水库,还有号称"苜蓿峰"的烽火台。在20世纪50年代,疏勒河上建成双塔水库之前,库区里有一座古城,很多人认为是玉门关,但那实际上是清代的双塔堡,而且并不符合《法师传》中的路径,距离太远了,前面已经论证过。因此向东向西绕行的路线都可以排除,唯一的可能就是向正北穿越截山子的道路。但玄奘与众多唐朝诗人并没有说假话,玉门关一定在。我们到三圆交界处附近去找,一下就找到了。这里恰好有且只有一座汉唐古城遗址——小宛城址。

小宛城位于瓜州县城东17公里处,位于锁阳城北30公里,北距疏勒河的现代河道仅1.5公里。小宛城不仅和《法师传》所记载的玉门关位置相近,也和唐诗中所描绘的玉门关景象相吻合。边塞诗人王昌龄《从军行·其七》写道:"玉门山嶂几千重,山北山南总是烽。人依远戍须看火,马踏深山不见踪。"这里的玉门指的就是玉门关。"嶂"字,《增韵》解释为"山峰如屏嶂也",横亘东西的截山子恰似一道天然屏障。山南山北还保存着众多古代烽燧遗址,山中的谷道则是南北往来的重要通道。小宛城一带的地理环境,与诗中所描绘的玉门关景象如出一辙。

但还是有必要进行一番辨别。因为在2011年出版的《中国文

小宛城址，远处即"玉门山嶂"截山子

物地图集·甘肃分册》（以下简称《文物地图集》）中，瓜州县梁湖乡小宛一带存在两座汉唐古城址，分别是"小宛何家庄城址"和"小宛破城子城址"。分析以后不难发现，两座城址其实是同一处。因为两座城址保存现状、形制和规模完全一致。《文物地图集》"小宛破城子城址"条记：

> 城平面略呈正方形，南北长182米、东西宽179.2米。墙体夯筑，基宽10米，顶宽4.5米、残高3.5米，夯层平整，厚0.09—0.11米，夯层之间有横向排列的圆木。南、西、北三面

五 玄奘的"玉门关"并不是敦煌以西的玉门关

有角墩,东、西、北三面正中有马面。南墙正中有门,外有瓮城,由于破坏严重,现形状结构不明。

"小宛何家庄城址"记:

> 平面略呈长方形,南北长182米、东西宽178.6米。城墙砂土夯筑,基宽10米、顶宽4.5米、高3.5米,夯层厚约0.12米。有马面、角墩各4个。门南开,有瓮城。

从两座城址的规模上看,二者完全一致,都是边长约180米的正方形城址;从形制上看,两城都有角墩和马面;从保存状况看,两座城址城墙的上下宽度和高度也完全一致。在同一地区出现如此相似的两座城址,几乎是不可能的事。

另外,我利用Google Earth在这一区域内检索,仅发现一处城址,位于瓜州县梁湖乡北约1公里处的农田中,在长城线以南地区。从《文物地图集》上看,"小宛破城子城址"位于长城以南,"小宛何家庄城址"位于长城以北,卫星图上的这座城应该是前者。我在城址以北地区反复检索,也没有发现其他城址。

瓜州县文物保护单位名录中也只有一处城址。自1992年4月至1995年11月,当时的甘肃省文化厅文物处、省文物考古研究所和敦煌研究院的工作人员对疏勒河流域古遗址进行了全面考察,在此基础上于2001年出版《疏勒河流域汉代长城考察报告》一书,书中明确指出"小宛地区有一处古代城址",并将这座城址编为140号城遗址。近年来,其他学者的相关著述中,均只提及"小宛破城子"一处城址,而不见另一处城址。2018年,瓜州县政府公布最新的《瓜州县不可移动文物安全管理直接责任单位划分表》,文件中仅见一处汉代"小宛破城子"遗址。所以《文物地图集》中所记录的"小宛何家庄城址"和"小宛破城子城址"应该是同一个地方,发生了重复误记。

因此,小宛地区有且只有一座古城遗址,只能是唐代玉门关遗址。

疏勒河以南的小宛一带得益于河水灌溉,自古便是屯垦区。截山子以北的疏勒河谷在唐代是"冥泽"的所在地,是一片由分散的小湖泊和沼泽性积水草甸组成的湖沼地带,"丰水草,宜畜牧",良田城池,行旅不绝。小宛城向北过疏勒河后环境大变,沙碛广布,人烟稀少,进入八百里莫贺延碛。正是这种地理环境上的巨大差异,给过往人士造成感官上的强烈冲击,由此发出"玉关西望堪肠断""春风不度玉门关"的感慨。

小宛城为玉门关所在地的论断,还体现在它的交通地位上。由小宛城出发,向北过疏勒河,经莫贺延碛道(又称"第五道")可通往伊吾;向西可通往常乐、敦煌;向南经截山谷道通往瓜州;向东沿疏勒河南岸,经双塔堡可一直通往肃州。小宛城恰好位于十字路口处,在此设关足以控扼四方。

这个城保存得特别完整,除了东南角被水冲掉,另外3个直角

五　玄奘的"玉门关"并不是敦煌以西的玉门关

都在，3 米多高的城墙、马面、角台、城门也都在，整体面积近 200 米乘 200 米，几乎是汉代玉门关的 4 倍大。城里现在种上了苜蓿。

斯坦因当年也经过了这些地方，但他不能直接阅读汉语文言文是一个很大的问题。他画了地图，疏勒河、锁阳城、烽燧、长城甚至小宛城（标为"破城子"的音译）都画在上面，也试图复原玄奘偷渡路线，但就是没有认定小宛城是唐代的玉门关，因为他弄错了唐瓜州城的位置。

从玉门关顺着疏勒河再向东走 10 里——现在也是当地人过疏勒河最常走的地方——水最浅、河面最窄，最好走，这就是玄奘偷渡的渡口。2020 年 6 月，我试着从此徒涉成功。河南岸是一座连一座的烽燧，北边是高速公路。

玄奘从锁阳城到玉门关又是从哪条路走的呢？他是由南向北走的，锁阳城到玉门关中有一个低矮的丘陵地带叫截山子。我找到了苏联 20 世纪 50 年代绘制的军用地图，在那幅图上很明显有 3 条道路，可以从锁阳城由南向北通向疏勒河。军用地图要把所有可通行的路线全绘制出来，玄奘究竟走的是哪一条还需要验证。

2019 年 4 月，我们开车从小宛城唐玉门关反向南去锁阳城，穿山而出。这些路还都在，也很好走，山南还有一个金矿，采矿车走的就是这条路。玄奘当晚就是顺着这条路，由锁阳城一直向北，走到玉门关上游 10 里许的疏勒河边渡口。这样的山路，马驮着人与行李，5 个小时是走得到的，而其他两条路太过迂回。

这就是唐代瓜州去玉门关的路，其他路都不符合，但是从来没

由唐玉门关道烽燧向南远眺锁阳城，植被繁茂，远处是祁连山，2020年10月

有人提到过这条路。古代的重要驿路和其他道路边上一般都会有守护的烽燧，果然，我们的车刚开出山口，就在右边山坡顶上发现了一座从未在文物地图集与文物普查中记录的新烽燧。出山以后就能看见锁阳城北河道纵横的湿地、草原、绿洲，远处则是祁连山。唐瓜州城就在截山子与祁连山之间，这里是当时的人口聚集区。

2019年的春天，我在敦煌的收获特别大。相对来说，唐代的玉门关比较确切，汉代的玉门关还要等待考古发现来确认，当然唐代的也需要，这些将是重大的发现，都非常值得期待。当地考古部门应该去发掘、证明，让我们中国人真正拥有凭吊祖先英勇戍边守关的准确地标，寄托我们千年的家国情怀。

六

重走玄奘路的戈壁挑战赛路线

"玄奘之路"商学院戈壁挑战赛已经举行了十几年，影响越来越大，参加者已经达到好几万人次。顾名思义，这场赛事是重走玄奘之路，缅怀玄奘百折不挠的品质，用"宁可就西而死，岂归东而生"的玄奘精神激励参赛者面对人生、事业的挑战，所以这场赛事的地点就设在玄奘当年偷渡玉门关的瓜州，起点是唐代瓜州城的锁阳城遗址，前14届的终点放在了玄奘偷渡经过的第一烽——白墩子，可谓非常贴切。

需要说明的是，除了起点和终点之外，挑战赛的路线并不是当年玄奘偷渡的路线。玄奘当天晚上出发，半夜就到达了疏勒河，而在挑战赛中过疏勒河要到赛事的第三天。很显然，挑战赛路线绕远了，并没有像玄奘一样从锁阳城出发几乎是一路向正北越过截山子，直奔玉门关"上流十里许"去渡河。出于旅游观光与纪念的双重考虑，挑战赛路线向西北绕了路，经过了一些重要的历史遗迹与地标。

首先最重要的就是起点锁阳城和城外的塔尔寺。锁阳城又称"苦峪城",因周围多生长沙漠戈壁地带独有的植物锁阳而得名,初建于西晋,为晋昌县,隋时改名为常乐县,唐初设置瓜州,并设立瓜州总管府,统领河西走廊西部的军政,是唐朝在此的最高统治中心,一度改为晋昌郡。玄奘西行到瓜州,寄居于佛寺并寻找出境的机会,就是在锁阳城,而并非现在的瓜州县城。

锁阳城遗址也是整个河西走廊地区中规模最为宏大的古城遗址,它分为内外两城,内城、外城平面均呈不规则方形,外城总面积80多万平方米,内城总面积28万平方米,城墙残高尚有10余米,西北角墩更高18米,有敌台、擂台等古代军事设施,保存有较为完好的古代军事防御系统和农田水利灌溉系统。"安史之乱"后,吐蕃侵占河西一带,瓜州陷落。而后在唐末、五代、宋初这一阶段,瓜州由归义军政权统治。宋仁宗景祐三年(1036年),西夏占领此地,仍名瓜州,西夏亡,州废。明代更名为苦峪城,宣德十年至正统六年(1435年—1441年)进行了重修,嘉靖七年(1528年)明朝放弃嘉峪关以西之地,锁阳城就此衰落,周边也变成蒙古人游牧之地。

锁阳城东的塔尔寺是戈壁挑战赛的起点,传闻玄奘当年就住在这里。但这仅是传说,玄奘在瓜州的行迹最早记录于他的弟子所著的《法师传》中,只提及玄奘"即于所停寺弥勒像前启请",具体是哪一座寺院并无记录,是否为塔尔寺也没有证据。据最近考古证明,塔尔寺始建于隋唐。有传闻说塔尔寺原是唐代的"开元寺",

六 重走玄奘路的戈壁挑战赛路线

这种说法并无实证，而从建筑、雕像风格角度来判断，塔尔寺所存留的佛塔可能是元代的藏传佛教遗物，如此玄奘当年当然不可能目睹此塔。现存的塔尔寺遗址规模宏大，佛塔巍峨，连台基残高约12米，虽然它是否为当年玄奘所居仍然是个疑问，但如果此佛寺在唐代即有前身，那么玄奘肯定会参访，当作挑战赛的起点也很恰当。

从锁阳城向西北出发仅10来公里，就会经过踏实墓群，这里有大墓9座，M1号大墓规模最大。墓葬形制分为沙石洞墓和砖室墓，顶部封土为方锥形和圆锥形两种，均有墓道。1990年10月至12月，甘肃省文物考古研究所会同安西县（今瓜州县）博物馆对M1号大墓进行了发掘，此墓已经多次被盗，遗留文物并不多，根据发掘情况判断其为东汉—魏晋时期墓葬群。墓葬的地面遗存保存完好，茔圈、神道、封土及子母阙都是甘肃省现存墓葬中规模最大的遗存，尤其是子母阙，它是目前我国现存的保存最为完好的土坯修筑的子母阙。1993年，子母阙被甘肃省人民政府公布为省级文物保护单位。当年瓜州的政治经济中心与人口稠密区都分布于截山子以南，并非像现在一样在北面，当时的北面还是号称"冥泽"的疏勒河谷湿地与湖泊，是天然的军事防御地带，汉代的河西长城、昆仑障与唐代的玉门关都位于山北。

戈壁挑战赛第一天的营地设在号称是"常乐驿"附近的戈壁中。营地位于破城子遗址附近，遗址位于锁阳城镇常乐村公路旁，城址南北长约251米，东西宽约145米，城墙为夯土版筑，底宽4.5米—6米，顶宽3.2米，残高4.8米—9.5米。四周墙垣均有马面，四角筑有角墩，城门北开，门外筑有瓮城，保存非常完整。该城始建于汉武帝时期，为敦煌郡属下的广至县置所，隋唐时置常乐县。破城子遗址被列为第六批全国重点文物保护单位，东南距锁阳城约30公里，西北距悬泉置遗址约62公里，是汉唐河西丝绸之路的重要地标。但唐代驿路的常乐驿以及常乐县城是否位于此地还是个疑问，另有一说是位于六工城。

从破城子遗址一路向西北，会遇见几处烽燧，如双墩口子墩、八棱墩等。如前所述，截山子以南是汉唐瓜州地区的政治经济中心，设置这些烽燧正是为了监控、保卫此地向西通向敦煌的驿路，也控制着黄水沟的水源。

由双墩口子墩向北就进入了截山子山谷，截山子是锁阳城的天然军事屏障，山北就是当年的河谷湿地沼泽地带，也是汉唐河西的重点防御带，六工城就位于此地。六工城遗址分为大城和小城，由城、障两部分构成，均为夯土版筑。城址平面呈长方形，大城南北宽304米，东西长362米，南、西、北墙呈直线，都开有城门，均有瓮城；东墙呈四次内折角形状，便于多侧面攻击来犯之敌。小城位于城址东北角，并与城址相连，平面基本呈正方形，东西长76米，南北宽82米，开南门。该城既是军事要塞，又位于农业屯垦区。六工城遗址小城可能是西汉宜禾都尉属下的昆仑障，大城为曹魏时期宜禾县城，隋时可能设置为常乐镇，唐时可能为常乐县城。六工城北距汉长城11公里，东汉永平十七年（74年），"遣奉车都尉窦固、驸马都尉耿秉、骑都尉刘张出敦煌昆仑

六 重走玄奘路的戈壁挑战赛路线

常乐村破城子遗址

塞,击破白山虏于蒲类海上,遂入车师"[1],汉军北征的路线就是丝绸之路系统中由现代的瓜州地区通往伊吾(今新疆哈密)的"新

---

1 《后汉书·卷二》,第122页。

道"，以后玄奘也大致沿此路西去取经。此次胜利后，窦固派遣班超出使西域，次年东汉重新恢复了西汉时设置的西域都护，管理西域诸国，丝绸之路在中断几十年后重新畅通。

由六工城北上不到20公里就是疏勒河。疏勒河，古称"籍端水""冥水"，为甘肃省第二大内陆河，河西走廊三大内陆河水系之一。"疏勒"是蒙古语的音译，意思为"水草丰美"。自明嘉靖七年（1528年）以后，河西走廊的嘉峪关外成为蒙古人的游牧地，因此很多看起来非常奇怪的名字原本都是蒙古语。疏勒河横跨青海、甘肃、新疆，干流全长670公里，总流域面积17万平方公里，多年平均河川径流总量10.31亿立方米，是中国大陆上少有的一条自东向西流淌的内陆河，古代疏勒河下游很可能通过阿奇克谷地流到时称"罗布泊"的湖泊，因此疏勒河是丝绸之路一路西行的天然通道，汉代沿河修建长城，设置烽燧邮置，沿河留存了大量的丝路遗址和文物。由于1958年修建了双塔堡水库，现在下游几乎断流，只有在放水时节才能恢复。

如前面所述，玄奘是由唐玉门关以东疏勒河上游10里许渡河，而挑战赛的渡河处远在其下游（以西）约40公里处。过河后，玄奘又北行"八十余里"至玉门关的第一烽，即现在的"白墩子"，它可能是唐代驿路上的"广显驿"，居高临下控制了一大片水源，它距离唐代玉门关正好约40公里，是戈壁挑战赛的终点。但自第15届戈壁挑战赛以来，比赛路线有所改变，北至六工城后，开始折向西南再次穿越截山子，于"老师兔"宿营。敦煌、瓜州一带

六　重走玄奘路的戈壁挑战赛路线

双塔堡水库上游的疏勒河，对岸是一座烽燧

有很多以"兔""图""途"结尾的地名，如马迷途、东巴兔、闹海图等，名字非常怪异，其意也不可解，显然并非汉语，应该是来自长期在此游牧的蒙古人语言，这些地方都是有水有草的湿地，"兔""图""途"应是蒙古语的音译，-tu 在蒙古语中是一个构成名词、形容词的后缀，很多地名的实际意思现在已经不可考。

老师兔就是一片水草地，现留存一座汉代古城遗址，很可能是汉代丝路的"鱼离置"。它位于在锁阳城遗址以东 53 公里，平面呈长方形，东西长 40 米，南北宽 25 米，城墙残高 4 米，夯土版筑，四角筑有角墩，东北角墩特别高大，以兼作烽燧之用，残高近 10 米。如果唐代继续沿用此城，它很可能是河西驿路上的"黄谷驿"。

老师兔古城遗址

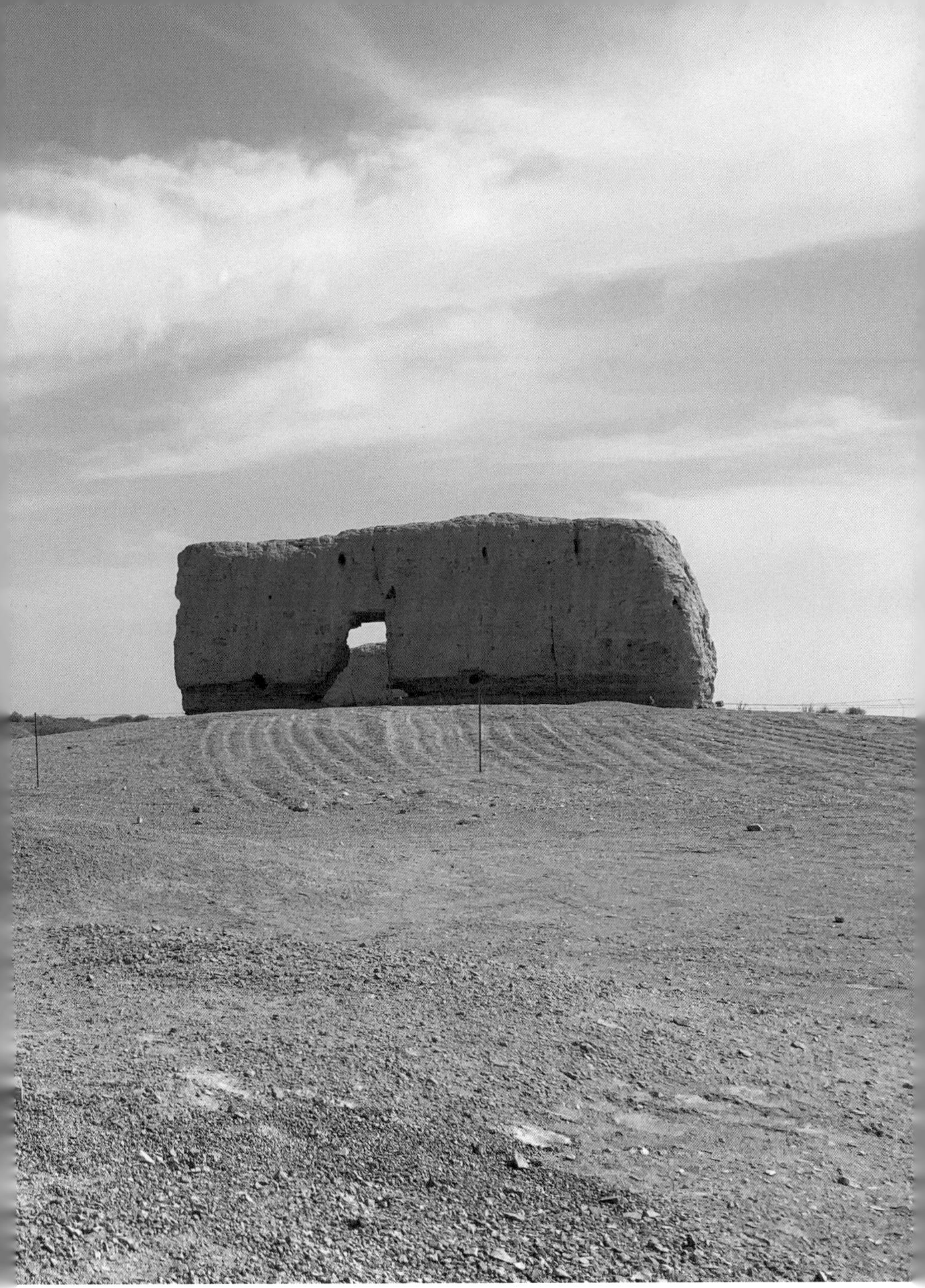

自葱岭已西,至于大秦,百国千城,莫不款附。商胡贩客,日奔塞下。所谓尽天地之区已。

——《洛阳伽蓝记》卷三

花销葱岭雪　縠尽流沙雾

一

其山高大，上生葱：
什么是葱岭？什么是帕米尔？

我的丝绸之路精准复原研究起源于葱岭——帕米尔高原，2013年4月进行的第一次考察就在帕米尔，它也是我考察次数最多的地方。如果问最能代表丝绸之路的地标在哪里，那么我的答案一定是：帕米尔。

我第一次去帕米尔是2011年7月31日，当天下午从喀什出发，刚出城不久就远远看到天边一道耀眼的雪墙，那就是帕米尔，此时直线距离还有120公里。作为一名纯粹的游客，一路上被帕米尔壮丽奇幻的景色吸引，为它的壮丽折服，然而我毕竟从事历史地理研究，也喜欢户外活动，于是就想知道，既然古称"葱岭"的帕米尔高原是丝绸之路的重要地标，那么古代道路是如何翻越河谷纵横、山脉层峦叠嶂的高原呢？当我翻阅了大量的论著后才发现，并没有人能告诉我答案，最多只是一些地名的罗列，甚至连一张大比例尺的详细地形图都没有，没有人敢利用这样的研究成果去重走古代的丝绸之路，按我现在的理解与定义，就是还没有人进行过丝路的"精准复原"。于是我想，那么不如我来从事这项研究工作吧，"学术以审美开始，以审美结束"。赏心悦目的学术才是好学术。

任何文字记录提供的只是线索，而不是事实本身；探索事实本身必须进行实地考察。这就是历史地理学与历史学的本质区别。

做丝绸之路复原工作一定要进行实地考察，否则还是从纸面到纸面的推演，没有新意。当然研究中会以中外文资料为线索，事先在地图上定位。我当时是先根据纸面研究，在 Google Earth 上做好定位，输入 GPS 系统里，再到现场去比对。纸面研究和实地考察的数据肯定会有点误差，加以校正即可。最后再把数据做成 GIS 公布，这就是我做丝绸之路精准复原工作的流程。

我们参考了大量 100 多年前西方探险家们的帕米尔高原考察报告。他们的身份既是探险家，又是间谍，这些报告也可以说是军事报告，所以是最可靠的。非军事报告的价值都得打个问号，因为它们不可避免地带有研究者的价值观，不能完全反映事实本身。

我也采用了中文资料，如清代的方志等。一部清代方志中就讲到了帕米尔高原一条驿路的走向，"城东七十里申底驿，五十里奇恰克驿……"，简单说就是古代的一条驿路怎么走。这段话中的每个字，只要是识字的中国人都能认识，但认识字并不代表能理解这句话的意思。原因很简单，它没有注明经纬度。地球上的每

一　其山高大，上生葱：什么是葱岭？什么是帕米尔？

一个点，有了经度和纬度这两个参数才可以定位，仅有文字反映不出它的位置。申底驿和奇恰克驿在哪里？它没有告诉你。传统研究很可能就只是把这段话抄进去，最多用白话翻译一下，但纸面研究者真的明白这条驿道或丝路到底是怎么走的吗？我想是不知道的，因为他们没有走过，经纬度是多少更不知道，这就是文字研究一个很大的问题。当然，很多西方的考察报告也缺少经纬度，如1873年英国人的叶尔羌考察报告就是这样。

无论中文还是外文，千言万语不如一张图。比如在100多年前的清末绘制的一张帕米尔高原地形图，上面讲到的道路和一些重要的地标都有，还有等高线。但是这张图还是没有经纬度，因为在古代测量经纬度是很困难的一件事情，纬度还相对容易，经度最难测量。所以我利用了大量的现代军用地图，包括冷战时期美军绘制的帕米尔高原一带的军用地图——帕米尔地区现在大部分属于塔吉克斯坦，过去属于苏联，美国的高空侦察机会到这个地方来考察，实际上就是军事侦察，而美军要考虑飞行员被打下来后如何逃跑，就绘制了这种地图。图上绘出了所有可通行的路线，什么季节能走，能走牛车还是汽车，或是单人徒步就能翻越，哪里有水源，这些都有明确的标注。

最准确的当然还是苏联绘制的军用地图，因为他们实际控制这一带，在此测绘了大量精准的地图，所有的河道和冰川都有体现，甚至一所牧屋也不遗漏。例如苏联绘制的包括河西走廊、罗布泊地区的军用地图，丝路经过罗布泊的通行道路都画得很清楚。

这才是丝绸之路——重抵历史现场的行走

我得出以上的结论是有惨痛教训作为根据的。2013年4月10日，是我进行丝路精准复原考察的第一天，就被一张"权威"的县级民用地图坑了，这张地图清楚地画出一条从315国道连向西南方通向阿克陶县阿尔帕勒克村的道路，而据清代史料与地图，清末莎车府城（今新疆莎车县城）通向帕米尔高原的蒲犁厅城（今新疆塔什库尔干县城）的驿路上有一个驿站就在阿尔帕勒克村附近。因为考察队的大部分队员要在当天下午才能到达喀什，我与先期到达的两名记者和两名队员决定利用这一天白天的时间先去考察一下清代驿路和驿站，然后当天返回喀什与大部队再会合。但是万万没有想到，到了相应的地点，在附近寻找了2个小时，问了路过的乘客与当地人，竟然没有一个人知道这条公路的存在。送水车上热情的维吾尔族小伙、长途客车的维吾尔族大爷都耐心地停下来帮着寻路，可连比带画的手语加上叽里咕噜的话语都帮不了我们。再看这张"权威"地图，发现北边有一条更低等级的道路可以绕到阿尔帕勒克，于是我们由这条路进入了群山叠嶂的"葱岭东冈"，但出现了非常严重的问题——路上没有任何路标，路在悬崖上也没有任何护栏，而且人迹罕至，几乎找不到问路的人，即使找到了，也语言不通，这里住着的是几乎不会任何汉语的柯尔克孜人。到了下午4点半，我们已经迷路了5个半小时了，越野车再一次在牧民的指引下驶进一条有着冰河的山沟，但歧路出现，不知向左还是向右，也再无路人可以问询，我们带的指南针在此时竟然也失灵了。

一　其山高大，上生葱：什么是葱岭？什么是帕米尔？

当时天色渐晚，我看了看带有指南针功能的手表，当即决定向左，这是一个一半理性一半直觉的决定，如果选择错了，第一天的考察就算失败，我们没有时间再找驿站，甚至能否当天返回喀什都是问题。幸运的是，这个决定是正确的，一直摸索到晚上7点半左右，我们眼前突然出现了一大片泥土房屋，这个村落正是阿尔帕勒克。在黑夜中极容易迷失的情况下，我又坚持继续考察以免前功尽弃，于是又发现了河谷中的一片高地，极有可能就是阿尔帕勒克驿的遗址，以及位于南边的一条红色山体的山谷，这一定是清代地图上标的"吉什尔山口"。一直在黑魆魆的山沟中探寻至深夜，只能投宿于热心的牧民家。第二天天蒙蒙亮时，我赶紧去考察昨晚路过的吉什尔山口。晨光中一行人爬上山口，放眼向南望去，就是帕米尔的群山，清代驿路便是由此奔向帕米尔。

有了此次经历，我对民用地图抱有深深的怀疑，后来又发现这套"权威"地图标错了公主堡的位置，与实际位置直线距离相差竟然达25公里，又标错了石头城东南行的道路……地图编绘更不能纸上谈兵，大多学术论著的纸上谈兵起码不会直接造成现实的危害，地图则不然，会带来实际的危害。

葱岭现在叫帕米尔高原。"帕米尔"是波斯语，意思是高山间的U形河谷，它的引申意义是"世界屋脊"。20世纪60年代之前，世界屋脊专门指帕米尔高原，并不是指青藏高原，现在这个概念也泛化了。

帕米尔高原雪山纵横，河谷宽阔，地形非常复杂，景观也更加美丽。它由8个帕米尔组成，也就是8个大的高山河谷，包括塔吉克斯坦的和什库珠克帕米尔（实际就是霍尔果什帕米尔）、萨雷兹帕米尔、阿尔楚尔帕米尔、郎库里帕米尔（它的东缘在十几年前划国界时被划到了中国境内）；还有丝绸之路最主要的一条干道"大帕米尔"，玄奘称它为"波谜罗川"；大帕米尔的西南边有一个瓦罕帕米尔，在阿富汗和塔吉克斯坦交界的地方；瓦罕帕米尔的东边是小帕米尔，也是古代丝路一条重要通道；最后就是全部都在中国境内的塔克敦巴什帕米尔，它位于四国交界处，从地图上看，由东向西伸出来长长的一条就是属于塔克敦巴什帕米尔的卡拉其古河谷，属于我国的塔什库尔干县。河谷的北边是塔吉克斯坦，西边是阿富汗，南边是巴基斯坦的克什米尔。在这块区域从北到南有十几座可以翻越过去的山口，英文叫 Pass，突厥语叫"达坂"，就是可以翻越过去的山口，大雪山海拔高，只能从海拔相对较低的山口通过，所以卡拉其古河谷是古代葱岭丝路最重要的地标，也是现在边境管控最严的地方。

河谷有两种，一种是 V 形谷，一种是 U 形谷，比如在帕米尔东缘的塔什库尔干河流进叶尔羌河的交汇口，就是典型的 V 形河谷。这种河谷狭窄，山高水急，一到夏天高山融雪非常厉害，从下午到半夜不断涨水，非常危险，且 V 形河谷边上都是非常陡峭的陡崖，水涨上来的速度非常快，商队根本来不及撤离。古代道路一定会顺着河走，但绝对不敢顺着水流湍急的 V 形河谷走，走的一定是 U 形河谷，那里谷地宽阔，水流平缓，河水不可能在很

一 其山高大，上生葱：什么是葱岭？什么是帕米尔？

V形河谷，左右横贯的是叶尔羌河

典型的U形河谷：塔克敦巴什帕米尔与卡拉其古河，它是葱岭丝路的主干道

激流滚滚的V形盖孜河谷与314国道

短的时间内漫上来，商队可以从谷中安全通过。

现代公路却经常走从高原一路流下的 V 形河谷，只要在悬崖上炸出一条路就可以了，古代可没有这样的技术条件。现在从喀什到塔什库尔干的 314 国道所走的盖孜河谷，就是典型的 V 形河谷。314 国道一直通往红其拉甫山口（Khunjerab Pass），那是中国和巴基斯坦的交界处，但古代丝路不可能从这里走，因为巴基斯坦一侧的山非常陡峭，虽然现在的中巴公路可以走"之"字形，但古代的驴马驮着东西是爬不上来的。

人们对丝路帕米尔段的种种误解，也是我萌生一定要精准复原它的念头的原因。

在帕米尔高原上，最有意思的是可以真正看到一两千年前丝路的状况。2013 年 4 月，我拍到一家塔吉克族牧人在转场，春季和秋季牧民会在高山牧场和低地牧场之间转场。在这张图片里，可以看到过去人们在古代道路上行走时的情景。队伍里有骆驼、驴，还有狗。古往今来研究丝路的会讲到马、骆驼和驴，但很少讲到狗，从我的多次观察来看，没有一次转场少得了狗。这是只有到了实地才能得到的认识。

我曾经在 2014 年 7 月徒步去往齐奇克里克高原，徒步海拔范围在 3600 米到 4600 米，当天往返，一共走了 34 公里。当地牧民不会返程，他们到了牧场就会住下来。这次途中也遇到一次牧民转场，我们跟着牧民的驴队走了五六个小时，发现他们的队伍前面有一条狗，中间有一条狗，最后压阵的还是一条狗。我仔细观

一　其山高大，上生葱：什么是葱岭？什么是帕米尔？

春季转场的塔吉克牧民，位于卡拉其古河谷

察后发现，这些狗在协助牧民管理驴队——有时驴开小差离开队伍，狗就把它撵回去。这个现象很有意思，也很重要，但此前很少有人提及这个细节。

这队牧民当天走到夏季牧场就驻扎了下来，一共走了十几公

这才是丝绸之路——重抵历史现场的行走

"管理"转场驴队的狗

里。这就是古代商队的行走速度和距离。经常有人问我,玄奘走到印度一路上经过这么多国家,语言问题怎么解决?其实这是对古代行走方式缺乏认知。现代人乘飞机、坐火车,一天便可以到很远的地方,甚至距离上万公里,当然会有语言问题,但古代人长途旅行每天平均也就行进二三十公里,两地之间的语言差别不大,是一个渐变的过程,根本不会存在语言问题。何况他从高昌开始,一路都有商队陪伴,西突厥汗国的统叶护可汗还特地为他配备了"通事"(翻译)。

一　其山高大，上生葱：什么是葱岭？什么是帕米尔？

研究历史一定要在历史的情境中，研究丝绸之路一定要实地走过，才能真正理解它，才能明白古代人行走的艰辛。经常有人说特别佩服玄奘的伟大，但完全没体验过他走的路线，再怎么想象也只是纸面上的浪漫煽情。只有走过，才知道他真的了不起。

葱岭是丝绸之路最重要的枢纽和地标，汉代的西域南道、北道都取道葱岭，它的地理位置极其重要。在翻越葱岭之前，商旅要经过两块大绿洲：一个是新疆最大的莎车绿洲，一个长条形的区域；还有一个是疏勒，就是喀什绿洲，一个块状的大绿洲。《汉书·西域传》把这两个绿洲重点提出来，指出过了这两个绿洲就要翻越葱岭，进入无人区了。因此这两处非常重要，商队必须在此备好驴马，找好向导，准备干粮辎重，然后就是长达2个月的翻越葱岭之旅，这将是整条丝路上最艰难也最壮丽的旅程。

葱岭不仅是东西交通的中间点，也是丝路上海拔最高、地形最复杂、景色最壮美的地方，更是一个分水岭，是地中海文明和中华文明的交汇处。中亚的两条大河塔里木河和阿姆河都发源于葱岭，一条向西流向咸海，一条向东流向罗布泊。葱岭是亚洲的水塔，没有这两条河，两边的文明就不会存在，将是一片荒漠。2000年前从中国翻越葱岭以后就是希腊文明，中华文明与希腊文明这两种截然不同的文明分别在葱岭的两边孕育生长。

关于"葱岭"这个名字的来源，最早的解释在《西河旧事》中，"葱岭在敦煌西八千里，其山高大，上生葱，故曰'葱岭'

塔吉克斯坦与阿富汗边界的班德斯基山口，山崖葱翠

葱岭上满是开着花的野葱

一 其山高大，上生葱：什么是葱岭？什么是帕米尔？

也"[1]。这段话很有画面感，一座高大的山上长满了葱？其实写这段话的人应该没有去过葱岭，只是听说有这样一个地方，完全是想象，也就是脑补而写下了这段话，葱岭究竟什么样，他并不知道。

玄奘的《大唐西域记》中也有一段关于葱岭的记载："葱岭者……崖岭数百重，幽谷险峻，恒积冰雪，寒风劲烈。多出葱，故谓葱岭，又以山崖葱翠，遂以名焉。"[2]这段文字的描述非常细腻、真实，除非亲身经历，否则是想象不出这样的景象的。国际空间站曾经拍过一个帕米尔高原的小视频，视频中一条条黑色的幽谷险境夹在冰雪中间，看过就会惊叹玄奘的观察、记录之精准。玄奘肯定没上过国际空间站，但是他亲自穿越过这座高原，所以写得非常真实。

从实际情况来看，葱岭东冈和西冈海拔 2000 米至 3000 米，植被丰富，绿树成荫，麦田青青，野草茂盛，称得上"山崖葱翠"。到了海拔 4000 多米处，情况则各有不同。有河湖的地方，鲜花遍地，水草丰茂。

既然两条记录中都提到了葱岭的葱，那么有研究者提供过葱岭的葱的照片吗？没有。我们在慕士塔格雪峰脚下海拔约 4200 米的一片荒原上，看到了一望无际的、开着花的野葱。葱岭的野葱学名叫"大花葱"（*Allium giganteum* Regel），分布于从土耳其、伊

---

[1] 转引自（北魏）郦道元著：《水经注》，岳麓书社，1995 年版，第 14 页。
[2] （唐）玄奘、辩机原著，季羡林等校注：《大唐西域记校注》，中华书局，2000 年版，第 964 页。

朗到中国新疆的广大亚洲内陆，帕米尔高原正位于中心地区。葱对于在高原上行走的古代旅行者意味着什么？无疑是非常重要的食物补给，不仅能够调味，还富含维生素C。所以当商旅发现遍地的野葱时，第一个想法一定是吃——有营养的食物对长途旅行者太重要了，尤其是对于不习惯整天吃牛羊肉的汉人来说，所以汉人把这个地方叫作葱岭，而不是学波斯人或当地人把它叫作帕米尔。这个葱确实很好吃，当天晚上我们就品尝了野葱炒肉片，味道浓烈，口感不错。

时光凝固的喀什卡苏：发现唐代剑末谷

在丝绸之路系统中，翻越葱岭有很多条路，其中有一条很有名的路与现代公路走盖孜河谷的路线不同，是从南疆最大的城市喀什通往塔什库尔干县城。塔什库尔干在清末的时候叫"蒲犁厅"，从喀什往南走，过英吉沙就到了蒲犁厅。这条路线上曾经发生过一次著名的事件，就是747年大唐翻越葱岭的远征。当时强大的吐蕃企图绕道入侵大唐的安西都护府，而攻占了葱岭以南的小勃律国（今巴基斯坦北部吉尔吉特地区）。唐朝将领高仙芝率1万人和几万匹马远征，夺回了小勃律，一直打到现在的巴基斯坦北部。这条线路我也重走复原过。《新唐书·地理志》清楚明白地记录了这条线路：

> 自疏勒西南入剑末谷、青山岭、青岭、不忍岭，六百里

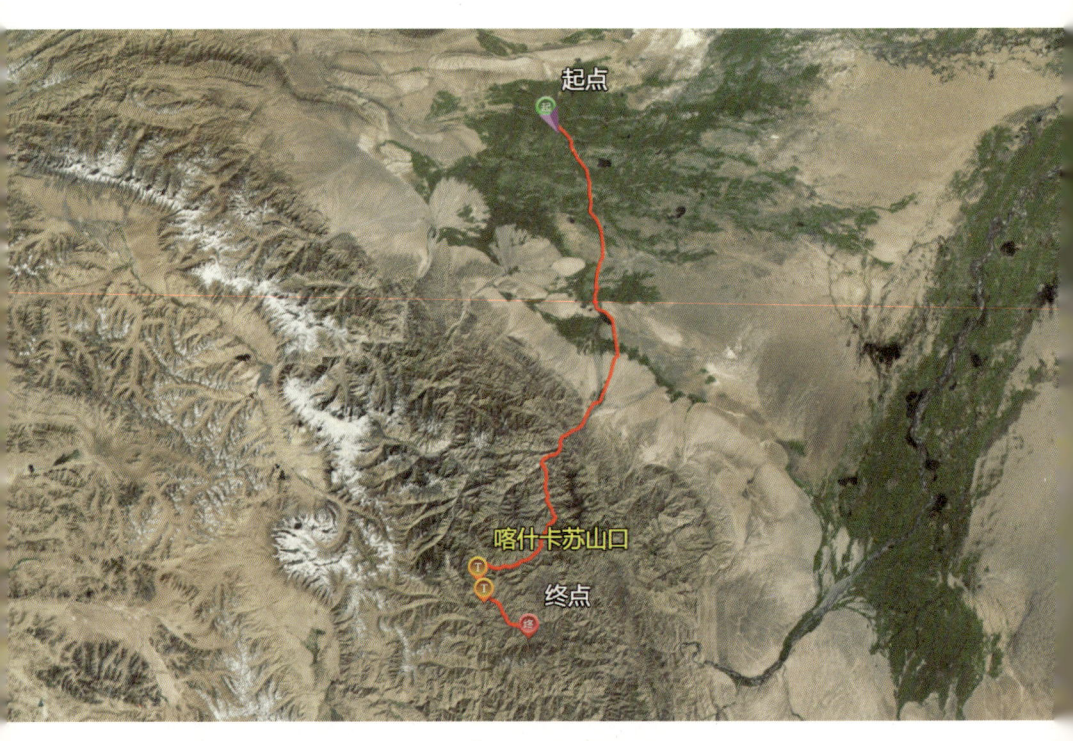

考察的实际轨迹即唐代的"剑末谷"路,丝绸之路的常规路线

至葱岭守捉,故羯盘陁国,开元中置守捉,安西极边之戍。[1]

高仙芝从喀什向西南进入剑末谷,翻越了3座岭,即青山岭、青岭和不忍岭。翻越雪山不会走海拔最高的山顶,一定要走最好走的山口,驮着东西更是这样。在帕米尔地区,人可翻越的山口

---

[1] (宋)欧阳修、宋祁撰:《新唐书·卷四十三下·志第三十三下·地理七下》,中华书局,1975年版,第1150页。

二 时光凝固的喀什卡苏：发现唐代剑末谷

最高不能超过 5000 米，超过这个高度，即使是夏季，冰雪也非常厚，驮着货物是无法翻越的。由此也可以铁证如山地讲，现代的 314 国道，也即中巴友谊公路，绝对不是当年高仙芝走的这条路，不是唐朝的剑末谷路，也不是唐朝的丝绸之路常规路线，因为 314 国道沿途只经过 1 座山口，而剑末谷路要翻越 3 座山口。

《新唐书》中说高仙芝行军"六百里至葱岭守捉"，唐代的 600 里相当于现在的 280 公里左右，这和 19 世纪 70 年代英国叶尔羌探险队以及我们考察测量的里程完全一致。葱岭守捉就是今塔什库尔干县的石头城遗址，古代这里有个竭盘陁国，开元年间被唐朝灭掉，并在此设置了葱岭守捉。这里也是安西都护府最西边的一个驻军地。

> 自安西行十五日至拨换城，又十余日至握瑟德，又十余日至疏勒，又二十余日至葱岭守捉，又行二十余日至播密川，又二十余日至特勒满川，即五识匿国也。[1]

高仙芝率军从疏勒出发，又走了 20 多天到葱岭守捉。600 里路走了 20 多天，每天才走十几公里，这似乎出乎很多现代人的意料。其实仔细分析一下，也不难理解：人数越多的队伍走得越慢，1 万人、几万匹马，带着重装备，还要翻越 3 座山口；在狭长的谷地中行军时，队伍拉得有几十公里长，从前到后传递一个命令

---

[1] （后晋）刘昫等撰：《旧唐书·卷一百四》，中华书局，1975 年版，第 3203 页。

如何证明你走过,请拿出 GPS 轨迹证明:翻越喀什卡苏山口——唐代的"青山岭"

都要好几个小时;早上要做饭,晚上要扎营,一次也要几个小时,一天真正能用来行军的时间是很有限的。

高仙芝翻越的第一座岭叫青山岭,当地人叫它"喀什卡苏达坂","喀什卡苏"就是清澈的水的意思。青山岭海拔约3900米,是喀什通往塔什库尔干的传统道路,也是唐时疏勒通向葱岭守捉的"国道",英国叶尔羌探险队、赫定、斯坦因等人都翻越过这个山口,现在它仍是当地村民日常使用的道路。

2015年4月,当我第二次来此地考察时,巧遇在此修路的乡

二 时光凝固的喀什卡苏：发现唐代剑末谷

干部，就和他进行了深入交谈。据他听祖父、父亲的回忆，当年来往于此的不仅有前往境外的村民，也有从中亚、西亚来的商队，这是从葱岭以西前往南疆最大商业城市喀什的常规路线。从纯粹的地理意义上来说，古代丝绸之路的路线仍然活着，一直沿用到近现代，甚至今天——他们之所以修路，就是因为喀什卡苏山口两侧的村民今天仍然在使用这段路线，但汽车无法通行，只能通行摩托车，或供驴马、行人使用。喀什卡苏山口在丝绸之路兴盛时期是交通要道，但现在除了当地居民外，几乎没有外人经过甚至知晓。2017年夏季，我们一行翻越喀什卡苏山口，遇见一位柯尔克孜族少年，同行问他是否见过外人，他踌躇了一会儿，迟疑的目光看着我，随后指着我说："有，去年见过他。"

喀什卡苏山口向南18公里就是其里拱拜孜，它是石头城去往莎车和英吉沙两条丝路的交会处，非常重要。前往石头城方向的下一个山口是托里亚特，海拔4000米左右，即唐人所称的"青岭"。山上有盘山的羊肠小道，可乘摩托车前往——柯尔克孜小伙子们非常胆大，在这样崎岖的山路上，照样把摩托骑得风驰电掣，半个多小时即抵达山口顶部，在山口顶部可以向西远眺齐奇克里克高原。2014年8月和2018年7月我们两次反方向乘摩托车翻越过托里亚特，两边同样非常陡峭，"托里亚特"的意思是马流汗的地方，确实名副其实。

还有一次翻越托里亚特山口，是在2017年7月，这完全是一次偶然的冒险，并不在计划之内。当时我们准备从塔什库尔干县城出发去大同乡，没想到公路即所谓的"塔莎古道"（实际建于近

2017年7月25日翻越托里亚特山口

几十年）被河水冲垮，短期内无法修复，当时似乎只能沿着314国道返回喀什，没有其他的选择。早晨我们已经装好行李准备出发，突然得知这个消息，人人都非常沮丧。我的脑海中立即呈现一幅帕米尔的地形图，如果不想原路返回喀什，我还有一个建议，顺着去大同的公路可以走到托依鲁布隆村，因为冲毁的路段在其东面。托依鲁布隆村位于齐奇克里克山口和托里亚特山口之间，当年是丝路驿站，斯坦因曾经过此地，2013年我曾在此乘坐当地老乡的摩托车考察过两边的丝路，甚至登上托里亚特山口，这次不妨再一次复制，直接翻越山口到达东边的恰尔隆乡投宿。我话音刚落，几乎所有人都举手表决赞同，后来才知道其中一位有恐高

二　时光凝固的喀什卡苏：发现唐代剑末谷

症，但她也决定冒险走这条真丝路。我们顺利翻过了托里亚特山口，投宿于恰尔隆，第二天决定翻越喀什卡苏山口返回喀什。

距离我上一次到达喀什卡苏山口南面已经过去4年之久，具体从哪里开始攀登山口已记不清楚，但我依然记得被当地人误导而走了冤枉路。此时天色渐晚，还下着小雨雪，情势紧张，于是我决定一个人先按记忆中的路线登上山口探路。我一路狂奔找到了原来的路，登上山脊便看到了迷路的同伴，向他们打招呼示意。就在几年前，山口已经另外修了一条路，同伴们顺着找到的新路与我会合，此时天也放晴，山口顶上一片无边无际盛夏的葱绿，云影徘徊，阳光闪耀，这就是唐朝的"青山岭"，不愧"葱岭"之称。

最后的山口是不忍岭，就是我为了观察转场的牧民一天来回走了34公里的地方，当地人叫齐奇克里克山口。从这里向南的新迭村是往莎车和英吉沙两条丝路的交会处。为什么叫"不忍岭"？就是因为海拔太高了，将近4500米，走上来真的非常痛苦。这里是一个椭圆形的大盆地，是个驻军的好地方。夏天的时候，盆地中央开满鲜花，"齐奇克里克"的意思就是鲜花遍野的地方。这里是牧民的夏季牧场，夏天牧民会转到海拔高的牧场上去。

实地走一遍这条路的过程和《新唐书·地理志》的描写是完全一样的：3座山口，280公里，和唐人记录的600里几乎一点差距都没有，非常准确。这不是巧合，这就是历史的真实。

1906年，斯坦因也走过高仙芝这条路，只不过是反向从塔什库尔干到喀什，就是经齐奇克里克山口（不忍岭）到托里亚特山口

鲜花遍野、群山环抱的齐奇克里克高原，右侧即齐奇克里克山口，丝路由此转向东行

（青岭），他还画了一幅地图。经过实地考察，我现在把这条路的 GPS 轨迹做了出来。

1906 年 6 月，斯坦因到达喀什卡苏山口顶部，这里的海拔约 3900 米，他拍了一张黑白照片。那时候拍个照片很难，相机很大很重，操作复杂，要折腾很长时间才能拍一张。他是从山口向南边拍的，远处就是帕米尔的雪山。这就是从帕米尔高原下到塔里木盆地前的最后一个山口，翻过去后就是一路向下，所以他在这里留了一张照片。照片上，左侧的山体有两条很明显的弧线"伤痕"，外观形似两个平行的小山包。

自从 2013 年 4 月我们第一次到达喀什卡苏山口顶部，我们每次到此，都会在斯坦因拍照的地方也拍一张照片，景观完全一致，

二 时光凝固的喀什卡苏：发现唐代剑末谷

1906 年 6 月 6 日，斯坦因一行在喀什卡苏山口顶部

2018 年 7 月 10 日，我们一行在喀什卡苏山口顶部

其里拱拜孜和山梁上长方形的"中国城"

是不是很有穿越感？100多年过去了，山川依旧，几无变化，对于大自然来说，100多年就是一瞬间，这也是我进行"精准复原"的前提基础。

1866年，一批英国探险家也走过这条路，其实他们都是军人，其中就有英国间谍。他们在一个名叫"其里拱拜孜"的地方扎营。这里在喀什卡苏山口和托里亚特山口之间，有两条河在这里汇合。这些英国人都是职业军官，擅长测绘，他们并不知道高仙芝当年从这里走过，只是探索从英国的殖民地印度（包括今巴基斯坦）到新疆的道路，所以他们的报告也非常重要。

报告中写了一个很重要的信息：在其里拱拜孜扎营时，他们发现山梁上有一个四方形的"中国城"。在古代的西域，圆形城是当地人——就是塞种人或者东伊朗语系的人建的，汉人住的是

二 时光凝固的喀什卡苏：发现唐代剑末谷

方形城，而且当地人叫它"黑大爷夏哈"——这是突厥语，意思是"中国人的城"，当地俗称为"黑大爷城"。这是关于这座古代遗迹现存的唯一文字记录。

2013 年，我第一次去帕米尔做考察之前，看到了这个资料，就想着一定要去考察这座"中国城"。

2013 年 4 月，我们到了这里。山梁上确实有一座四方形的城址，还残留有城墙和壕沟。这个遗址在《中国文物地图集》上没有记录。这个中原形制的四方城很可能是汉代或唐代士兵驻守的地方，因为两条丝路就在这座山梁下会合，一边是去塔什库尔干，一边是去莎车，还可以去英吉沙和喀什。

接下来的一条路就是玄奘和马可·波罗的葱岭路线，在西边的播密川（或称为波谜罗川），高仙芝出境的时候也走过，三者走的路线是重合的。这也说明播密川至少从 7 世纪初到 13 世纪都是翻越葱岭的主要常规路线。

100 多年前，欧洲人在中亚帕米尔地区进行地理大发现，他们发现最靠谱的资料是《大唐西域记》，所以这部书在 1836 年被翻译成法语版，1884 年又被翻译成英文版。外国探险家读不懂文言文，他们是拿着英文版和法语版的《大唐西域记》到帕米尔考察的。

13 世纪时，马可·波罗也翻越了葱岭，来到中国，但现在一直有疑义，说马可·波罗是骗子，他根本没到过中国。那么，他到底来没来过中国？接下来，我将从实地考察的角度来回答这个问题。

三

葱岭以西的瓦罕：
玄奘的达摩悉铁帝，高仙芝的护密

我第一次去瓦罕考察，是在2013年7月下旬，从东向西穿越大帕米尔，直下近2000米到达瓦罕谷地。第二次去时是8月，瓦罕的农民正在收麦子。沿途能种植粮食对商旅来说太重要了，商队一定要有补给。麦子能做成馕，而馕从中国甘肃一直到印度、伊朗都是普遍食用的主食，热量大，易保存，好携带，是丝路商旅的主要食品。吃馕的一个重要条件就是一定得有水，它太干了，所以商队要波河而行，否则不是饿死就是渴死。

玄奘从印度回国后，先到达了"活国"，即阿富汗北部的昆都士一带，然后到了一个叫"达摩悉铁帝国"的地方，从此东越葱岭。达摩悉铁帝国就是现在的瓦罕，唐朝的中国人叫它"护密"。达摩悉铁帝是梵语，即印度人的称呼，玄奘是留学印度的，就像现在留学英美的人回来都喜欢讲英语单词一样，玄奘也有这个习惯，在《大唐西域记》里只要能用梵语单词表达的，他都用

三　葱岭以西的瓦罕：玄奘的达摩悉铁帝，高仙芝的护密

梵语表达，所以瓦罕谷地有3个称呼：当地的瓦罕人自称瓦罕，唐朝中国人称之为护密，兴都库什山以南的印度人称之为达摩悉铁帝。所有的称呼指的都是同一个地方——从东向西流的喷赤河谷。

达摩悉铁帝在两山间，最狭窄的地方不超过1里。缚刍河由东向西纵穿，唐代人也叫它乌浒河，这两个词古时是一个音，指的是现在阿姆河上游的喷赤河。为什么阿姆河又叫乌浒河呢？希腊人建立的大夏国（希腊-巴克特里亚王国）就在阿姆河流域，他们称阿姆河为"Oxus"，汉人音译为乌浒河。

《新唐书·西域传》中也讲到，"护蜜者，或曰达摩悉铁帝……王居塞迦审城，北临乌浒河"[1]，这个国家有两个都城，一个是昏驮多，一个是塞伽审。这两个地方现在都还在，一个是汉杜德，一个是伊什卡希姆，连名字发音也没变。

高仙芝一路翻越剑末谷、青山岭、青岭、不忍岭，来到位于今塔什库尔干县城的葱岭守捉（原朅盘陀国），又走了20余日到了播密川，又走了20余日到了特勒满川，即"五识匿国"，就是现在的喷赤河边，阿富汗、塔吉克斯坦交界的什克南地区，取得补给和当地援兵，然后回军调头向东南方，攻打吐蕃占领的一个叫作"连云堡"（位于今阿富汗与巴基斯坦边界勃罗吉尔山以北）的瓦罕堡垒。玄奘对葱岭守捉、播密川、瓦罕都有详细的描写，因此我先讲玄奘和马可·波罗的路线，之后再讲高仙芝的行军路线。

1　《新唐书·卷二百二十一下·列传第一百四十六下·西域下》，第6255页。

绿荫下的塞伽审，现代的伊什卡希姆

先看马可·波罗笔下的瓦罕。他说，我走了12天的路，到达一个不大的地方，叫作瓦罕。

马可·波罗和玄奘都是从西边过来，他们走的是同一条路。瓦罕的入口在缚刍河的大拐弯处，缚刍河从东边流过来，在谷地西端突然90度大转弯折向北，拐弯处就是塞伽审，是一大片绿洲。这里是从阿富汗东进瓦罕的唯一通道，非常适合通行，整个谷地海拔在2600米至2800米，仅比昆明稍微高一点，可以种麦子。

瓦罕两边都是雪山，北边叫沙赫达拉山脉（Shakardara Range），南边的山更加高大，就是著名的兴都库什山脉，中国的史料中一般叫它"大雪山"。"兴都库什"的意思是杀死印度人，因为印度

三　葱岭以西的瓦罕：玄奘的达摩悉铁帝，高仙芝的护密

收割麦子的瓦罕女性

人去中亚都要翻越这座山，经常在上面被冻死，所以如此命名。

玄奘是这样描写瓦罕的："盘纡曲折，堆阜高下，沙石流漫，寒风凄烈。"[1]《大唐西域记》最好的中文版本是季羡林先生和张广达先生校注的本子，里面引用了很多详细的资料，但是该版本对这句话没有任何解释。为什么？因为没有去过实地的人是很难理解的，为什么沿着河走还会要上上下下、绕来绕去。

玄奘还说，"唯植麦豆，少树林，乏花果"[2]。这个信息很重要，说明这里有麦子和豆，可以补给。要知道一般在高原顶上什么补给都没有，而麦子可以制作成丝路商旅最常吃的干粮——馕。

1　《大唐西域记校注》，第 974 页。
2　同上。

瓦罕残留的佛塔遗址

　　玄奘还提到，瓦罕有伽蓝 10 余所，伽蓝就是佛寺。玄奘经过时当地人的信仰有两个，一是波斯人信仰的琐罗亚斯德教，就是俗称的拜火教；二是佛教，广泛分布于中亚地区。我们在瓦罕谷地的核心地段就看到了一处四五世纪的佛寺遗址。但是几百年后的马可·波罗走过时，说这边的人已经信仰了伊斯兰教。玄奘写

三 葱岭以西的瓦罕：玄奘的达摩悉铁帝，高仙芝的护密

"盘纡曲折，堆阜高下"的瓦罕，与玄奘所见别无二致

《大唐西域记》时，伊斯兰教正好开始扩张，100多年之后，新罗僧人慧超也经过了这里，他说当地已经被大食，也就是阿拉伯人占领了。

当地人不记录历史，而中国人特别喜欢记录历史。《大唐西域记》描写的正好是中亚、南亚地区没有被伊斯兰化之前的真实景

瓦罕谷地，葱岭以西的丝路主干道

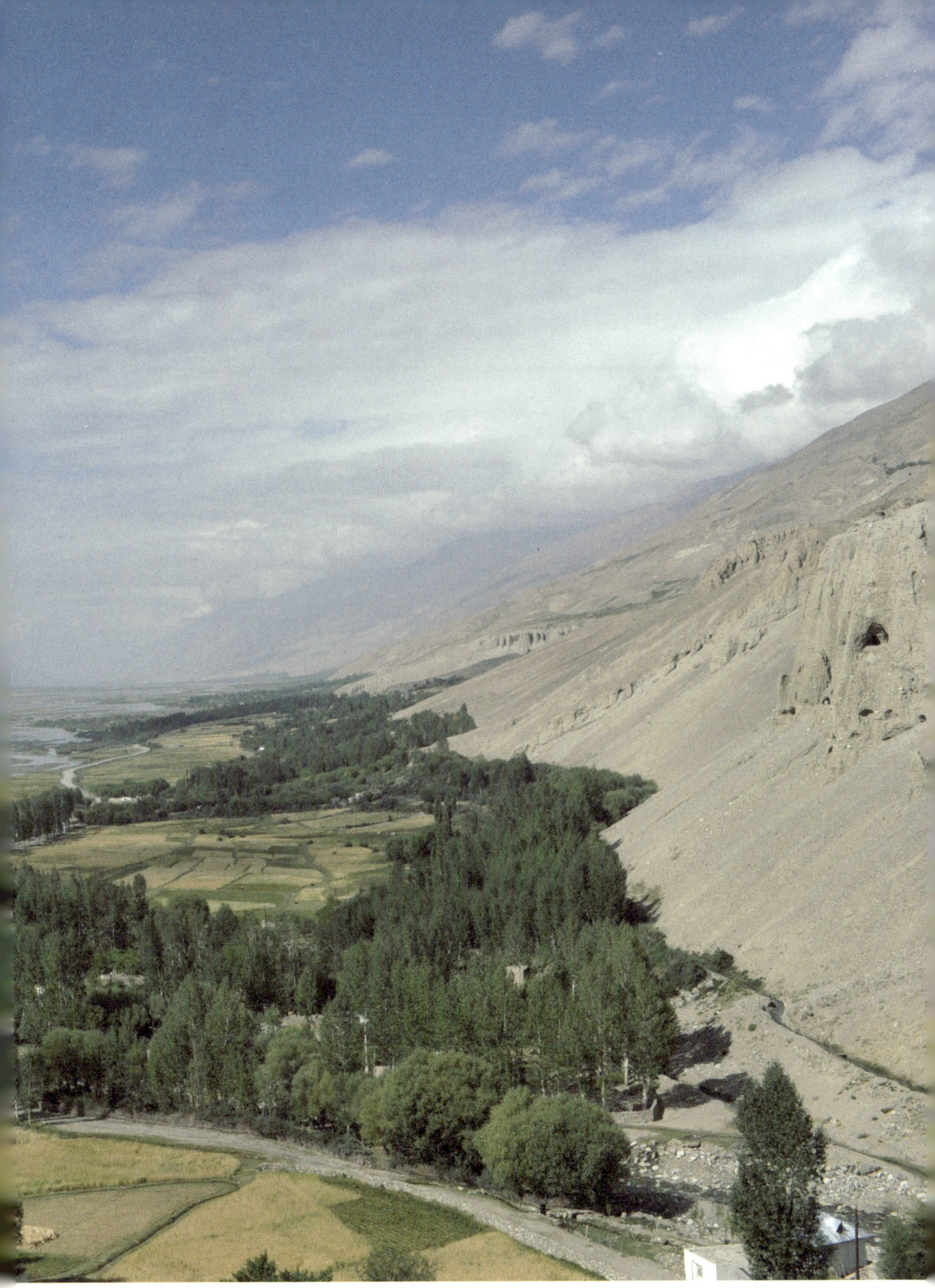

象,所以非常珍贵。

那么玄奘为什么说"堆阜高下"？因为瓦罕两边都是雪山,夏天的时候雪水开始融化,一直冲到河边,形成巨大的冲积扇,人不能贴着河边走,而是要绕着冲积扇走,因为冲积扇上有很多砂石会形成砂石流,人为了绕过这些砂石流,就会上上下下,所以玄奘写"堆阜高下"。1000多年后,这里的地形地貌没有任何变化,如果玄奘看到我在现场拍的照片,一定会毫不犹豫地讲这就是瓦罕。这就是校注者无法校注的原因,这和在浦江绿道漫步的经验完全是两码事,未到现场很难理解。

当年无论从西边来还是从东边来,到达瓦罕谷地的时候,旅人都会感到非常幸福,因为这里有很充足的食物供应,而且海拔比较低,坡度很缓,有充足的水源,还有大量的居民点,可以进行货物交易。整个瓦罕谷地是丝绸之路最重要的路段之一,从伊什卡希姆到兰格尔大概有111公里,是整个瓦罕国的核心地段。富饶的谷地、高耸的雪山与中间的喷赤河交相辉映,景色壮观瑰丽。玄奘当年来到这里所看到的风景,和我今天看到的完全一样。当然玄奘描写的达摩悉铁帝非常荒凉,但他一直这样,把经过的地方都写得很荒凉,实际上现在看起来非常富饶。

玄奘是一个什么样的人？一个温文尔雅、很客气的人吗？根本不是这样。他写瓦罕人很不留情面:"俗无礼义,人性狂暴,形

三 葱岭以西的瓦罕：玄奘的达摩悉铁帝，高仙芝的护密

貌鄙陋，衣服毡褐。眼多碧绿，异于诸国。"[1]在《大唐西域记》里，他基本上对沿途国家的人各种鄙视，主要有两点：一是说人家蠢，还不讲礼貌；二是说人家长得丑，这完全就是人身攻击了。玄奘嫌瓦罕人长得丑，其实人家长得很漂亮，特别是小孩子，很可爱，大人其实长得也挺漂亮。这主要是因为审美观不一样，他的审美观就是中国的审美观，见到眼睛碧绿的白人就一路漫骂。

玄奘从伊什卡希姆向东走，沿途还会经过一座巨大的城堡。这座城堡现在位于塔吉克斯坦境内，全部由石头砌成，规模宏大。2300多年前，亚历山大大帝率领希腊人远征到帕米尔高原，在这条葱岭西边最重要的通道上建了亚姆春（Yamchun）城堡，站在城堡上可以俯瞰、监控很远距离外的瓦罕谷地。丝路商队想要翻越葱岭，到葱岭以西，都要从它下面走过。张骞回国、法显翻越葱岭时，也都从它下面走过。昏驮多就在城堡对岸的阿富汗境内的绿洲上，与城堡相隔喷赤河而望。这座宏伟的城堡见证了远征的希腊人、东归的张骞、慧超、西去的宋云，高仙芝所率的安西军，还有从威尼斯来的马可·波罗……它是见证葱岭丝路的重要遗迹，只有中国境内的石头城可与之相比。

1　《大唐西域记校注》，第974页。

亚姆春城堡和喷赤河对岸的昏驮多

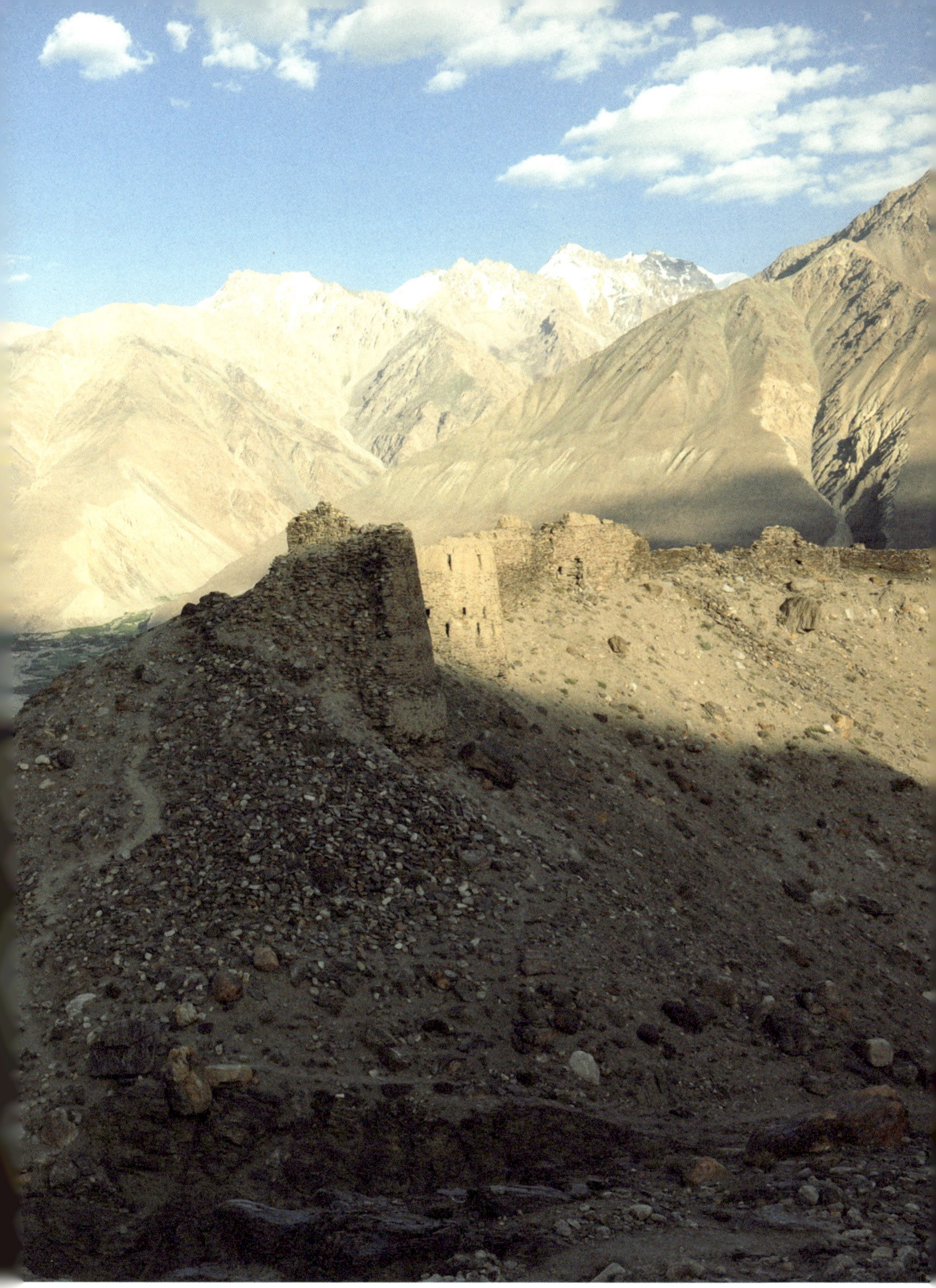

四

壮丽的波谜罗川：葱岭丝路的主干道

国境东北，逾山越谷，经危履险，行七百余里，至波谜罗川。东西千余里，南北百余里，狭隘之处不逾十里，据两雪山间，故寒风凄劲，春夏飞雪，昼夜飘风。地咸卤，多砾石，播植不滋，草木稀少，遂致空荒，绝无人止。[1]

——《大唐西域记》卷十二

玄奘沿着瓦罕谷地向东走，来到了一个叫"兰格尔"的地方。兰格尔的意思是驿站、客栈。这时候道路分成两条，一条路是往正东方走瓦罕河谷，一条路是向东北边迂回。《大唐西域记》中"东北行"写得很清楚，玄奘选择了向东北走的这条路，到波谜罗川。玄奘是有史记载的第一个记录"帕米尔"发音的人，只不过

---

1 《大唐西域记校注》，第981页。

四　壮丽的波谜罗川：葱岭丝路的主干道

兰格尔：帕米尔河（左）与瓦罕河（右）在此交汇成喷赤河

他写为"波谜罗"，直至现在当地人仍保留了当年的发音。他到了这里，肯定会问当地人，为什么叫波谜罗？我曾多次询问境内外的帕米尔居民，他们告诉我，"帕米尔"在波斯语中意为"太阳的脚"。1896年，寇松经实地考察后也留下了同样的记录。通常认为的"世界屋脊"则是由此产生的引申义。从地理学的角度看，"帕米尔"还有另一层意思，指的是高山之间宽阔的U形河谷草场，海拔一般在3000米至4000多米。帕米尔高原便是由众多海拔在5000米至7000多米的山脉以及分布其间的U形河谷组成的。

"东西千余里，南北百余里，狭隘之处不逾十里，据两雪山间"的波谜罗川就是8个"帕"之一的"大帕米尔"。玄奘大概

玄奘看到的波谜罗川：地碱卤，多砾石，播植不滋，草木稀少，遂致空荒，绝无人止

是在五六月翻越帕米尔的，因为海拔太高，此前一直在下大雪，所以他在瓦罕待了一段时间，等着上面雪化了再开始走。"地咸卤，多砾石"，咸卤就是盐碱地；"播植不滋，草木稀少，遂致空荒，绝无人止"，因为海拔特别高，上面就没有人居住。

马可·波罗怎么写的呢？他说，他离开这个小国瓦罕，在两山间向东北骑行了3天，到达了一个号称是世界上最高的地方，它叫"帕米尔"。他和玄奘走的路线是完全一样的。

如果马可·波罗没来过的话，是写不出来的，当时他既没有

四 壮丽的波谜罗川：葱岭丝路的主干道

2014年8月，由瓦罕翻越帕米尔的GPS轨迹

Google Earth，也没有现代地图，更不可能拍脑袋乱想，何况这些也是想象不出来的。

瓦罕东北行的路通向波谜罗川，它就是当年丝绸之路的主干道，也是玄奘、慧超、马可·波罗走的路。玄奘过后100年，高仙芝率领1万人、几万匹马的远征军由东向西穿过，可见大帕米尔可容纳规模庞大的军队和商队。正东的这条路也能走，但它有一个很大的问题——谷地太狭窄。那里是瓦罕河上游的V形河谷，非常危险，所以他们没选。对于古代的商队而言，最重要的是安

从瓦罕东北行翻越大帕米尔的道路

全，并不在乎多几天的时间。

瓦罕东边两河交汇的兰格尔海拔是2900多米，而帕米尔高原顶上的波谜罗川海拔在4200米到4300米之间，提升了1300多米。

我们开始往上翻越，走的是苏联边防军的巡逻公路，河的对岸就是阿富汗，对面阿富汗的牧民非常吃惊地站在那里，看着我们的车。

帕米尔高原上非常寒冷。夏时从这里走过的玄奘说此处"寒风凄劲，春夏飞雪，昼夜飘风"。马可·波罗怎么写呢？他写道，

四 壮丽的波谜罗川：葱岭丝路的主干道

特别寒冷，他们煮东西吃时，火都烧不旺，因为太冷了，东西也烧不熟。

因为太冷了，所以东西烧不熟，这句话对吗？显然原因找错了。有点初中物理常识的都知道，这是因为海拔高、气压低，水的沸点达不到100摄氏度，所以东西煮不熟。13世纪的人没有气压和沸点的概念，马可·波罗又生活在威尼斯，那里海拔是0米，他没有这方面的经验，以为是太冷了煮不熟，这样的话是编不出来的。这句错误的话恰恰证明了马可·波罗不是骗子，而是确实来过这里，这就是"错误的真实"。如果他一个13世纪的人说"因为海拔太高了，气压不足"，那才是一个十足的骗子，一看就是现代人编的。

2013年7月29日，我们在大帕米尔东端露营的时候，我冻得一夜都没睡着，就像睡在冰面上一样。那里白天的温度超过35摄氏度，阳光辐射非常厉害，到了晚上气温降到0摄氏度以下，早上起来挂在帐篷外的毛巾都被冻成了冰棍。2014年我第二次去的时候碰到了大雪，玄奘说的"春夏飞雪"一点都不夸张。

玄奘对波谜罗川的描写是《大唐西域记》中最精彩的一段。他说：

> 波谜罗川中有大龙池……水乃澄清皎镜，莫测其深，色带青黑，味甚甘美。[1]

---

[1] 《大唐西域记校注》，第981页。

寒冷的帕米尔：8月波谜罗川的雪

　　湖水颜色是各种各样的，因为水的深浅折射和所含矿物质不同，颜色不会是一样的。"味甚甘美"这个信息点特别重要。如果是咸水湖，水再多和商队都没关系。帕米尔上是有咸水湖的，如肖库里，"库里"是湖的意思，"肖"在当地语言中就是盐的意思，还有一个大喀喇库里，也是咸水湖，水是没法喝的。所以波谜罗

四 壮丽的波谜罗川：葱岭丝路的主干道

川成为丝绸之路的主干道，有一个重要的原因就是它的河谷非常开阔，有充足的淡水水源，即使1万大军在这地方驻扎，饮水和空间也没问题。

玄奘写的大龙池"池西派一大流""池东派一大流"，即湖东、湖西都有河水流出。马可·波罗写的是：有一个大湖，在两山间，有一条美丽的河从那里流出来。这个一看卫星图片就明白了，波谜罗川是很开阔的谷地，中央有一连串的河湖，湖的西端有一条细细的河水流出，这就是帕米尔河的发源地，其中最大的一个湖就是萨雷库里湖（Sir-i-kol），又称佐库里湖（Zorkul）。

这个地方我去过两次。它是无人区，"遂致空荒，绝无人止"，放眼望去就只有我们的两辆车。大龙池在两山间，"色带青黑"，地多砾石、盐卤，现场看起来就是如此，和玄奘描写的一模一样。

马可·波罗还描写了一种动物。他在帕米尔发现一种大型野生盘羊，有巨大的弯曲的角。因为他是人类历史上第一个记录它的，所以欧洲人把这种羊叫作"马可·波罗羊"（*Ovis ammon polii*）。1836年，一个名叫约翰·伍德（John Wood）的英国军官也在这里发现了这种盘羊。我们经常能在帕米尔草地上看到马可·波罗羊的头骨。马可·波罗说，当地人把这种盘羊的头骨放在雪地上当作路标，就像户外爱好者们很喜欢用石头堆路标一样。约翰·伍德也说当地人有这个习俗。这两个人不可能认识，但记录的内容完全一样。那么，马可·波罗有没有来过这里？这些可不是能凭空想象出来的。

玄奘笔下的大龙池：水乃澄清皎镜，莫测其深，色带青黑，味甚甘美

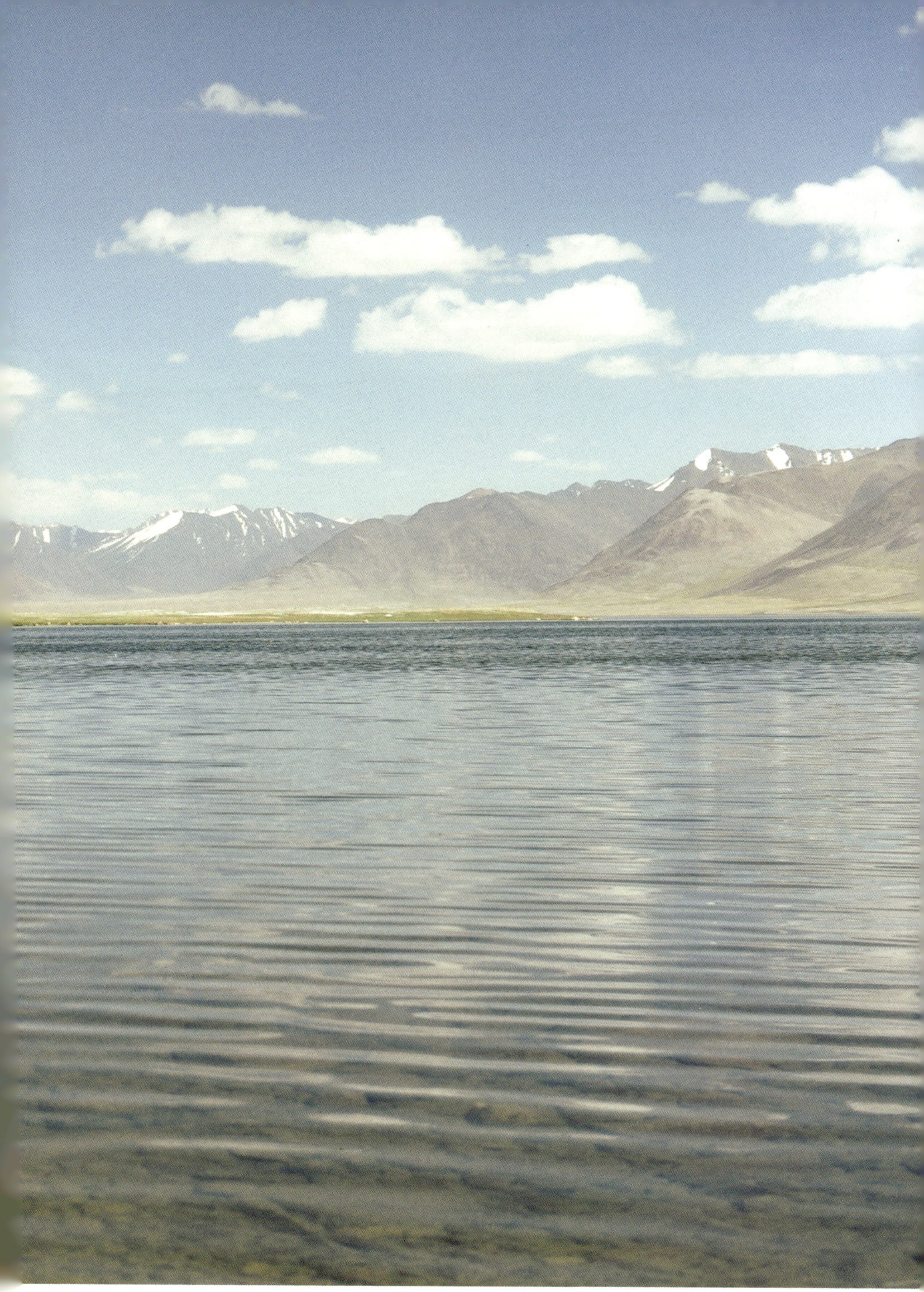

波谜罗川中随处可见的"马可·波罗羊"头骨,与马可·波罗当年所见一致

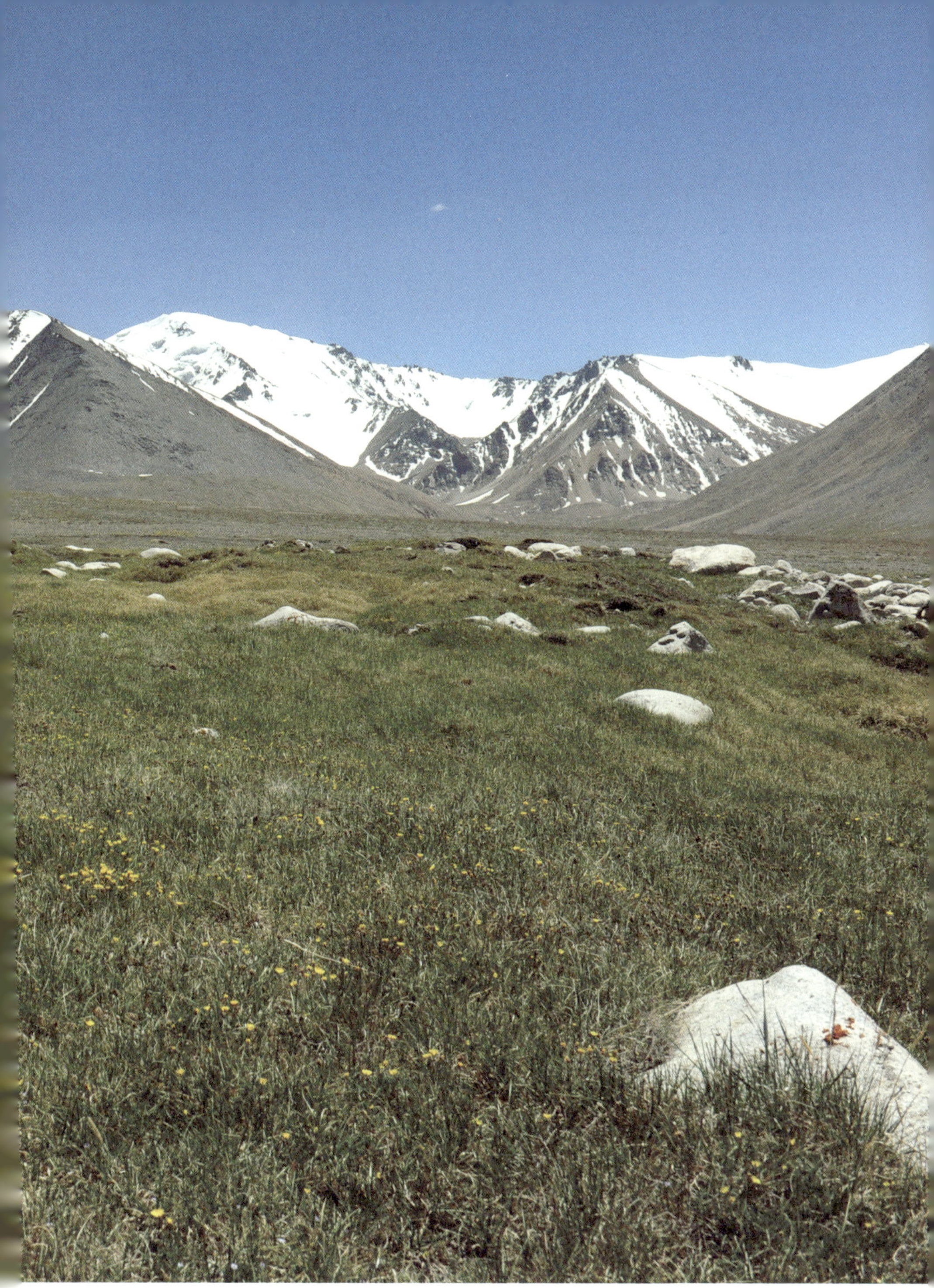

五

阳光照耀塔什库尔干：公主堡和石头城

> 自此川中东南，登山履险，路无人里，唯多冰雪。行五百余里，至朅盘陀国。[1]
>
> ——《大唐西域记》卷十二

朅盘陀国就是《新唐书·地理志》中提到的"羯盘陀国"，开元年间唐朝设置了"安西极边之戍"葱岭守捉，正式归属于唐朝的版图，也就是现在中国版图内的塔克敦巴什帕米尔，属塔什库尔干塔吉克自治县。从大帕米尔东南行至塔克敦巴什帕米尔的路线清晰而明确。这条路线经过排依克山口，被当地人一直使用到1938年苏联封锁边界前。排依克河发源于山口，向东南流汇入卡拉其古河，两河交汇处的南边至今还较完整地保留着一座清代

---

[1] 《大唐西域记校注》，第983页。

五　阳光照耀塔什库尔干：公主堡和石头城

的"卡伦"，即边防哨所。该哨所一直使用到 20 世纪 80 年代，100 多年前，就在这里检查了斯坦因的护照。

从这座卡伦再向东行大约 20 公里，有一座古代城堡遗址。玄奘经过此地，写了一个著名的八卦故事，讲述揭盘陁国的诞生。他说波斯国王娶了一个汉妇，也就是说汉人女性去波斯当王后——从这个故事里也能看出古代从汉地到波斯要经过葱岭。这位未来的王后在前往波斯的途中遭遇了战乱，为了王后的安全，随从护卫就把她置于一个悬崖绝壁顶上，造了几间屋子让她住下，底下有人守卫。过了 3 个月准备走人的时候，发现王后怀孕了。随从们当然不可能让国王娶一个怀孕的女性，可是要给出个说法，让使团的一行人都得相信才行。于是一个随从就编撰了一个故事，说他每天都看到天上有一个天神驾着马车下来，在悬崖顶上和王后私会。这个说法能忽悠得了使团，但肯定忽悠不了国王，无论王后生了谁的孩子，国王都绝对不会要的。所以这帮人害怕了，不敢回国复命，就在此停了下来，建立了一个国家叫揭盘陁国，王后生下的男孩就是揭盘陁国的开国国王。因为他的妈妈是汉人女性，父亲是印度神话中的"日天神"，所以揭盘陁国王族号称"汉日天种"。当然，大家都很清楚，国王的父亲实际上就是使团中的某一个人。

前面讲过玄奘是什么样的人，现实中的他和唐僧的形象完全两样——不是温文尔雅，而是一路上谩骂，对八卦特别好奇，写了很多八卦故事。他"自此川中东南"，就经过了当年这个王后住的城

从公主堡上向南远眺

堡。当地人叫"凯孜尔库尔干","凯孜尔"是女子的意思,"库尔干"是城堡,字面意思就是女子堡,现在美其名曰"公主堡"。

1906年,斯坦因居然发现了这里,他登了上去,还说当地人就叫它凯孜尔库尔干,确实是女人住过的地方,证明《大唐西域记》里的传说不是空穴来风。公主堡所在的位置三边全是90度的悬崖,只有一边有一个60度至70度的陡坡。我们第一次去的时候,当地的向导、塔什库尔干县文管所所长地力说只能从陡坡上去,来回要4个小时,我们不相信。然而上下一趟确实要3.5小时,

五 阳光照耀塔什库尔干：公主堡和石头城

上去问题不大，下来的时候却特别痛苦，因为很陡，脚一踩碎石就哗啦哗啦往下落。

爬到崖顶，就能看到上面有城墙的遗迹，墙体依然坚固，巍然直立。城堡建立在一个倾斜的平面上，我试图找其他下山的路，不想走回头路，但发现三面全是直上直下的悬崖。公主堡高出河面200多米，古代应该也是个军事堡垒，因为它的地理位置特别重要。

卡拉其古河谷是丝绸之路葱岭段最重要的通路。从公主堡到最西的河源——位于中国与阿富汗边境的瓦罕基尔山口约90公里，南、北两侧有多条支流与重要的河谷、山口：向南通往克什米尔的明铁盖、基里克；向北通往大帕米尔的排依克、小帕米尔的托克满素等。在最西的瓦罕基尔山口可以一路直达喷赤河谷，它们就是中国史籍中的"悬度山""大头痛山""小头痛山""赤土""身热之阪"，这些山口的海拔都在4700米以上。卡拉其古河谷的北边是塔吉克斯坦，西面是阿富汗，南面是巴基斯坦，河谷东出口就是公主堡。我在公主堡顶上拍的照片能看得很清楚，有两条河刚好在这里交汇，南边的叫红其拉甫河，是从巴基斯坦边境流过来的；西边的是卡拉其古河，从阿富汗边境流过来的，两河在此交汇成塔什库尔干河，一路向北流，这就是玄奘笔下的"徙多河"。

近年来，很多国内媒体甚至当地政府都误将西起中国与阿富汗边境的瓦罕基尔山口、东至公主堡的卡拉其古河谷称为"瓦罕走廊",这是错误的,它是塔克敦巴什帕米尔的一部分。"瓦罕走廊"是近几十年才出现的国外媒体用语,专指喷赤河左岸的阿富汗巴达赫尚省的瓦罕行政区,它完全是英俄"大博弈"的政治划界结果,人为割裂了喷赤河两岸的瓦罕人同文同种的联系,因此它与位于喷赤河两岸的"瓦罕谷地"(分属塔吉克斯坦、阿富汗)、"瓦罕帕米尔"(喷赤河上游瓦罕河河谷)以及"瓦罕国"的空间范围都不相同。这里属于塔克敦巴什帕米尔,它也是整个帕米尔高原上海拔最低、自然环境最优越的地区,可以种植农作物,并且有定居点,塔克敦巴什帕米尔主体由南向北降低,石头城附近是最低点,海拔不到3100米。

玄奘到了公主堡以后,继续向北,到达现在的塔什库尔干县城,"塔什"即石头,"库尔干"即城堡,因此也叫"石头城",此时朅盘陀国的首都已经从海拔较高的公主堡北迁至此。玄奘形容石头城"基大石岭,背徙多河"[1],意思是建在一个大石岭上面,后面就是徙多河。站在石头城上极目远眺,一个巨大的U形河谷呈现眼前,两边是高耸的雪山,南来北往的商旅尽在眼底,石头城占据了这个河谷中的唯一制高点,可谓葱岭要塞,难怪朅盘陀国都城要北迁于此,蒲犁国、唐朝的葱岭守捉以及清末的蒲犁厅要设置于此,因为这里是自然条件最优越的地方,又是军事形胜之地。

---

1 《大唐西域记校注》,第983页。

五　阳光照耀塔什库尔干：公主堡和石头城

玄奘所见的石头城：基大石岭，背徙多河

唐贞观十八年（644年），玄奘经过此地时，这里还是一个独立的揭盘陁国，揭盘陁国的都城与主体部分位于八大帕米尔之一的塔克敦巴什帕米尔；开元十五年（727年），慧超经过此地时，这里已经归属大唐（"此即属汉"），设立了葱岭守捉（葱岭镇）。

今天的情景依然与当年玄奘所见无殊。叶尔羌河的重要支流塔什库尔干河漫流于城下，形成了古称葱岭的帕米尔高原上一大块罕见的 U 形河谷，这里水草丰美、宜农宜牧、海拔仅 3100 米——而这正是"帕米尔"的本义，帕米尔高原即由一个个"帕米尔"和将它们间隔交错的山脉组成。其他的"帕米尔"因海拔较高，大多超过 4000 米而"播植不滋，草木稀少""遂致空荒，绝无人止"。

因无可替代的优越地理环境与位置，揭盘陀成为葱岭中拥有"僧徒五百余人"的强国。葱岭是丝绸之路南北两道的交会地，揭盘陀则是葱岭的交通枢纽。丝绸之路西出玉门关、阳关，北道抵疏勒（今喀什），于剑末谷中西南行，翻越青山岭、青岭、不忍岭 3 座山口，600 里至石头城；南道抵莎车，又分为莎车—蒲犁驿道与玄奘葱岭东冈路。由于海拔高、地形险峻，每一路商队到达揭盘陀都需要 20 余日；离开石头城继续向西或西南行 30 余日，才能到达葱岭以西、依靠农业定居的达摩悉铁帝，因此揭盘陀就成为葱岭中唯一可供人畜疲惫、给养耗尽的大规模商队休整的地方。

可以想见，在丝绸之路全盛时期，无数西来的商队翻越这些山口，沿着水草丰美、河谷开阔的卡拉其古河谷一路东行至揭盘陀的故都公主堡，然后折向北顺着徙多河抵达石头城休整、补给，并与东来的商队在雪山环抱的葱翠河谷中会合、交易。

五 阳光照耀塔什库尔干:公主堡和石头城

秋天的塔克敦巴什帕米尔与漫流于石头城东的塔什库尔干河

六

玄奘的"人生巅峰":何处大石崖?

玄奘在揭盘陀国停留了20多天,参观了一些佛教寺院与胜迹。之后,他"城东南行三百余里,至大石崖"[1]。在20世纪80年代公路修成之前,当地人也是这样走的,千百年来也都是如此。有2个山口约束了这条路线,因为也只有2个山口可以翻越。

一个是海拔约4200米的乌古里亚特山口。我在2013年4月对这个山口进行了第一次考察,地势非常平坦,翻越之后,就到达瓦恰,这是帕米尔高原中如世外桃源般的地方,海拔仅3300多米,沃野平畴,夏天一片绿色的青稞田,也是提供商旅食宿的佳地。从瓦恰继续向南,可以到达第二个山口,海拔约4939米的坎达尔山口,也就是玄奘笔下的"大石崖"。2014年8月,经历了4个小时的攀登,我终于目睹了壮丽的坎达尔山口,它是一个完美

---

1 《大唐西域记校注》,第988页。

六 玄奘的"人生巅峰":何处大石崖?

无缺的经典山口,它的不可替代性与唯一性一眼可辨,它是如此狭窄,山脊薄如刀锋,周边都是高耸的冰岭,玄奘只能翻越它东下葱岭,别无选择。葱岭,即帕米尔高原,是丝绸之路的制高点,那么帕米尔高原上丝路经过的最高处在哪里?就是海拔超过4900米的坎达尔山口,这是玄奘一生中达到的海拔最高处,是他的"人生巅峰"。

我拍下了坎达尔山口的照片,这应该是有史以来它的第一张照片,也是山口没有被公路破坏前的最后一张照片。在没有公路的时代,当地的塔吉克人一直通行于坎达尔山口,即使现在有了公路,因为公路要绕很远,当地人仍然经常使用这个山口。这几年由于矿山废弃,公路已经毁坏。山口附近是夏季牧场,有很多牦牛,夏天有时还会覆盖着厚厚的雪。2017年7月,我们第三次翻越的时候遇到了暴雪,但回程时在石头城北看到了两道双道彩虹,或前或后,或左或右,景象奇绝。

2013年4月第一次去帕米尔高原考察的时候,17日一大早,我在从坎达尔山口向东北走的河谷里,突然发现车窗左侧有一棵巨大的树,正好在两河交汇处,至少要10人合抱才能把它围起来。我们忙下车去看,这棵树傲然挺立于两河交汇处,远处雪山为背景,离它远远的是几排怯生生的瘦弱白杨,而它的边上别无他树,似乎惧怕它的威严与巨大。这是一棵阿富汗杨树(*Populus afghanica*),估计已经有3000年的树龄。我查到2008年新疆农业大学一位教授的一篇论文,说在帕米尔高原的北部发现一株新疆

翻越乌古里亚特山口，前面的雪山即"大石崖"所在

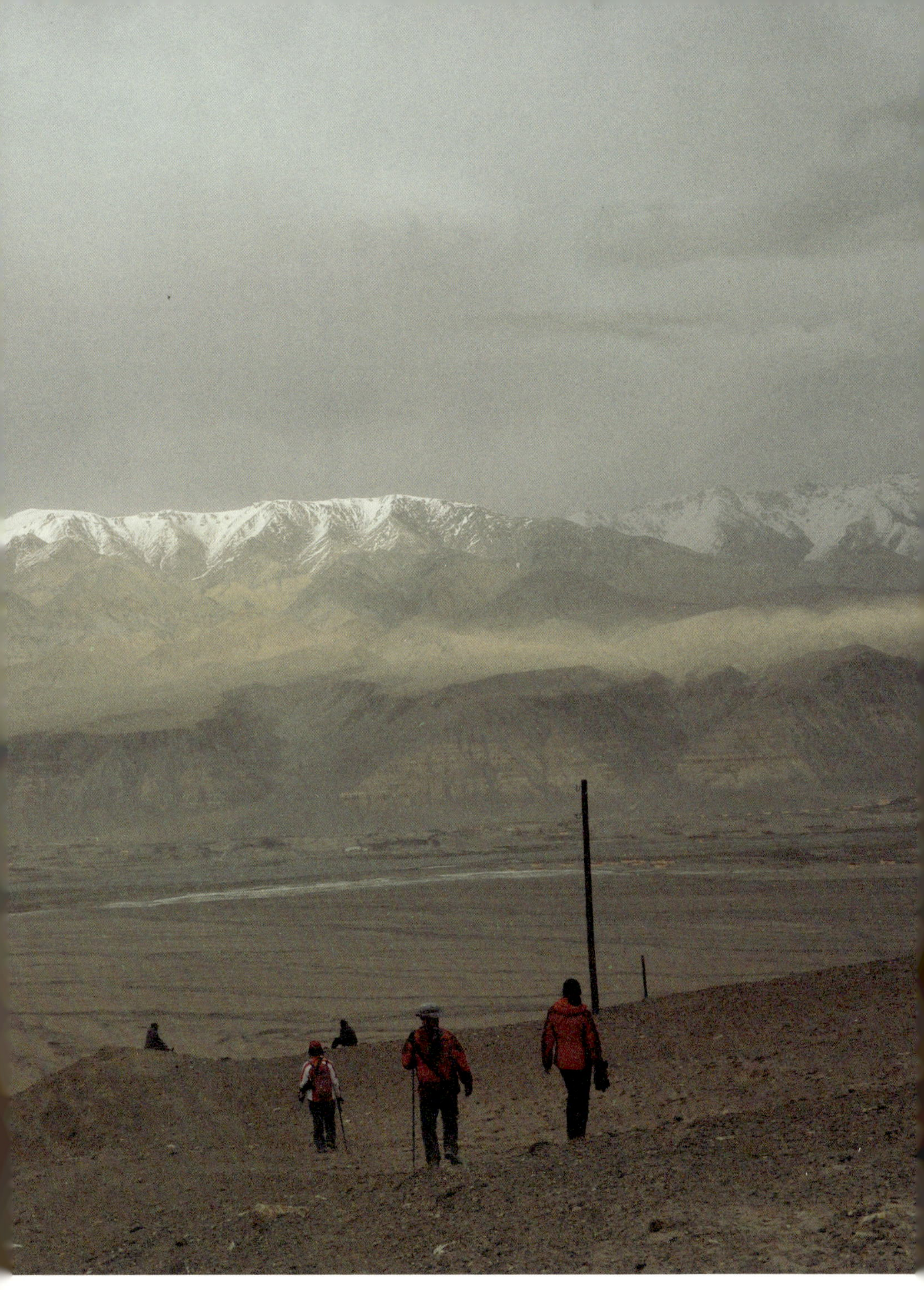

初见玄奘经过的"大石崖"坎达尔山口,它是丝路最高点

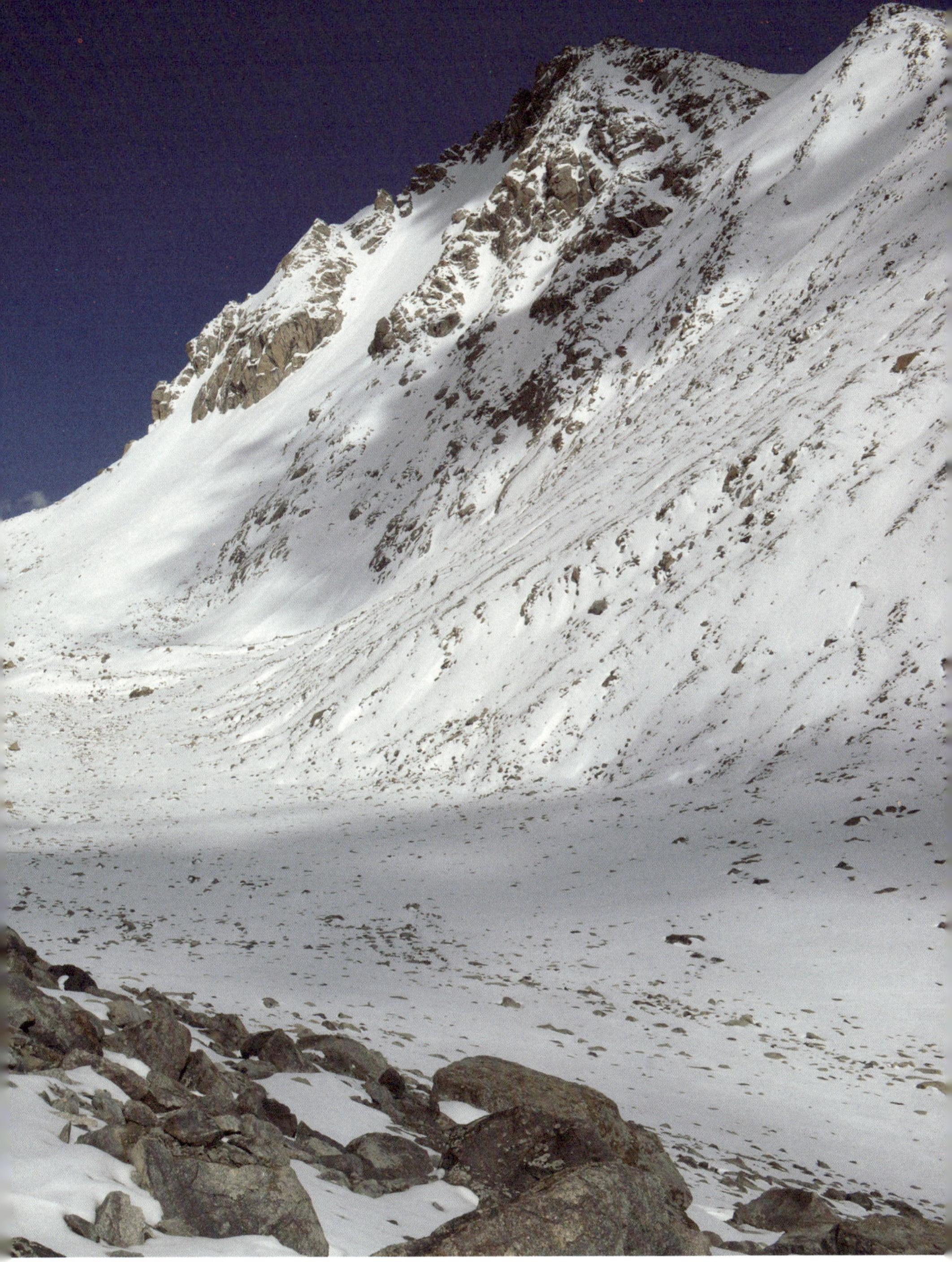

初见大杨树，2013 年 4 月 17 日

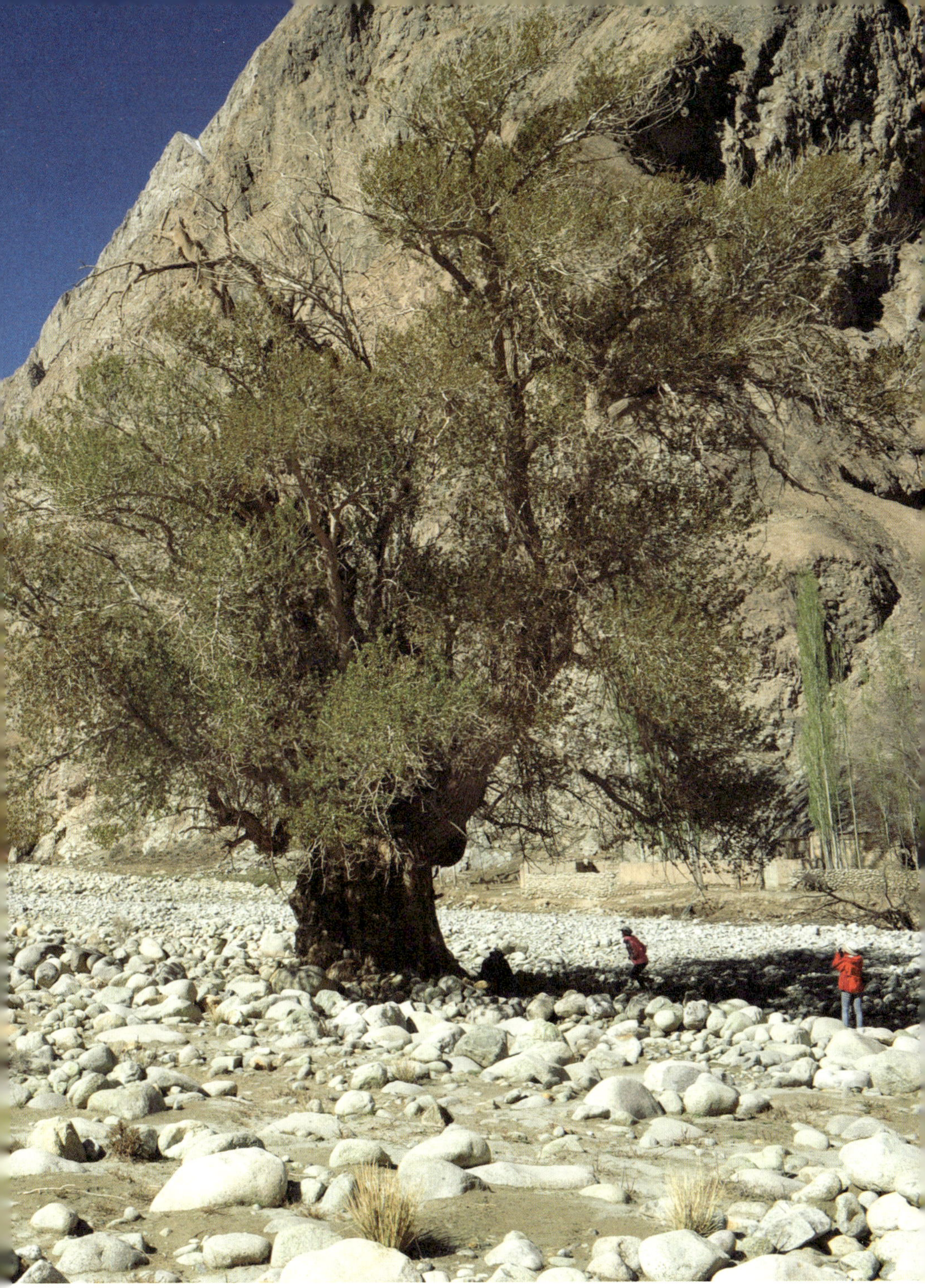

最大的阿富汗杨树，胸围 8 米，树龄 1800 多年，而这棵的胸围已经有 12.5 米。这意味着玄奘从这里经过时，这棵树已有 1600 年，也就是说，它是现存的曾目睹玄奘取经的唯一的生命，说不定玄奘还在树下乘过凉、吃过饭，甚至和我们一样在树下惊叹它的高大与壮丽。

玄奘到达他的人生"最高点"后，"大崖东北，逾岭履险，行二百余里，至奔穰舍罗"[1]。玄奘这样描述奔穰舍罗："葱岭东冈，四山之中，地方百余顷，正中垫下。冬夏积雪，风寒飘劲。"[2] "地方百余顷"，在崇山峻岭之中，如此大面积的平地非常罕见。2014 年 4 月考察前，在喀什与当地干部座谈时，提到此地，我与喀什地委宣传部副部长陈丽不约而同地道出"大同"这个地名。

彼时，玄奘翻越坎达尔山口，沿特都拿河东北行，此河后与孜拉甫夏河（突厥语，意为铺满黄金的河）交汇，称为"大同河"，一路至大同。大同乡所在的阿依克日克意为"月光难以照到的地方"。夜宿大同，四山环抱，山影魆魆，确有同感。而至大同当日，只觉绿洲绵延，河谷平坦宽阔。

离开奔穰舍罗，玄奘"从此东下葱岭东冈，登危岭，越洞谷，溪径险阻，风雪相继，行八百余里，出葱岭，至乌铩国"[3]。古代的"乌铩国"即位于今日的莎车绿洲。

---

1 《大唐西域记校注》，第 989 页。
2 同上。
3 《大唐西域记校注》，第 990 页。

六　玄奘的"人生巅峰"：何处大石崖？

《喀什文史资料》中有一篇非常有价值的《大同日记》，这是1984年，时任喀什地委书记的郭刚考察修建大同出山公路的过程中撰写的日记。《大同日记》记述了他从莎车县达木斯乡前往大同的道路情况。文中记载，从达木斯乡经45公里山路抵达库尔干山口下，弃车上马，翻越山口，山道崎岖，狭窄陡峭，一些地方坡度有60度，山口海拔不高，约3100米，1个多小时后即翻越。越山口后约2公里到达苏盖提列克，继续西行，在库如克兰干村渡过叶尔羌河到达大同。这正是玄奘从大同出帕米尔的道路，只是方向相反；这也是几千年来石头城、大同等地的当地居民通往莎车的最常用、最便捷的道路。这篇《大同日记》可以说是古往今来对玄奘葱岭东冈路最详细明确的记录，当然作者本人以及千百年行走此路的当地民众并没有意识到这就是玄奘之路。

这也再一次说明，丝绸之路不是探险之路，而是安全之路、常识之路。

玄奘翻越最后一座山口库尔干后，沿着艾亚河一路东下，终于走出葱岭，到达塔里木盆地，渡过叶尔羌河，到达莎车，结束了他取经生涯中最华彩、最壮丽的一章。

帕米尔高原的丝绸之路地理路线一直存在，并且一直在被使用，只是已不复当年的意义。希望我的考察能够让这些路线重获历史的意义，这些山、水，以及这棵树，是当年玄奘带着经书一路东归的见证。

赤佛堂西是汉家：高仙芝远征

本书前面复原了高仙芝远征小勃律在境内帕米尔以及境外播密川、瓦罕谷地的路线，这一部分我将继续复原远征的境外巴控克什米尔部分的路线。

"赤佛堂"这个地名在中国古代典籍中极为罕见，只出现于唐代，且仅有几次，因此它的名称及地理位置，都罕有人知。

《旧唐书·高仙芝传》记载了唐玄宗天宝六载（747年）高仙芝远征的行军路线和日程：

> 仙芝乃分为三军：使疏勒守捉使赵崇玼统三千骑趣吐蕃连云堡，自北谷入；使拨换守捉使贾崇瓘自赤佛堂路入；仙芝与中使边令诚自护密国入，约七月十三日辰时会于吐蕃连云堡。[1]

---

[1] （后晋）刘昫等撰：《旧唐书·卷一百四》，中华书局，1975年版，第3203页—第3204页。

七　赤佛堂西是汉家：高仙芝远征

坦驹岭：达尔柯特山口的冰川，当年唐军踏冰而下，奇袭小勃律

　　这段话里不仅提到了护密（瓦罕），还讲到了一个重要的地名"赤佛堂"。2013年，我在塔吉克斯坦一家酒店中遇到过两个痴迷丝绸之路的日本老人，他们对汉唐时期的历史非常神往，数次不远万里来到帕米尔高原，寻找中国古人的足迹。我们还约好以后一起去找高仙芝去过的赤佛堂。

　　在攻克连云堡后，高仙芝留下3000老弱兵由边令诚率领驻守于此，他自己率精锐，"三日，至坦驹岭，直下峭峻四十余里"[1]，也就是翻过巴控克什米尔北部的达尔科特山口（Darkot Pass），然后来到亚辛河谷（Yasin Valley）的阿弩越城（在今亚辛城），再一路东行攻占小勃律。小勃律的中心位于今巴基斯坦的吉尔吉特。

1　《旧唐书·卷一百四》，第3204页。

距离小勃律城 60 里的桥

为了防止驻扎在大勃律（巴控克什米尔的巴尔蒂斯坦）的吐蕃军队渡河来援，高仙芝派席元庆率骑兵直奔小勃律城东南 60 里，黄昏时分斩断娑夷河（吉尔吉特河）藤桥，此时吐蕃的大队骑兵已经赶到河对岸，可谓千钧一发。

今天，在距离吉尔吉特城大约 30 公里的河上仍然有一座吊桥，这就是娑夷河藤桥的后世。我们曾越过此桥前往斯卡杜，即以前的大勃律，这就是当年吐蕃援军的行军路线，只是方向相反；这也是此处大的地理形势千古未变的证明——可以架桥铺路、向东越过吉尔吉特河的地方只有这一处最便利。

七　赤佛堂西是汉家：高仙芝远征

赤佛堂究竟在哪里？《旧唐书·高仙芝传》中有记录：

> 天宝六载八月，仙芝虏勃律王及公主趣赤佛堂路班师。九月，复至婆勒川连云堡，与边令诚等相见。[1]

据此可以判断，高仙芝率领唐军从连云堡南下翻越了吉尔吉特西北的勃罗吉尔与达尔柯特山口，攻占了小勃律，俘虏了国王与公主，回师并没有走原路，而是沿着罕萨河谷向北到达索斯特，再沿着贾帕尔桑河谷（Chapurson Valley）向西经由瓦罕河谷绕了一个完整的圆圈，与留守在连云堡的边令诚部唐军会师。

索斯特口岸是从中国乘坐国际大巴经红其拉甫口岸，入境巴基斯坦后的第一站。索斯特西面汇入罕萨河的一条支流，名叫贾帕尔桑河，发源于巴基斯坦与阿富汗边境的雪山，它由西向东流，河谷宽阔。这条河谷所在的地方就是唐代史籍里说的"赤佛堂"。据说它得名于一座红颜色的佛堂（斯坦因的说法），但也可能是当地地名的音译，后者的可能性更大。只有贾帕尔桑河谷才能同时满足贾崇瓘率唐军一路经赤佛堂路进攻连云堡的路线，以及唐军从勃律经赤佛堂路到连云堡的路线。

赤佛堂路也是帕米尔高原的传统常规道路，而且是吉尔吉特、罕萨与瓦罕之间最直接且最好走的通道：河谷开阔，土地富饶，

---

[1]《旧唐书·卷一百四》，第3205页。

自然通行条件优越、补给充足的"赤佛堂"路

海拔较低，人口较多，整个河谷麦浪滚滚，其间点缀着几个村庄。它也是通向阿富汗的捷径，可以避开冰川覆盖、非常险峻的达尔柯特山口，因此现在巴基斯坦对它守卫森严。那时兵贵神速，为了出其不意，唐军才冒险选择了达尔柯特山口的道路。对平时的商旅来说，这条路还是太过危险，而唐军凯旋连云堡，选择赤佛堂路更加安全，更加从容。

中唐诗人张祜《听简上人吹芦管三首》里也有一句诗说"分明西国人来说，赤佛堂西是汉家"。高仙芝率1万人军队、数万匹

七　赤佛堂西是汉家：高仙芝远征

马兵分三路翻越险峻的葱岭，于约定的时间在今阿富汗瓦罕走廊设置的连云堡同时进攻吐蕃，其中一路即从赤佛堂河谷而入。唐军随后南下坦驹岭，占领小勃律，大破吐蕃势力。这次战役堪称古代军事史上的一次奇迹。大唐获得胜利后，在当地设立了数个受大唐安西都护府节制的都督府，这才有了"西国人"称"赤佛堂西是汉家"的说法。唐朝普遍"以汉代唐"，因为唐朝人自认为是汉朝的继承者，所以自称"汉家"。"赤佛堂西"的准确地理位置就是以喷赤河为核心的瓦罕谷地，即当时的"护密国"，唐朝一度在此设置过"鸟飞州"，它是葱岭以西的丝路主干道，也是大唐与吐蕃争夺西域的关键地带。

高仙芝为什么要兵分三路翻越葱岭？这件事我思考许久，2014年夏天在瓦罕谷地考察时终于豁然开朗。在大帕米尔实地考察时，当地的地形再一次揭示了高仙芝分兵行进的玄机。连云堡守卫着瓦罕河峡谷西端出口，如果唐军经过的播密川是小帕米尔，西行必然经过狭窄的V形瓦罕河峡谷，万人大军与数万马匹在狭窄的峡谷中排成数十公里的一路纵队，直接从驻守连云堡吐蕃军队的眼皮底下西行奔向五识匿，被逐段击破易如反掌。另外考虑到行军速度，沿途水草也不能够满足所有军士、马匹的需求。此战高仙芝分兵布局设计精妙，取得大捷，他显然没有犯这样的低级错误。因此，播密川是小帕米尔以北，隔着一道山脉的大帕米尔无疑，绝非小帕米尔。这也再次印证了玄奘的东归葱岭路线。

遗憾的是4年后，唐军在怛罗斯之战中败给阿拉伯军队，大

大唐"鸟飞州"治所、护密国首都塞迦审，远处即兴都库什山脉

唐西进的势头被截断。又过了4年，"安史之乱"爆发，原高仙芝麾下的安西劲旅调回内地平叛，吐蕃人卷土重来，从此中原王朝失去对西域的控制长达千余年之久。但就在"安史之乱"爆发前的天宝十二载（753年），替代高仙芝为安西四镇节度使的封常清，重演了一次老上司的远征——东渡娑夷河进攻吐蕃占领的大勃律，这也是唐朝在西域最后一次军事远征，因为仅仅2年后"安史之乱"爆发，因兵败洛阳、潼关，高仙芝、封常清这一对老搭档双双被唐玄宗诛杀。高仙芝临刑前，目视已经被诛杀的封常清尸体

七　赤佛堂西是汉家：高仙芝远征

喀喇昆仑山深处、印度河畔的大勃律

悲叹："封二，子从微至著，我则引拔子为我判官，俄又代我为节度使，今日又与子同死于此，岂命也夫！"[1]

赤佛堂宽阔的山谷和大小勃律见证了大唐帝国在西域的最后辉煌，诛杀高仙芝与封常清这两位扬威绝域的将军也标志着大唐黄金极盛时期一去不返。

1　《旧唐书·卷一百四》，第 3211 页。

八

巴控克什米尔：穿越风之谷的喀喇昆仑公路

在巴控克什米尔地区能充分感受到现代公路与古代道路的区别。中国通往巴基斯坦的道路就是著名的喀喇昆仑公路（Karakoram Highway），它连接着中国喀什和巴基斯坦伊斯兰堡，英文简称为KKH。它被誉为人类第八大奇迹、当代丝绸之路和中巴友谊之路。它贯穿了3条世界级的山脉——喀喇昆仑山脉、兴都库什山脉、喜马拉雅山脉，是"世界十大险峻公路"之一。各国媒体曾用多个"最"来形容它，例如世界最美公路，全球最高海拔的跨境道路，以及世界最惊险的走廊，它还被《中国国家地理》比喻为"群山间的绸带"。它在中国的一侧又被称为314国道，全长1948公里，三分之一的路段在中国境内，过红其拉甫口岸后进入巴基斯坦。1966年至1978年，中国援助巴基斯坦建设喀喇昆仑公路，使其成为巴国北部地区唯一的对外经济生命线。中巴双方筑路人员在悬崖峭壁之上，面临着地质灾害、高寒缺氧、后勤补给困难等种种

八　巴控克什米尔：穿越风之谷的喀喇昆仑公路

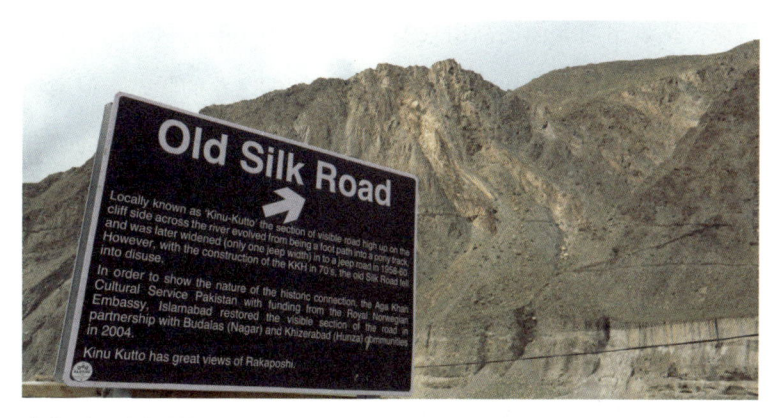

喀喇昆仑公路之前的传统道路，当年丝路就是这样行走的

考验，历经 12 年，才将这条举世闻名的公路修筑完成。

但古代的道路并不走红其拉甫山口，因为它太过陡峭险峻，驮着货物的驴马无法翻越。喀喇昆仑公路北端的旁边有一个叫作米斯加尔（Misgar）的丝路古驿站，自然环境优美，物产丰富，足以让丝路商队整理行装和休憩。从米斯加尔向北翻越著名的明铁盖山口（Mintaka Pass）或西侧的基里克山口（Kilik Pass）便进入中国的塔什库尔干，这条路线更为容易、便捷，才是丝路的重要路线。公路避开了开阔的传统丝路而选择红其拉甫山口，其实就是为了利用其险峻狭窄的山谷不易被空袭的特点，不是为了便利，而是为了军事目的。

我们从索斯特口岸转道去米斯加尔。那天下着小雨，空气湿润凉爽。印度洋的暖湿气流沿河谷缓缓而上，再加上相对较低的海拔，明铁盖山口南侧的米斯加尔河植被茂密，泉流佳美，水质清澈，呈现出与北面的高山荒漠草原完全不同的风景。虽然随着喀喇昆仑公路的通车，米斯加尔不再是丝绸之路的驿站，但当年英国人修建的电报房等设施依然保留了下来，向来到这里的游人诉说着这座安静的村落曾经的喧嚣。

有学者认为，玄奘从印度回国，到达朅盘陁国走的是明铁盖山口或基里克山口，甚至还在明铁盖山口的中国一侧立了一块"玄奘取经东归古道"碑。如果真是如此，玄奘就是北行而不是"东北行"——这也太藐视玄奘的方向感了，而且这样也绝无可能经过瓦罕与大帕米尔的大龙池。

离开米斯加尔古驿站，从索斯特口岸沿着喀喇昆仑公路继续南行，有一个风光奇异的著名小镇——帕苏（Passu）。站在公路的路边，就能看到帕苏西侧的科拉木山，吐出数条伸向罕萨河的冰川，闪着银白色摄人魂魄的光芒。我们坐在车上，远远地看见一座桥上聚满了很多正在好奇张望的当地人，于是也停下来走到桥上去探个究竟。刚一上桥，一阵寒意突然袭来，快步走过去，又马上暖和了起来。原来桥下流淌着冰川融水，因冰川和冰川融水降温而形成的风也一道下泄，寒意浸透其中，冲开河两侧的热风，"冰川风"化作天然"空调"，那些当地人正伸着脖子享受大自然的恩赐。

2010年，帕苏南面的喀喇昆仑公路沿线发生山体滑坡，山石堵住了道路和河谷，形成了巨大的堰塞湖，数个村庄淹没在水下。堰塞湖正位于罕萨河的河道，原先的河谷变成湖区，湖水越积越多，反倒为帕苏增添了一处风光绝美的景致。当地人在堰塞湖边设立码

八　巴控克什米尔：穿越风之谷的喀喇昆仑公路

喀喇昆仑公路边上的帕苏冰川

喀喇昆仑公路的堰塞湖

通往明铁盖山口的米斯加尔

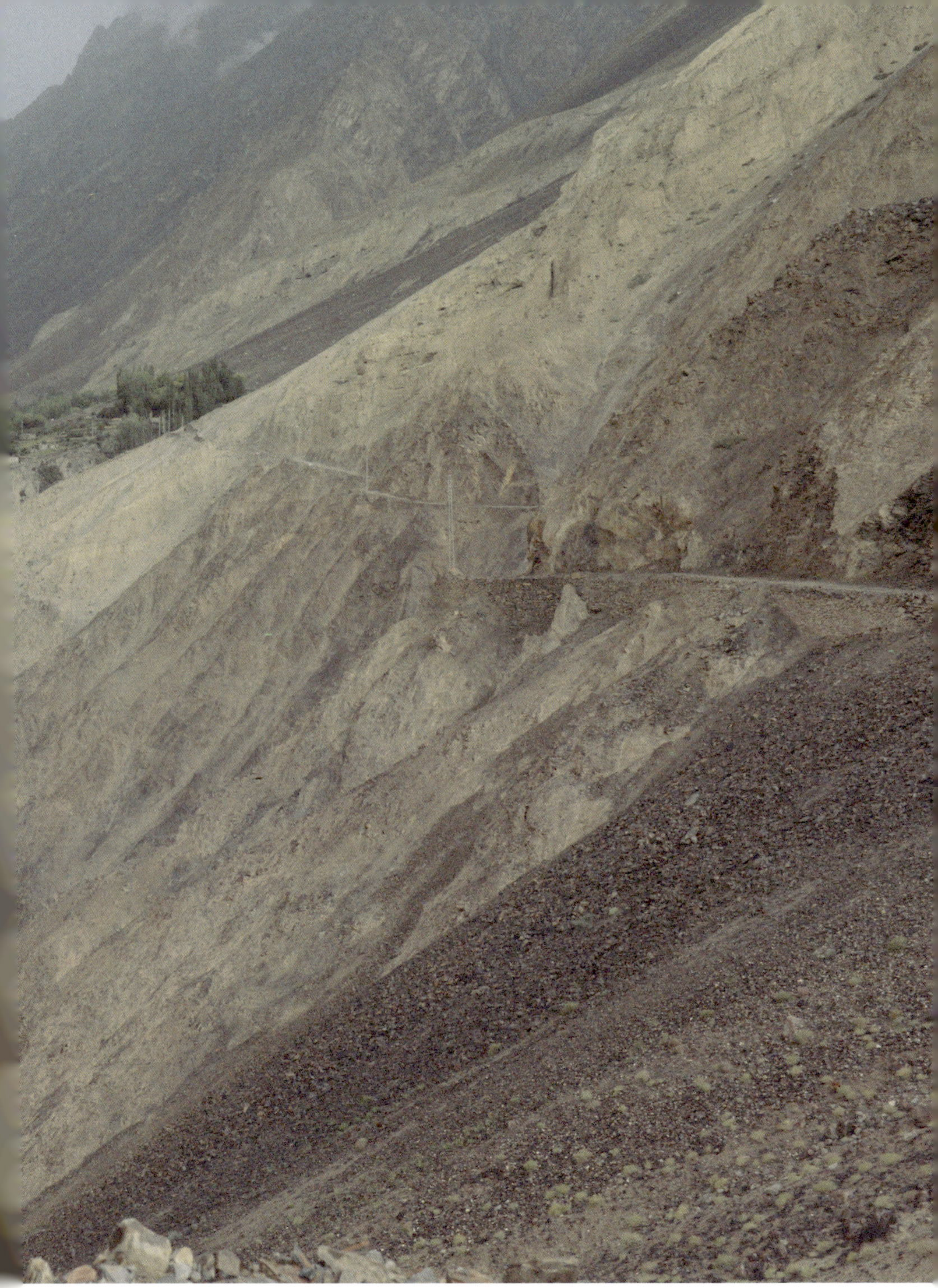

头，弄来数条驳船，过渡来往车辆和行人。随后中国工程人员进驻，为喀喇昆仑公路新建了一条隧道来恢复通车，为防破坏，巴基斯坦警察还专门设置了检查站。至于堰塞湖，有人说湖水会被慢慢泄掉，毕竟这是悬在下游头上的一颗不定时炸弹，也有人说堰塞湖很稳定，中国人会来给他们修建一个水电站，莫衷一是。

喀喇昆仑公路沿途还有一个非常有名的地方，就是"罕萨"。罕萨（Hunza，又译作"洪扎"）是喀喇昆仑公路上的闪耀明珠，而以罕萨为名的峡谷，从红其拉甫以南的巴方口岸索斯特起，一路向南延伸到巴北部地区首府吉尔吉特。这里与世隔绝，风光奇美，恍若世外桃源，居住在这里的人们淳朴俊美，行为绅士，过着"日出而作，日落而息"的农耕生活。后来世界各地的旅行者也发现了它。英国作家詹姆斯·希尔顿（James Hilton）曾来到罕萨，得到灵感写出了举世闻名的《消失的地平线》，他称赞罕萨山谷就是传说中的"香格里拉"。几十年后，日本动画大师、漫画家宫崎骏被这里的风光打动，将它作为电影《风之谷》的原型，从此罕萨有了一个新的名字——"风之谷"。

从鹰巢酒店的观景平台上看去，远处的拉卡波什冰川伟岸挺拔，如巨人般守卫着罕萨河谷的入口。谷地中间到处是农田和房屋，鳞次栉比，错落有致。近处低矮的果树和笔直的白杨树随风摇曳，风吹在树叶间猎猎作响。一静一动之间，是罕萨最激动人心的风景。若是遇上晴朗的天气，从酒店向右上方看，便能看到一座如美人指尖般的山峰，被人称作"美人指"，可惜更多时候，

八　巴控克什米尔：穿越风之谷的喀喇昆仑公路

"风之谷"罕萨

这位美人都娇羞地躲在云层之中不肯见人。

根据生活在这里的人群，罕萨可分为南北两部分。在罕萨首府以北 18 英里[1]处的地方被称作"小古恰尔"，那里分布着大片草场，居住着来自阿富汗瓦罕（古恰尔）讲瓦罕语（Wakhi）的移民，瓦罕人在小古恰尔的草场从事着悠闲的放牧生活。由于罕萨位于

---

[1]　1 英里约为 1.61 公里。

通往帕米尔高原的交通道路上，所以当地人的营生除了农耕外，还曾以抢劫过往客商和四邻出名，最终导致商道梗阻，遂成为奴隶贸易的集散地，阿富汗巴达赫尚的商人经常来"进货"。罕萨的主要人群是具有独特文化与语言的布鲁索人（Burusho），起源不详，有部分人认为他们是亚历山大大帝远征士兵的后代，但经过现代基因测试，他们虽然也属于印欧人，但与希腊人没有什么关系，反而还混有一些东亚基因。

7世纪以后，吐蕃崛起于青藏高原，在松赞干布等历代赞普的统治下，吐蕃积极吸收唐朝和印度的先进文化，迅速强盛起来，并与唐朝展开了对西域的争夺，其势力曾遍及河西走廊、塔里木盆地、克什米尔，最西甚至到达了今阿富汗的巴达赫尚。从那时开始，罕萨所在的吉尔吉特-巴尔蒂斯坦地区便受到了吐蕃人群和文化的影响，至今仍有余响。

佛教曾是该地区的主要宗教，其次是苯教。该地区还有许多现存的佛教考古遗址。罕萨谷地是中亚到印度次大陆的贸易路线的中心，它还为访问印度次大陆的佛教传教士和僧侣提供了住所，在佛教传播整个亚洲的过程中发挥了重要作用。直到15世纪，在伊斯兰教传入前，该地区一直是佛教徒的天下。之后，大部分人口都皈依了伊斯兰教。因此，佛教在该地区的存在痕迹现在只限于考古遗址，该地区剩余的佛教徒向东迁移至印控克什米尔的列城，在那里佛教信仰占人口多数。

在罕萨河的两岸，各有一座城堡。右岸的是位于卡里姆巴德

八　巴控克什米尔：穿越风之谷的喀喇昆仑公路

的巴尔提特城堡，坐落在该区域的最高处，是一座典型的藏式古堡，罕萨的王公可以从城堡天台俯瞰整个城市。城堡现在被改建为博物馆，里面按原样展示着王公及其夫人的住处、议事厅、厨房、枪械库、牢房等，里面的物品大多油光锃亮，由此可一窥当年的繁华与喧闹。

除了藏式的文化，城堡里仍然留存着前伊斯兰时代的其他文化遗存，比如房屋梁架上的羊头符号，是讲突厥语的人群现在还在过的诺鲁孜节的符号，这个节日的渊源出自波斯拜火教。

罕萨河的左岸是巴尔提特的防御堡垒，也是一座藏式堡垒，是有着"米尔"头衔的罕萨世袭统治者的老家。整个建筑构筑在整片的花岗岩石山上，石块与木头层叠构筑，异常坚固。城堡下临罕萨河，俯瞰着卡里姆巴德。其中的士卡里塔楼已经有超过900年的历史，是整个吉尔吉特-巴尔蒂斯坦地区最古老的建筑物。

巴尔提特城堡的门框、家具上仍然保留着大鹏金翅鸟、卍字等藏传佛教的遗痕，高大的瞭望塔，坚固的城堡墙壁，以及可以俯瞰罕萨河谷、监视过往商队的居高临下的地理位置，时刻提醒着人们当年的金戈铁马。

在清代典籍中，罕萨又有"坎巨提""棍杂""喀楚特""乾竺特"等多个译名，到了现在又有"洪扎"一名与罕萨并用。乾隆年间坎巨提成为清朝的藩属，每年到喀什噶尔进贡给清朝一两五钱黄金，直到清末光绪年间英国人占据坎巨提，进贡才停了下来。

从巴尔提特城堡俯瞰罕萨河、喀喇昆仑公路

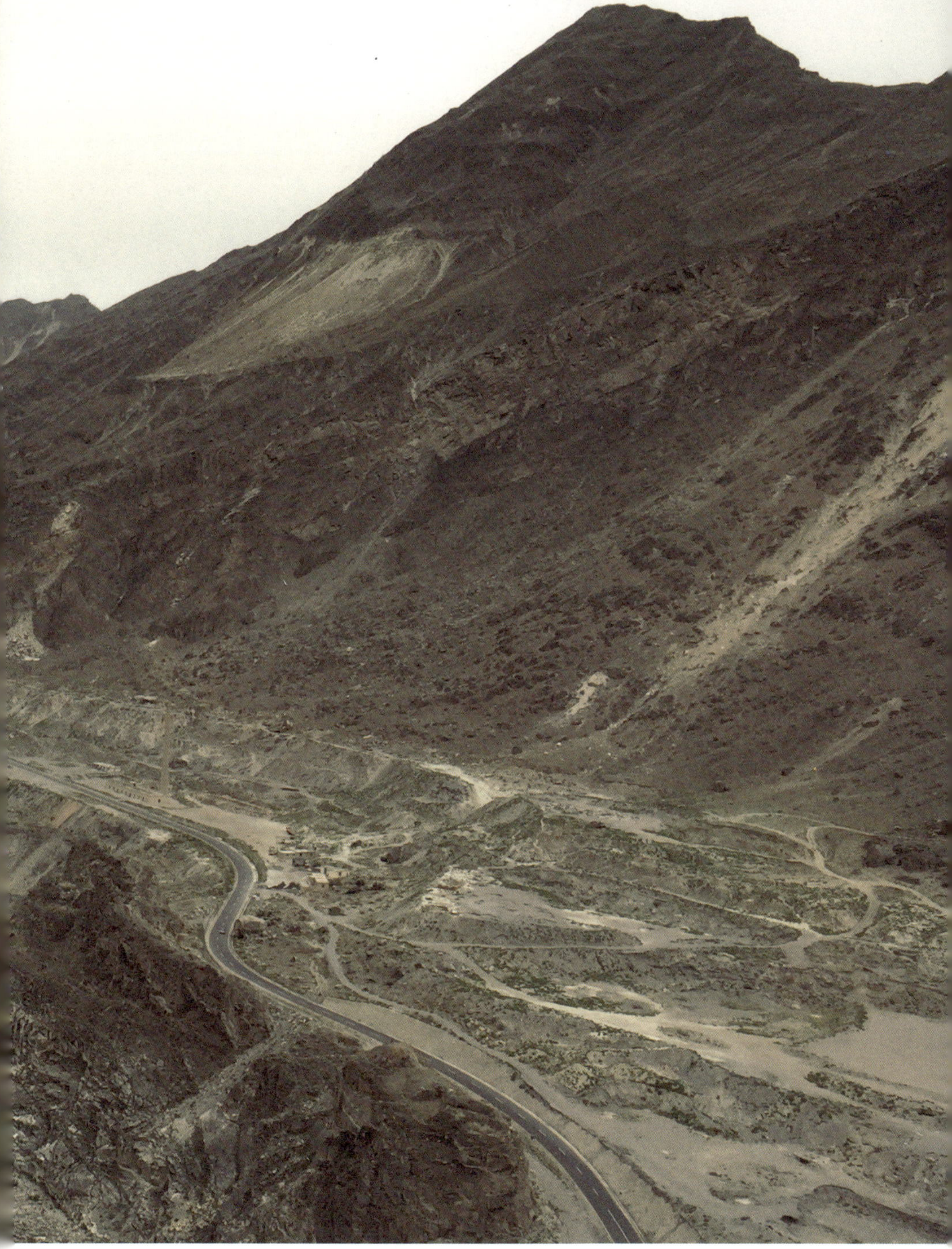

九

佛遗足迹于此，至今犹尔

现在的巴基斯坦在1000多年前是一个佛教国度，贵霜帝国建都于犍陀罗盆地的富楼沙（今巴基斯坦的白沙瓦），犍陀罗成为世界佛教文明中心，结合希腊艺术创造了独特的犍陀罗艺术，由此开始了佛教及其艺术的传播。犍陀罗也成为中国佛教信徒心中的圣地，他们的"西天"，两位著名的西行取经僧人法显、玄奘都曾在此游历。

在小勃律都城所在的吉尔吉特，仍然留存了一座巨大的摩崖石刻佛像。

东晋时期的法显比玄奘要早了200多年。法显的《佛国记》记载了一个乌苌国，我们2016年的时候去了这个地方实地考察。法显有一个特别奇妙的记录，他写道："渡河便到乌苌国。……传言佛至北天竺，即到此国已，佛遗足迹于此。迹或长或短，在人

九　佛遗足迹于此，至今犹尔

小勃律的摩崖石刻佛像

心念，至今犹尔。"[1]河就是印度河，佛祖释迦牟尼以前到处游历，传说乌苌国就是他到的最北的国家。玄奘的《大唐西域记》记作"乌仗那国"，它们都是梵文 Udyqna 的音译，意思为"花园"。此国位于斯瓦特河谷（Swat Valley），国都"瞢揭厘城"在明戈拉（Mingora），曾发掘出城市遗址以及宏大的佛寺遗址。

---

[1]　《佛国记·卷二》，内府藏本。

北上瓦罕谷地的捷径：唐吉尔河谷

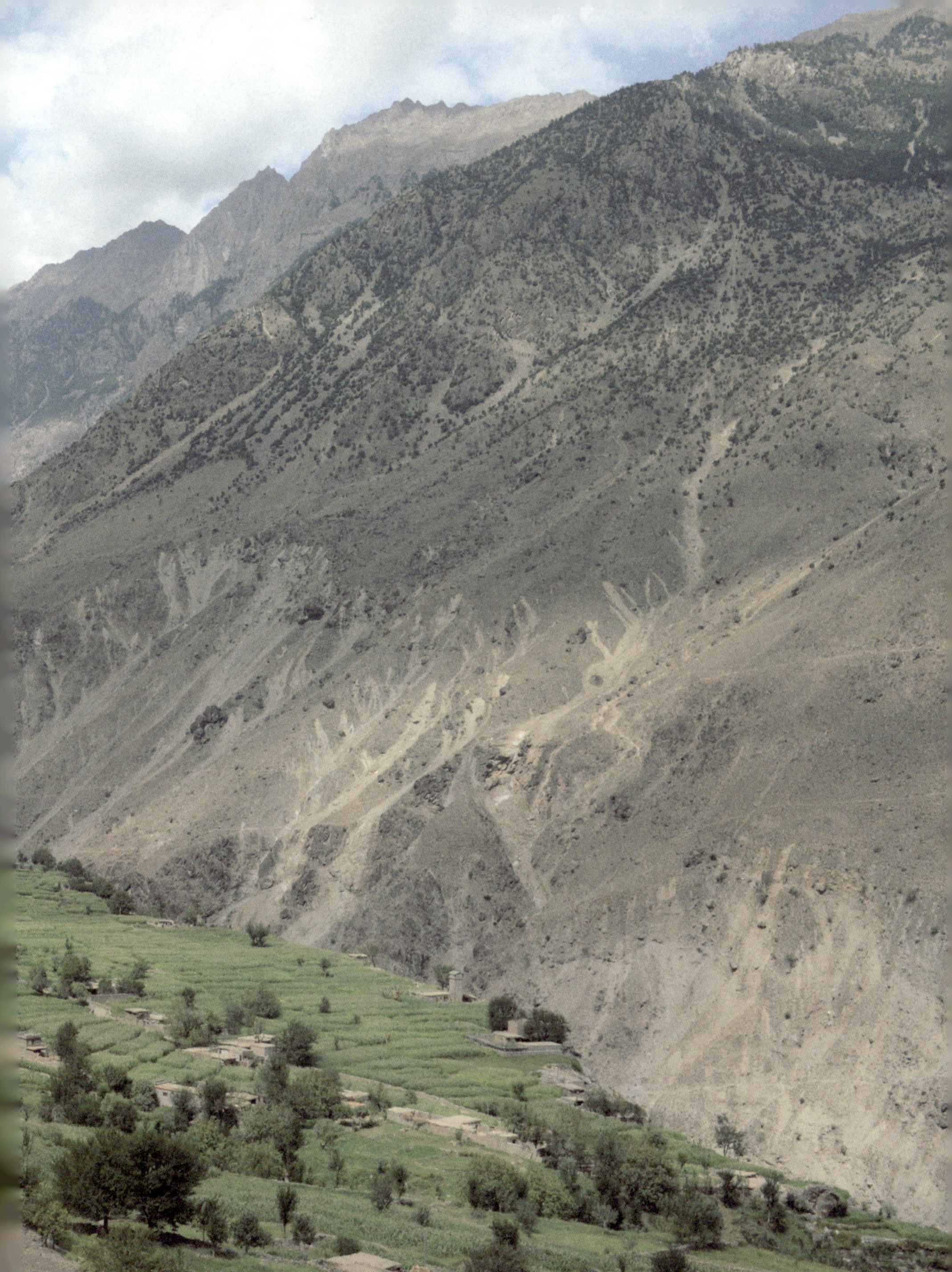

  法显亲眼看见了佛祖走过的地方留下了一连串的脚印，脚印却是有长有短。怎么会这样呢？法显自己做了一个解释，说佛的足迹在人的心里，至今保存完好，这是佛教徒的信仰。

  法显写自己亲眼见到了佛足迹，但佛足迹在当地真的存在吗？过了200多年，玄奘也经过了乌仗那国，记录了那里的基本情况："乌仗那国周五千余里，山谷相属，川泽连原。谷稼虽播，地利不滋，多蒲萄，少甘蔗。地产金铁，宜郁金香。"[1] "人性怯懦，俗情谲诡"[2]，玄奘又开始骂人，说这里人性胆小怕事，又很狡猾；"好学而不功，禁咒为艺业"[3]，就是喜欢乱说话，但肚子里又没什么货；"多衣白氎，少有余服"[4]，多穿白色的长衣，基本上一年四季就穿一件白色的袍子，当地人现在还是穿白袍子，因为太阳实在是太毒辣了，穿黑袍子会被晒晕。"有窣堵波高百余尺，其侧大方石上有如来足蹈之迹"[5]，有佛塔，高百余尺，就是30多米高，边上的大方石上有释迦牟尼的足迹。法显和玄奘不可能认识，两个人相差200多年，都在同一个地方看到了佛的足迹，只是玄奘描写得更加细致。

  2016年秋，我们在印度河谷考察，天气依然很热，印度河的北侧有一条支流叫唐吉尔（Tangir），沿着此支流的河谷向北翻越

---

1 《大唐西域记校注》，第270页。
2 同上。
3 同上。
4 同上。
5 《大唐西域记校注》，第281页。

九 佛遗足迹于此，至今犹尔

勃罗吉尔山口就可以到达瓦罕谷地，又可以避开波涛滚滚、峡谷险恶的印度河谷。我问当地人，如来佛祖的足迹在哪里，他们都知道就在唐吉尔。距离玄奘到这里，已经过去近1400年了，当地人仍然知道佛祖的足迹在哪里，这被流传了下来。但是很不幸，这个地方现在非常危险，巴基斯坦的军人和警察都不愿意进去，我们好不容易通过各种关系做工作，才让警察答应保护我们的车队前往该地，以前一般只派1辆皮卡车保护，而这次中间是我们的车队，18个全副武装的军警，手里都拿着自动步枪，分坐2辆车。我从车上下来时，这些人分3圈护卫，3个人紧紧贴着我，中间一圈，外圈还有一圈，最高处还有一个狙击手。我们的车走在路边，当地那些人看向我们的眼睛都是直勾勾的，和别的地方的人不太一样，巴基斯坦政府对此地的统治也较薄弱。唐吉尔河谷的出口有一个碉堡，以前是英国殖民时期的军人驻扎地，英国军人也不大敢进来。在这个河谷里，我们真的在路边的一块大石头上看到了一个脚印，也就是说1600多年前法显的记录竟然是真的，虽然这里后来被伊斯兰化，但人们都还知道这里有一个佛祖的脚印。

玄奘见到的脚印在一座佛塔边上的大方石上。我们在明戈拉考察了一个很大的佛寺遗址，路边就是佛塔，当年在边上的大方石上确实有"如来足蹈之迹"，但是现在为了保护足迹，把大方石放到博物馆里去了，我们在博物馆里看到了这个脚印。

这两个记录令人非常感动、敬重，1000多年前貌似荒诞的记录竟然在1000多年后被我目睹并证明。出家人不打诳语，这两位

"其侧大方石上，有如来足蹈之迹"

高僧确实做到了这一点。

中国的史料非常独特，3000多年绵延不绝，从来没中断，而且非常有"史德"，真的看到了，就如实写，听人家说的，就写是听闻。玄奘《大唐西域记》中的很多内容是他亲眼所见，他就说看到过；是听闻的，他就说听人家讲的。而当地的南亚人、中亚人没有记录历史的习惯，他们不像中国人，很多中亚、南亚地区

九 佛遗足迹于此,至今犹尔

的历史都是靠法显和玄奘的记录才得以保留,尤其是《大唐西域记》,写得特别详细。我做丝路精准复原,《大唐西域记》是很重要的参考线索,它记载的里程和重要的地标,比如瓦罕、大龙池、公主堡、石头城,以及大石崖的里程、方位、颜色等都非常可靠,到实地考察,确实和他写的一模一样,这让我非常吃惊,近1400年前的玄奘,竟然能够完全如实地描写这些地理信息。所以我们对中国古代的史料要有敬畏心,他们下笔的时候不是乱写的,有些貌似荒诞的记录只是反映了当时的环境与认知,现代人可能难以理解;当然再敬畏,还是要到实地去证明,包括对法显和玄奘描写的神奇故事,我首先是怀疑,即使他们是虔诚的佛教徒,这些故事是不是编的或道听途说的?只有到实地去考察,证明是真的才行。

法显、玄奘继续走到犍陀罗。犍陀罗对中国的影响特别大,希腊化的艺术特别是佛教造像从这里东传,翻越葱岭,到达龟兹、敦煌、大同、洛阳……再继续东传到日本的京都、奈良。我一直认为讨论丝绸之路的起点和终点究竟在哪里没有意义,因为丝绸之路并不是现在的公路,如314国道、京沪高速这样有人为规定的起点和终点,没有人规定丝路的起点和终点,汉朝也没有规定西域南道、西域北道的起点和终点,虽然有3个重要地标(玉门关、阳关和葱岭),但并没有说起点到底是长安还是洛阳。"丝绸之路"是西方人、欧洲人站在自己的角度命名的,中国人可以称它为黄瓜之路、天马之路、二胡之路、琵琶之路、佛教之路,或

这才是丝绸之路——重抵历史现场的行走

犍陀罗佛像

九 佛遗足迹于此,至今犹尔

者犍陀罗艺术东传之路。如果从犍陀罗艺术东传这一意义来讲的话,丝绸之路在东边的终点在哪?应该在日本的京都和奈良,因为再向东就是浩瀚的太平洋。

犍陀罗是当时世界佛教的中心。我们去了犍陀罗,位于巴基斯坦和阿富汗交界处的白沙瓦,就是当年贵霜帝国的首都富楼沙。因为贵霜的皇帝迦腻色伽信仰佛教,他占领了印度北部,把佛祖舍利和佛牙迁到犍陀罗并开始传教,还建了一座高大的迦腻色伽塔,法显、宋云和玄奘都看到过这座高达100米的佛塔:法显记录"于是王即于小儿塔上起塔,高四十余丈,众宝校饰。凡所经见塔庙,壮丽威严,都无此比"[1];北魏时的宋云曾目睹此塔,"复西南行六十里,至乾陀罗城。东南七里,有雀离浮图……西域浮图,最为第一"[2];玄奘的描写是,"卑钵罗树南有窣堵波,迦腻色迦王之所建也……若是增高,逾四百尺"[3]。3个不同时期的中国人都记录了这座西域第一佛塔,可见所言不虚。

1908年,英国人发掘出这座高塔的塔基,还从地宫里发掘出文物,其中有一口装殓了3片佛骨的棺材,棺材上的铭文出自一位希腊人阿格西拉斯(Agesilas)之手,这又一次证明,直到2世纪,希腊人仍然活跃在中亚地区,而此时距离亚历山大远征已有400多年。棺材外面雕刻着位于伊朗的太阳神和月亮神中间的迦腻

---

1 《佛国记·卷二》,内府藏本。
2 (魏)杨衒之撰:《洛阳伽蓝记》卷五,明如隐堂刻本。
3 《大唐西域记校注》,第238页—第239页。

色伽本人形象。这些文物当年法显、宋云、玄奘并没有看见，因为那时深藏于地宫。

但这座雄伟的迦腻色伽佛塔的存在是确凿无疑的，不仅有法显、宋云、玄奘3位中国人的目击证明，而且还有英国人的考古证明。但是我们在白沙瓦四处寻找塔基遗迹，当地人几乎都是一问三不知，当年如此辉煌的佛塔已经完全泯灭于历史记忆中。后来终于找到了遗址，可是它整个变成了伊斯兰教的墓地，从现在的地面上已经看不到任何佛教的遗迹，可以说是荡然无存。迦腻色伽如果重生，回到他的首都，恐怕也再认不出他的富楼沙。

玄奘的《大唐西域记》花大幅笔墨记录了迦腻色伽这位当时已经逝去500多年的历史人物，他对这位弘扬光大佛教的君主显然非常重视："昔健驮逻国迦腻色迦王威被邻国，化洽远方，治兵广地，至葱岭东，河西蕃维，畏威送质。迦腻色迦王既得质子，特加礼命，寒暑改馆，冬居印度诸国，夏还迦毕试国，春秋止健驮逻国。故质子三时住处，各建伽蓝。"[1] 迦腻色伽是贵霜帝国最强大的君主，甚至一度出兵葱岭以东的塔里木盆地，但被班超击败。在中国史书中，仍然称贵霜帝国为"大月氏"。

白沙瓦有一间博物馆，收集了很多犍陀罗艺术的佛教雕像。我们去时，里面的人做礼拜去了，我们还是把门给喊开。进去看了3个小时，前1.5小时是停电状态，这个经历也比较奇妙，看博

---

1 《大唐西域记校注》，第138页—第139页。

九 佛遗足迹于此，至今犹尔

位于太阳神和月亮神中间的迦腻色伽（图片来源于 Wikimedia Commons）

塔克西拉的佛教遗址

物馆居然没有照明。幸好后来来电了，才能拍下一些照片。这就是原汁原味的犍陀罗艺术，而敦煌、龙门、云冈，包括库车（古时的龟兹）克孜尔石窟，都是从这里传出来的。从这些雕像中可以看出佛祖的长相完全是一个西方人的形象。

九　佛遗足迹于此，至今犹尔

犍陀罗地区还有一个都城叫"呾叉始罗国"，就是塔克西拉，玄奘也到过这个地方，当时还有一个巨大的佛塔，现在很多佛寺已经荒芜，但留存下来的遗迹规模宏大，历史意义和艺术价值高，被列为世界文化遗产。

我去参观时，当地一个英语流利的人非要充当我的导游，结束时他暴露了真实身份：一个文物贩子，不，假文物贩子，向我推销伪造的贵霜帝国金币。他还带我到一间小屋子里，说当年玄奘就住在这里。我说你怎么知道？他说你看墙壁上有一个凹槽就是放油灯的，玄奘晚上就在这儿读书。当然这些都是后世编造的故事，玄奘只是短暂地经过此地，更没有史料记载他住在哪一间。当年所有僧人住的宿舍都环绕这个佛塔，每天在房间里就能看到佛塔上面的佛像，可以直接礼佛。

塔克西拉也出土了大量的犍陀罗艺术品，很精美，是19世纪的英国考古学家发掘的。100多年前，英国人在印度考古发掘时，找到的70%以上的遗址都源于《大唐西域记》的记载，因为里面有详细的里程、方位线索。印度人对现实生活没什么兴趣，对历史更没兴趣，他们想的都是来世轮回。中国人讲究"慎终追远"，有祖先崇拜、家国情怀，希望知道自己的祖先经历过什么，能给后世子孙带来什么样的借鉴，所以会连续地、详细地记录历史，这在全世界也是独一份。中国人不仅记录本国的历史，也记录邻国的历史，包括大夏、贵霜、印度次大陆和中亚地区。

汉氏初开西域,有三十六国。其后分立五十五王,置校尉、都护以抚纳之。王莽篡位,西域遂绝。至于后汉,班超所通者五十余国,西至西海,东西万里,皆来朝贡,复置都护、校尉以相统摄。

——《魏书·西域传》

明月出天山　苍茫云海间

玄奘为何要绕路热海

玄奘到了哈密以后,见到高昌国国王的使者,跟着他西去高昌国,见到了高昌国王鞠文泰,高昌国就在现在的吐鲁番。他们俩一见如故,鞠文泰非常佩服玄奘渊博精深的学识,想把他留在高昌国讲经,但玄奘坚决要西行,甚至为此绝食。但是,这些情节在玄奘本人撰写的《大唐西域记》中一个字都没有提,因为《大唐西域记》是供唐太宗了解西域用的,只记录了当时唐朝版图之外的事情,在玄奘取经的过程中,高昌国已被唐太宗灭国,所以他对这一块没兴趣;而且相信玄奘本人也不太好意思写这一段,高昌当时是唐朝的敌人,他这样做相当于通敌。

单从地理上看,玄奘的路线有点令人费解。从河西走廊南下走青海、西藏直接到印度的恒河流域是最近的一条路,但最近的路一般都非常危险,青藏高原区域整体都是高海拔,而且当时由与唐朝敌对的吐蕃控制,玄奘不是去探险,而是去取经的,所以他没有选这条路。另外，从地理上看，取道四川、云南到今缅甸这条路线也很近，但那边是热带丛林，中原人很难适应严酷的热带气候，也非常危险。

因此玄奘选择了西出河西走廊，取道现在的新疆。从位于吐鲁番的高昌国去印度，常规而言应该顺着汉代的丝路北道，也就是隋唐的丝路中道，贴着天山南麓，从吐鲁番走到龟兹、疏勒，再从鸟飞谷到费尔干纳盆地，向西到河中地区，也就是中亚乌兹别克斯坦，然后南下越过阿姆河到阿富汗，继续向南就是巴基斯坦，即古代印度了。这条路还是政治和军事上最安全的路，但玄奘也没有走丝路中道，而是由中道翻越天山到了北道，这又是为什么呢？

玄奘出国时是贞观初年（627年），唐太宗刚继位，唐朝的版图仅到沙州即现在的敦煌，再往西就是高昌、哈密和西域诸国，这几十个西域小国都臣属于西突厥汗国。当时存在东、西两个突厥汗国，东突厥汗国在蒙古高原，西突厥汗国则是整个中亚地区和新疆的霸主，是唐朝的敌人，而高昌国不仅附属于西突厥汗国，还和西突厥汗国有着联姻关系，因此只要获得西突厥汗国的保护和支持，就能安全、顺利到达印度。

玄奘临走前，高昌国王送了他很多礼品，有钱财、黄金和绸缎，并且告诉玄奘，从高昌国到印度太遥远了，一路上会碰到盗贼、抢劫甚至杀戮，你独自一人没有抵抗能力，一定要获得中亚霸主西突厥可汗即当时的统叶护可汗的支持。他还给玄奘写了介

一　玄奘为何要绕路热海

玄奘西去碎叶的路线（图片资料来源于侯杨方"丝绸之路地理信息系统"，本地图由星球地图出版社编制）

绍信，并派了几十个人随他一起去印度。

现代人总感觉玄奘是一个人背着包袱，孤单地旅行。其实不然，他唯一一段比较孤单、危险的经历，就是偷渡玉门关，但那时他身边也还有一个胡人石盘陀当向导，只是过了玉门关以后，这个向导害怕被唐朝边防军抓到，掉头跑回去了，只剩玄奘一人一马去时称伊吾的哈密，成了一个孤胆英雄，这也是他唯一的一段单人旅行。

当时西突厥汗国的版图一直延伸到今阿富汗地区，直接和古印度接壤，玄奘离开高昌国之后，等于就在西突厥汗国的势力范围内旅行，没有西突厥可汗的支持，很难到达印度，因此玄奘从高昌向西行，经过龟兹到了今阿克苏地区的乌什县一带后，就向北转翻越天山，去了统叶护可汗的驻地碎叶。从地理上看，玄奘绕了路，但实际上获得了更大的便利和安全。

龟兹位于今新疆库车附近，地处天山南麓的南疆，而碎叶位于天山北麓，在今吉尔吉斯斯坦境内，龟兹至碎叶的这条道路必然要翻越天山。现代意义上的天山是指横亘于中国新疆与中亚地区的巨大山脉，东西长2500多公里，南北宽250公里至300公里。隋唐时期，丝绸之路的中道沿着天山的南麓，北道沿着天山的北麓而行。平均海拔约4000米的天山山脉提供了源源不断的雪水，浇灌出绿草如茵、白杨蔽日的绿洲，这是丝绸之路赖以存在的最重要的自然条件。

阿克苏在南疆，靠近现在中国与吉尔吉斯斯坦的国界，它的北边就是天山，但不幸是天山最高的地方，7000多米的主峰就在那里，玄奘从那里翻越向西北走，其实非常危险。

（二）

通往费尔干纳盆地的"鸟飞谷"

正常说来，玄奘应该走隋唐时期的丝路中道，也就是张骞走的汉代西域北道，但他因为要见西突厥可汗，便向北翻越天山经过热海，去了可汗所在的碎叶，所以没有经过张骞走过的"鸟飞谷"。而汉元帝时的西域都护甘延寿及其副手陈汤所率领远征康居的汉军，其中一支"从南道逾葱岭径大宛"，这条道路就是从当时的疏勒向西行翻越今天中吉边境的伊尔克什坦山口，到达当时休循国所在的鸟飞谷。这也是李广利远征大宛的路线。鸟飞谷在汉代又叫"休循国"，国人是一些放牧的塞种人，塞种人就是印欧人，当时的甘肃、新疆、中亚基本上都是印欧人，罗布泊出土的楼兰美女就是典型的印欧白种人。

鸟飞谷在帕米尔北缘，是一个非常宽阔的山谷，谷底水草丰美，景色壮观。鸟飞谷里有两条河都叫"克孜勒苏"，一条向西流汇入阿姆河，一条向东流经过喀什后改称喀什噶尔河。"克孜

位于帕米尔高原北缘的鸟飞谷和列宁峰（以下航拍照片如无特别注明，均由杨林拍摄）

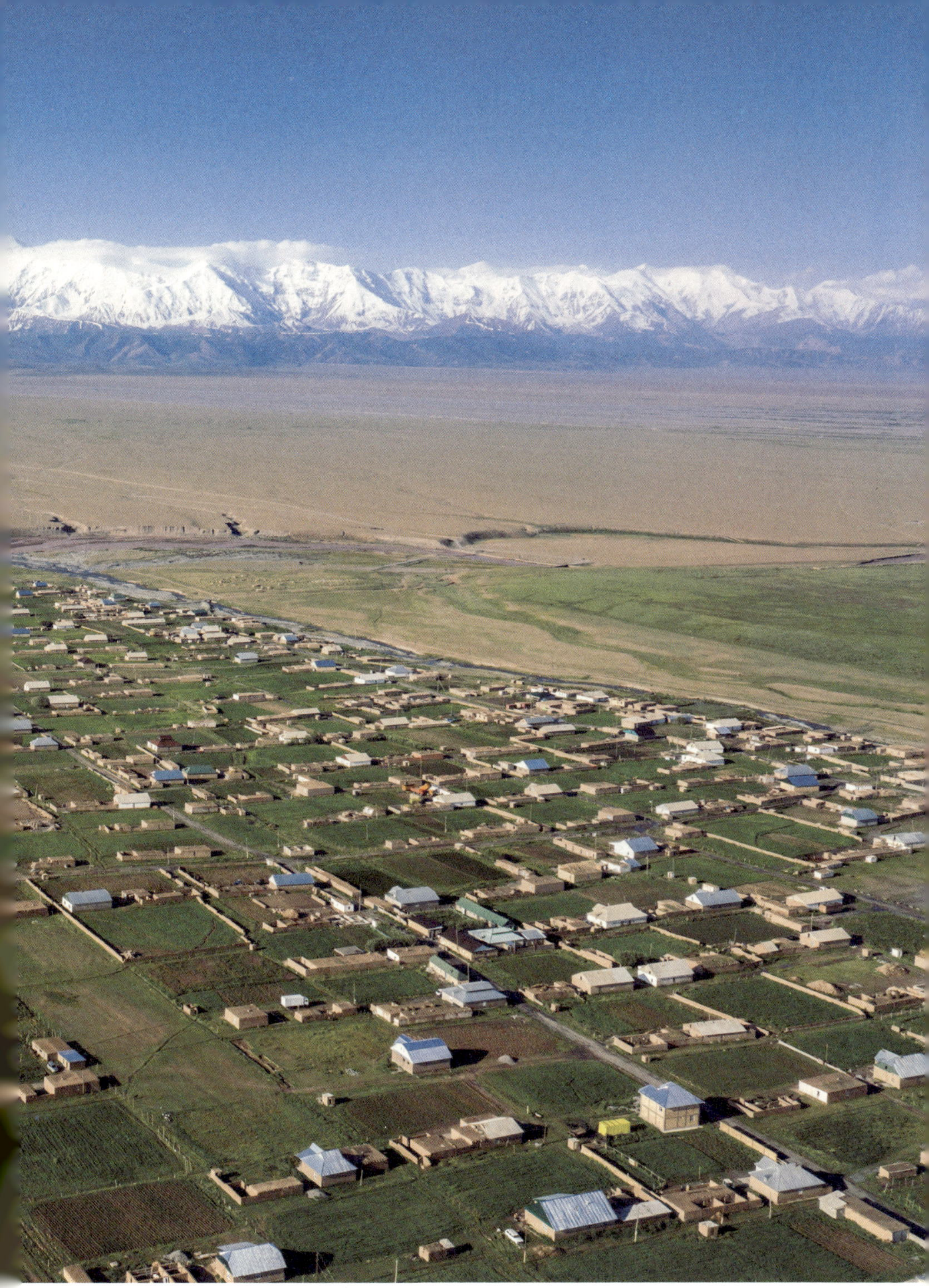

人烟繁盛的费尔干纳盆地

勒"是突厥语红颜色的意思,"苏"就是水的意思。这个谷地现在叫阿赖谷地,克孜勒苏两边是高耸的雪山外阿赖山(南)与阿赖山(北)。

2019年7月,在考察了吉尔吉斯斯坦北部的楚河流域、伊塞克湖及中部的天山腹地古道后,我们来到费尔干纳盆地的奥什城,这是吉尔吉斯斯坦境内的第二大城市,准备从此返回新疆喀什。

这段行程大致分为三个部分：首先取道M41，即帕米尔公路，向南翻越阿赖山；随后自西向东穿过阿赖山谷，一直到中吉边境的伊尔克什坦口岸；最后沿着中国境内的克孜勒河，穿过天山和帕米尔高原的交会区，经乌恰县进入喀什绿洲。

这条路线自隋代以后被称为古丝绸之路的"中道"，也就是汉代时的北道，也是隋唐丝路北、中、南3条路线中最顺直、最便捷的一条路线。在所有丝路中，中道发端最早，且经久不衰。

它连接着中华文明和地中海、波斯文明等，串起了中国的龟兹（库车）、疏勒（喀什），以及吉尔吉斯斯坦的奥什、塔吉克斯坦的苦盏，还有乌兹别克斯坦的撒马尔罕、布哈拉等众多古老的绿洲城市。若单从自然环境方面来看，中道也是3条丝路主干线中最安全易行的一条通道。

多年来，我们已实地探察了中国境内外丝路北道、南道上的大部分山口、河谷以及遗址地标，也重走了中道在国内和中亚地区的绿洲部分，只剩下眼前由奥什经阿赖山谷到我国新疆喀什的这段旅程了——这条线路很少有中国学者涉足。

帕米尔高原有多条高海拔的U形河谷，坡度平缓，谷地开阔，水源丰富，植被葱郁，为传统商旅提供了优越的通行条件。而阿赖山谷，无疑是这些河谷中最为重要的几条之一。阿赖山谷算是一条巨型的宽谷，它位于吉尔吉斯斯坦的最南端，是一片广阔的山间盆地，基本呈东西走向，从东到西延伸约200公里，东起中吉边境的伊尔克什坦口岸，西至吉、塔两国边界的卡拉梅克（Karamyk），南北最宽达20多公里。如此的长度和宽度，在帕米尔高原的众多河谷中，是极为罕见的。

在阿赖山谷两侧，两列高耸的山脉遥遥相望：北边名为"阿赖山"（Alai Range），主峰为斯科别列夫峰（海拔5051米）；南侧称为"外阿赖山"或"后阿赖山"（Trans-Alai Range），这是吉、塔两国的界山，最高峰为列宁峰（海拔7134米）。在吉尔吉斯斯坦出版的地图上，外阿赖山的官方名称是"琼阿赖山"（Chong

二 通往费尔干纳盆地的"鸟飞谷"

Alai Range),"琼"为大、上之意。

帕米尔高原的北界究竟是阿赖山还是外阿赖山,至今还有争议。按中国古代史籍,古称"葱岭"的帕米尔高原无疑是包括了北边的阿赖山,这样阿赖山谷就是帕米尔高原最北端的一个大型河谷。

古丝路衰落后,连同阿赖山谷也渐渐淡出人们的视野。现在,几乎很少有人知道阿赖山谷的存在。在查阅国内相关文献资料时,我几乎找不到有关阿赖山谷的任何研究或报道。我想,这不仅是因为人们对古丝路的研究和报道还有很多空白,而且与目前我国学界、媒体界对中亚地区的整体忽视有关。这种情况的出现其实并不正常——在国家"一带一路"倡议的大背景下,中亚地区是连接中国与欧洲的重要枢纽,而我们对它的认知却如此模糊。

作为丝路上的一个地理单元,阿赖山谷其实是我们认知中亚地区的一个重要窗口。

放眼2100多年前的西汉,张骞出使西域,就是经由阿赖山谷,到达了西域一个非常重要的大国——大宛。

除了张骞,从阿赖山谷走过的,还有汉朝的将军李广利,以及外国的探险家,如斯文·赫定、斯坦因、伯希和、马达汉等。他们无不是通过阿赖山谷开展了具有影响力的外交、军事或科考探险活动。

李广利率汉军两次远征大宛,都经过了鸟飞谷。几十年后,西域都护甘延寿、陈汤率大军兵分两路远征康居,斩杀匈奴郅支单于，其中一支"从南道逾葱岭径大宛"[1]，也经过鸟飞谷——只有这样水草丰美的河谷，才能容纳数万大军的行进、宿营，为他们提供足够的水草保障。

东西走向的阿赖山谷，处于西风带上的水汽通道上，年降水量300毫米至400毫米，这个降水量在干旱的中亚地区已经算很不错了。更何况，两侧高大山脉所储存的巨量冰川，为谷地提供了源源不断的融水补给。

这条巨型河谷究竟是如何形成的？是流水切割，断裂构造，还是冰蚀作用"掏出"的U形谷？首先，流水切割这个因素可以排除，因为当地的降水量应该不足以产生强大的切割力量。我在查阅资料时（国内关于阿赖山谷的资料实在少得可怜）发现，阿赖山谷正好位于一个大断裂带上，因此可以断定，谷地形成的首要因素是断裂构造，其次是冰蚀作用——历史上多次出现的冰期和间冰期，导致冰川进退和流动，对谷地产生了强大的"刨蚀"作用。

其实，阿赖山谷还是一条极具观赏价值的"红层谷"。谷地南侧那列外阿赖山，就是一列气势雄伟的红层大山。

从鸟飞谷折向北就到了中亚地区人口最稠密的费尔干纳盆地，也就是大宛国的核心区。费尔干纳盆地几乎四面环绕雪山，因此水源非常丰富。古称"药杀水"或"珍珠河"的锡尔河，是由盆地周边众多的支流汇合而成，由此浩荡向西流向咸海。费尔干纳

---

[1] 《汉书·卷七十·傅常郑甘陈段传第四十》，第3011页。

二 通往费尔干纳盆地的"鸟飞谷"

盆地因优越的地理位置和宜人的气候,农业发达,人口稠密,自古就是富庶之地,被苏联划分后,如今分属吉尔吉斯斯坦、乌兹别克斯坦和塔吉克斯坦:塔吉克斯坦获得了盆地唯一的开口、西边的苦盏,乌兹别克斯坦获得了盆地的中央核心区,而吉尔吉斯斯坦获得了盆地的北、东、南边缘。因此这里的国境线犬牙交错,一不留神就会非法越境。

2500年前,第一波斯帝国兴起,统治了从帕米尔到地中海的广大地区。波斯帝国建立200多年以后,在公元前4世纪时,古希腊出现一个不世出的军事天才,就是马其顿的国王亚历山大大帝。他率领希腊联军一路东征,灭了波斯帝国,一直打到印度河与帕米尔高原,一路上建立了十几个亚历山大城,最远的叫"极东亚历山大城",地点就是今塔吉克斯坦的苦盏,西汉时西域大宛国的都城贵山就是这里,苏联时期名为列宁纳巴德。苦盏曾被认为是中亚地区最难攻克的堡垒之一,却未能幸免于成吉思汗的毁灭。现存的历史遗迹中,塞赫·马萨尔·阿德丁陵墓造型优美,陵墓的对面是"潘什尚别巴扎",意为星期四集市,这也是中亚最大的"巴扎"(集市)之一。来到巴扎,正是当地人采购午餐的时间点,馕作为中亚人民餐桌上不可或缺的食物,香气弥漫。瓜果和坚果也正是成熟的季节,整个市场里人头攒动,非常热闹。

我们一路从凉爽的楚河流域翻山越岭,到达盆地时,立即感觉到暑热难耐,人间烟火气十足,满目是房屋与水稻田,景象与

2200多年前的张骞看到的并无二致——"耕田,田稻麦""有城郭屋室。其属邑大小七十余城"。锡尔河川流不息,绕城西去。这座丝路上的古老城池,见证着东西方文明的交融。

或许很多人没想到,古代中国最辉煌的西域史,是在吉尔吉斯斯坦书写的。这些汉唐时期的古丝路,就是那段历史的见证。

三

从丝路中道到北道的热海道

"明月出天山，苍茫云海间。长风几万里，吹度玉门关。"这是唐代诗人李白的名句，气势恢宏，意象悠远，短短20个字中就有丝绸之路上的两个著名地标，天山和玉门关。唐朝的天山并非如某些人认为的那样，仅指甘肃、青海间的祁连山，在多个场景下也指现在横亘于新疆、中亚地区的天山山脉。长期驻守今新疆的唐朝军旅诗人岑参的《赵将军歌》中有"九月天山风似刀，城南猎马缩寒毛"一句，此处的天山就是现代的天山山脉，诗中的"城"就是唐朝庭州城，在今新疆的吉木萨尔县，正处于现代天山的北麓。包括唐朝设置在今新疆托克逊县的"天山县"，古籍中记载此地"取祁连山为名"，"祁连"即"天"，而托克逊的山脉并非现代的祁连山，它就是新疆的天山。当然，唐朝的天山有时还指漠北（今蒙古国）的杭爱山，那是薛仁贵征漠北铁勒部发生的"将军三箭定天山"之地。

吉尔吉斯斯坦境内的天山腹地

即使在唐朝，能亲眼见到新疆天山的人也是极少数，那么李白对于天山的描述，是想象还是亲眼所见？答案很可能是后者，因为李白就出生于今吉尔吉斯斯坦境内的托克马克附近、天山北麓的碎叶。唐朝有常驻军队的"安西四镇"，碎叶是最靠西的一座，是唐朝在中亚的前沿阵地，因此在西域统治中心的龟兹至碎叶的交通线是唐朝丝绸之路常用的重要路线，也是李白回到中原最可能走的道路。后来5岁的他跟随家人返回中原内地时，必然是沿着天山一路东行数千里，然后进入唐朝的玉门关——在今甘

三　从丝路中道到北道的热海道

肃瓜州城东的疏勒河南岸，也即玄奘偷渡的玉门关，所以他的诗是对现实的写照。

李白出生于今吉尔吉斯斯坦境内，可谓定论，但他本人的族属是什么？他究竟是胡人还是汉人？这在学术圈引发了很大争论。

在中国史籍上，吉尔吉斯人（Kyrgyz）被称为"黠戛斯""坚昆"，原来居住于蒙古高原以北的叶尼塞河上游、贝加尔湖附近，17世纪时受准噶尔人与俄国侵迫而移居中亚，因此唐朝的李白肯定不是吉尔吉斯人。

著名历史学家陈寅恪认为，李白是"西胡族类之深于汉化者"，也就是说，李白应是汉化的胡人。不过，根据唐朝人范传正撰写的李白墓碑文，李白祖籍陇西成纪，是凉武昭王李暠的九世孙，与唐朝皇室同属一支；"隋末多难，一房被窜于碎叶"，即隋朝末年，李白的五世祖迁居碎叶城，这也是李白出生于碎叶最重要的根据。

我认为，族属固然重血缘，但本人认同更重要。李白的自我族属认同非常明确，他在诗歌《胡无人》中直言"胡无人，汉道昌"，所以他向往的是中国国族认同的象征"玉门关"，自我认同"汉人"无疑，后人不必再画蛇添足为他强找另外的祖宗。

玄奘于贞观二年（628年）春天翻越天山，而且有详细的记录：

> （跋禄迦）国西北行三百余里，度石碛，至凌山，此则葱岭北原，水多东流矣。山谷积雪，春夏合冻，虽时消泮，寻复结冰。经途险阻，寒风惨烈，多暴龙，难淩犯。行人由此

路者，不得赭衣持瓠大声叫唤。微有违犯，灾祸目睹。暴风奋发，飞沙雨石，遇者丧没，难以全生。"¹

跋禄迦国位于今新疆阿克苏地区温宿一带，它与吉尔吉斯斯坦相邻，以天山主脉为界。玄奘提到的"凌山"，就是位于中吉边界线上的别迭里山口，在唐朝又叫"勃达岭"。它是传统道路中从南疆翻越天山最重要的山口，这条道路也是丝路中道通向北道的重要通道。当时唐朝的国界到凌山，勃达岭的岭北是突骑施的南界——突骑施是讲突厥语的一个汗国。别迭里山口现在还是中国和吉尔吉斯斯坦的国界。勃达岭以北是丝路北道，走天山北麓，以南是隋唐的丝路中道，汉代的老北道。

高仙芝一共有两次著名远征，一次是去攻打巴基斯坦北部的小勃律，另一次就是远征怛罗斯，即今哈萨克斯坦的怛罗斯，也叫塔拉兹。跟随高仙芝远征的杜环撰有一本书叫《经行记》，书中记载了他跟着高仙芝从安西都护府首府的所在地龟兹出发的经历，龟兹是唐朝在中亚地区的统治中心，大军从这里前往怛罗斯，途中翻越凌山，与玄奘走的路线一模一样。杜环就称这里为勃达岭，他写道："有勃达岭。岭南是大唐北界，岭北是突骑施南界。"²

杜环还写下了这样两句话："西南至葱岭二千余里。其水岭

---

1 《大唐西域记校注》，第67页。
2 （唐）杜环著，张一纯笺注：《经行记笺注》，华文出版社，2017年版，第39页。

三 从丝路中道到北道的热海道

春季积雪的别迭里山口，2015 年 4 月 22 日

南流者，尽过中国而归东海。"[1] 这里的第二句话是错的，杜环不懂现代的地理知识，岭南边水是流在中国境内，但是它流不到东海，新疆没有一条河能流到东海，都流进整个新疆最低的塔里木盆地，流进罗布泊，很多河流在中途就干涸了。

玄奘从跋禄迦国向西北在戈壁滩上走了 300 余里，到达别迭里山口。他描写凌山，"此则葱岭北缘，水多东流矣。山谷积雪，

---

1 《经行记笺注》，第 40 页。

翻越别迭里山口后通往热海的天山北道

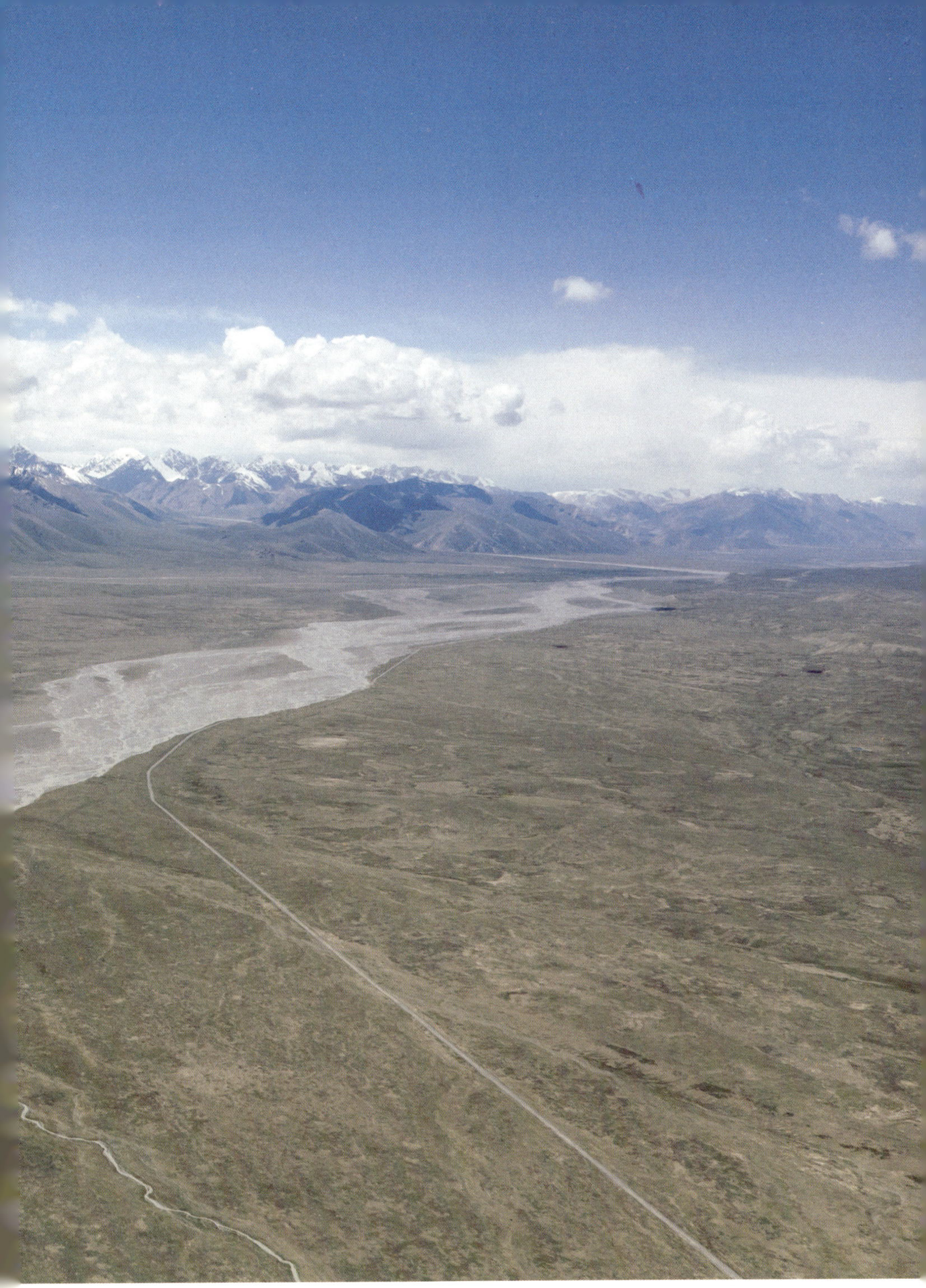

春夏合冻"[1]。当时他带着几十个人的队伍，在春天翻越凌山，不幸遭遇雪崩，人死了十分之三四，十分惨烈。但不幸中的万幸是，玄奘运气非常好，本人安然无恙，否则取经的事迹后人也不会知道。

2015年4月22日，我从境内到了别迭里山口，2019年7月又从吉尔吉斯斯坦到了别迭里山口的北边。这里海拔确实很高，有4000多米，积雪很厚，深处没到膝盖，车开不上来，我们步行上来，走得非常困难。玄奘还说在进入别迭里山口前，见过"石碛"，当地确实是遍地黑色石头的戈壁滩，而不是细细的沙漠。别迭里山口还有汉唐的烽燧，也是第一线的边防哨卡，过去就是突骑施的地界，所以这个山口和烽燧非常有名。

玄奘花费了7天时间，终于穿越天山，他又走了400余里，看到了"大清池"。大清池又名热海、咸海，不过不是现在中亚的咸海，而是吉尔吉斯斯坦境内的伊赛克湖，世界第二大的高山湖泊。玄奘这样描写它："周千余里，东西长，南北狭。四面负山，众流交凑，色带青黑，味兼咸苦"[2]这个高山间的大湖浩瀚一片，气象壮观。它的水面海拔仅1600米左右，从天山上汇入多条溪流，湖边遍布绿洲，沃野千里，适于农业种植。遗憾的是它的湖水是咸的，不能直接喝，我品尝过，确实有点咸味，不过周边有雪山融水注入，可以喝湖边的溪水。伊赛克湖周边是非常优越的避暑胜地，这边湖水非常深，是苏联的潜艇研制基地。

---

1 《大唐西域记校注》，第67页。
2 同上，第69页。

四

何处赤谷城？

早在2000多年前，西汉著名外交家常惠曾在伊赛克湖畔率军屯田，保卫汉朝与属国乌孙的这条重要通道，这里很可能就是乌孙国首都赤谷城所在。

赤谷城的记载最早见于《汉书·西域传》，称它是乌孙国由大昆弥统治的都城，距离长安8900里。《汉书·西域传》中又记载，"温宿国，王治温宿城……北至乌孙赤谷六百一十里"[1]。温宿城在今新疆乌什县，北面即天山主脉，中国与吉尔吉斯斯坦的国界线即在山脊线。

汉元帝时，汉朝的西域都护甘延寿及其副手陈汤，曾率领大军远征杀害汉使的匈奴郅支单于，汉兵分两路，"别为六校，其三校从南道逾葱岭径大宛，其三校都护自将，发温宿国，从北道入赤谷，过乌孙，涉康居界，至阗池西"[2]，即甘、陈两人率领主力由南疆翻越

---

1 《汉书·卷九十六下·西域传第六十六下》，第3910页。
2 同上，第3011页。

热海与赤谷

位于高海拔地带的伊什提克

四　何处赤谷城？

别迭里山口到达乌孙国的赤谷城，再沿着楚河远征至康居国（今中亚哈萨克斯坦、乌兹别克斯坦一带），"阗池"即伊塞克湖。

学术界对于赤谷城所在位置众说纷纭，其中影响最大的是谭其骧《中国历史地图集》（第二册），将赤谷城定在了吉尔吉斯斯坦的伊什提克（Yshtyk），位于天山深处，靠近中国乌什县的边境。但乌什县翻越别迭里山口至伊什提克的步行距离不到130公里，远不及《汉书》中记录的"六百一十里"。伊什提克海拔约3330米，夏季气温较低，寒风阵阵，只长有稀疏低矮的草，完全没有树木，这里属于高海拔夏季牧场，无法种植庄稼，现在此地的牧民人口已寥寥无几，根本无法作为乌孙国的都城，甚至都不能作为定居点，这些与《汉书》中记录的"长罗侯常惠将三校屯赤谷"[1]以及"山多松樠"[2]完全不相符。不能实地考察，而仅凭纸面资料论证，会存在很大的局限性，赤谷城的认定就是非常典型的例子。

2019年7月，我从吉尔吉斯斯坦的一侧到达过伊什提克，南北两侧的传统道路清晰可辨，可通行越野车，但现在山口处于关闭状态，两国间无法由此通行。

按照《汉书》记录的方位、路线、里程、景观与事件，赤谷城只能在伊塞克湖畔的平原上，伊塞克湖四周平原海拔只有1000多米，气候适宜，水源充沛，植被丰富，是优良的农牧业地区。

只要实地到过伊塞克湖以及伊什提克，就很容易判断赤谷城

---

[1]　《汉书·卷九十六下·西域传第六十六下》，第3907页。
[2]　同上，第3901页。

"山多松樆"，靠近赤谷的天山北道

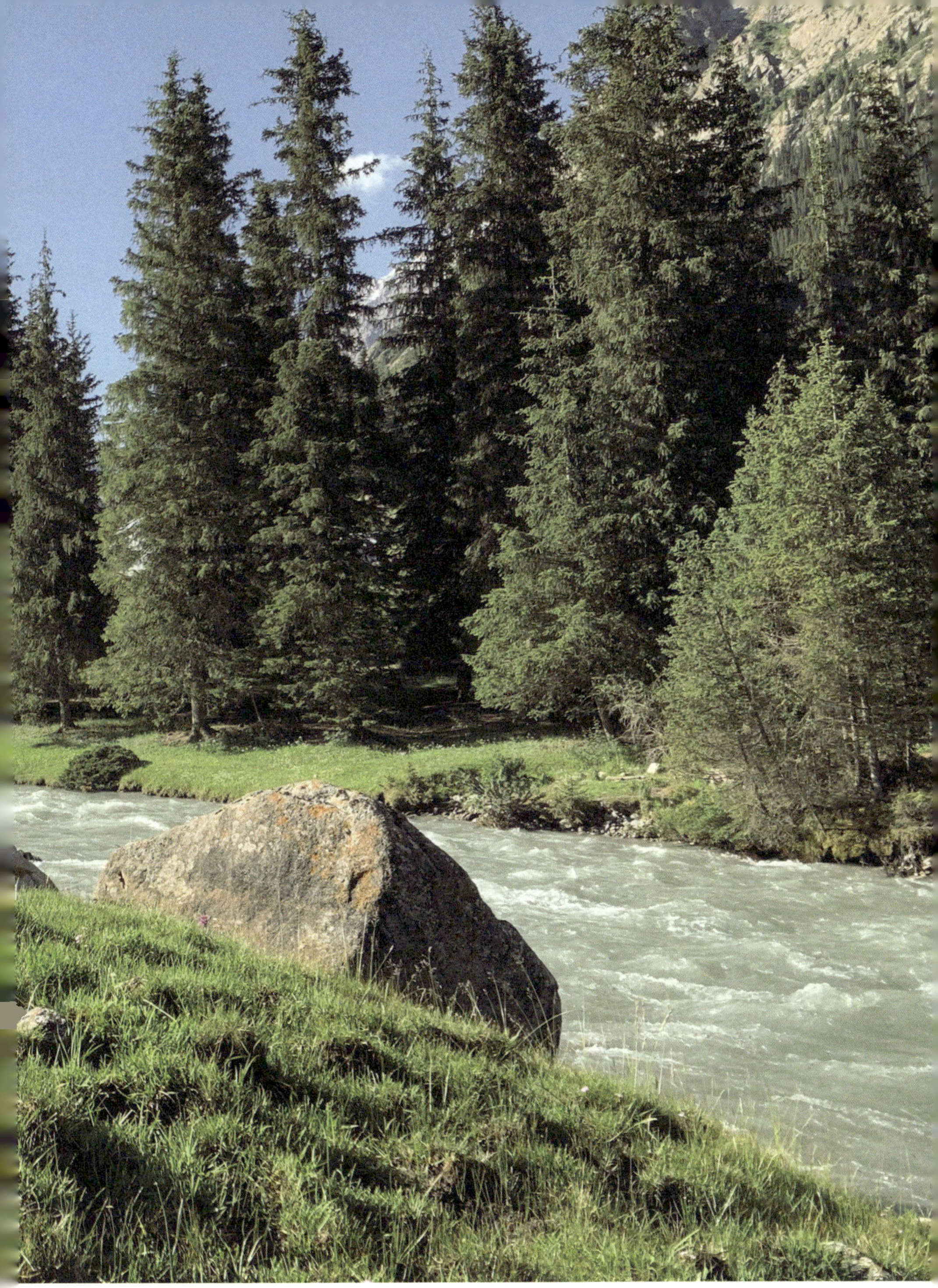

乌孙大墓群

只能位于前者。"赤谷"是汉人的命名，意思是红色的山谷，而伊塞克湖南岸恰恰就有一大片丹霞地貌的红色山谷，由南疆翻越天山到达此地的中国人不可能错过如此鲜明浓烈的视觉冲击，因此命名为"赤谷"。

在伊塞克湖东北角有多座乌孙大墓，出土了大量精美的黄金制文物，很可能是乌孙王族大墓，这也是赤谷城就在附近的证明。在沙皇俄国与苏联时期，考古发现伊塞克湖水下有多座公元前的古城，出土了大量乌孙文物以及中国汉代文物，因此可以断定赤谷城即在其中。

五

天山脚下的楚河与碎叶

> 清池西北行五百余里,至素叶水城。城周六七里,诸国商胡杂居也。土宜糜、麦、蒲萄,林树稀疏。气序风寒,人衣毡褐。[1]
>
> ——《大唐西域记》卷一

现在的伊塞克湖没有外流河,但在几十年前,湖西端有一条库捷马尔迪河(Ketmaldy)流出,汇入楚河。汉朝大军、玄奘、唐天宝年间的高仙芝远征军以及众多丝路商队,都是沿着库捷马尔迪河的河谷进入楚河谷地的。这里是丝绸之路北道通向河中地区的孔道,河中地区就是今乌兹别克斯坦阿姆河与锡尔河之间的区域。

1　《大唐西域记校注》,第71页。

楚河谷地，从碎叶城遗址远眺天山

　　楚河河谷是今哈萨克斯坦与吉尔吉斯斯坦的国界，海拔不到1000米，植被繁茂，宜于农耕，这里现在也是吉尔吉斯斯坦重要的农业区。当年的碎叶城就在这里，城西有几十个小孤城，每个城都有自己的君主，相互之间没有什么同属关系，但全隶属于西突厥汗国。从勃达岭以北到大清池，整个楚河流域全部都在西突厥汗国的控制之下。在碎叶，统叶护可汗举行了盛大宴会，招待来自敌国——唐帝国的玄奘。多年后，玄奘向他的徒弟回忆起这场

五　天山脚下的楚河与碎叶

盛大宴会,"可汗身着绿绫袍,露发,以一丈许帛练裹额后垂"[1],这副形象非常前卫现代,酷似一位摇滚明星。参加宴会的西突厥汗国达官贵人竟然多达"二百余人"[2],"皆锦袍编发,围绕左右"[3],外围还有不知其数的骑兵环绕,仿佛一场盛大的摇滚音乐会。可汗与众人饮酒吃羊肉,而玄奘是出家人,喝葡萄汁,吃素食,菜单也很丰盛,有饼饭、酥乳、石蜜、刺蜜、葡萄等,吃完后又喝葡萄汁。

统叶护可汗劝玄奘不必前往印度,因为天气酷热,会将玄奘热化。在当时那个没有空调的时代,印度一年中几乎全是高温酷暑,确实令生活在温带的人难以忍受。不仅如此,可汗认为印度"其人露黑,类无威仪,不足观也"[4],就是人长得黑,又裸露,很不讲究,太难看,法师还是不要去了吧?但一路上经常鄙视当地人长得丑的玄奘,这时就不附和可汗了,坚持前往印度取经。可汗也不难为他,还特地从军队中找通晓汉语和各国语言、年轻健壮的人充当翻译陪伴玄奘直至迦毕试国(今阿富汗贝格拉姆),即以前贵霜帝国的夏都,还附了致沿途各国的国书,保护玄奘西行。所以玄奘从高昌绕道热海、碎叶得到了此次取经最大的保障,有了霸主西突厥统叶护可汗的保护,整个中亚地区对他来说畅通无阻。

玄奘经过碎叶城仅20多年后,唐高宗显庆二年(657年),

1　《大慈恩寺三藏法师传·卷二》,第27页。
2　同上。
3　同上。
4　《大慈恩寺三藏法师传·卷二》,第29页。

碎叶城遗址

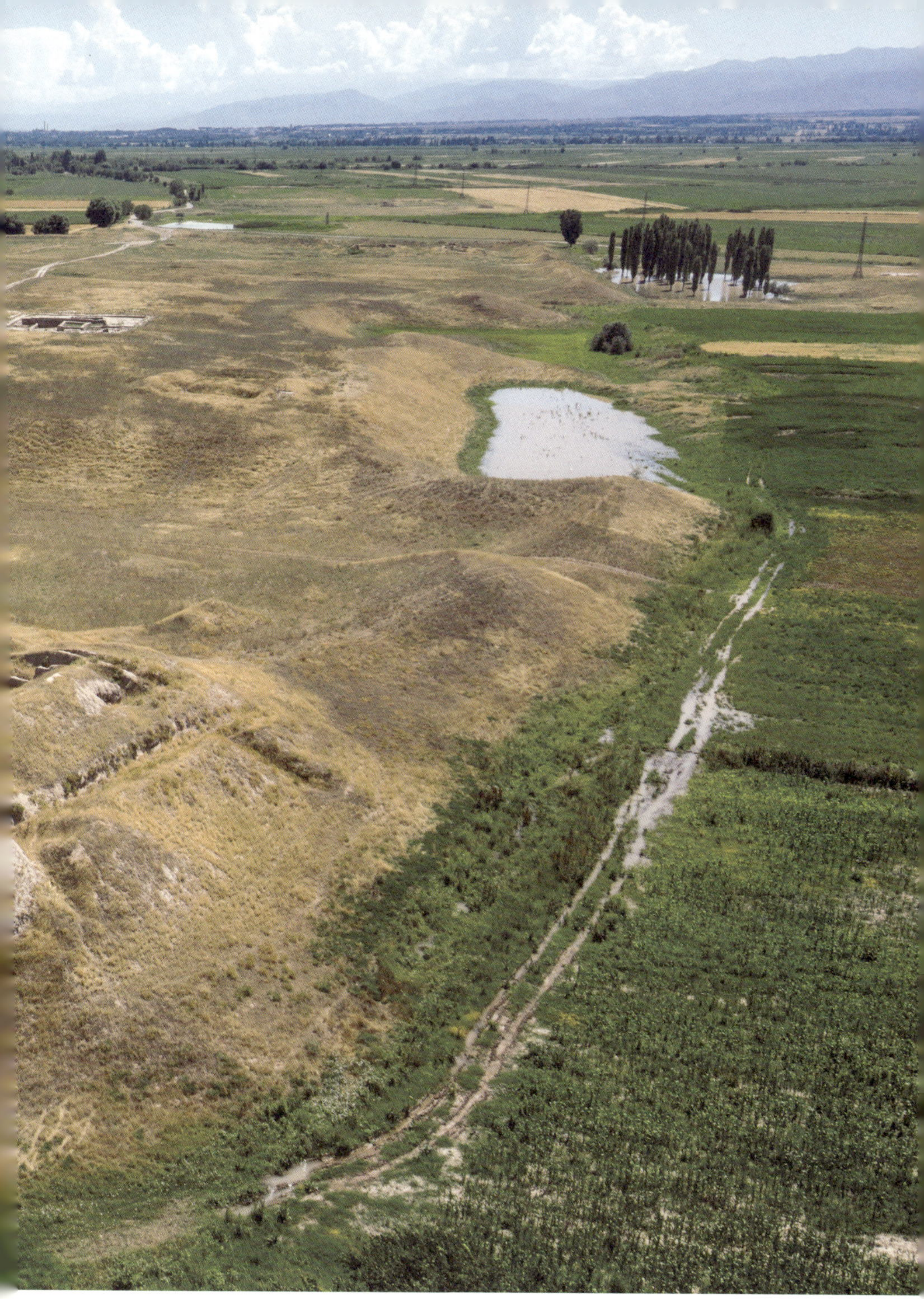

唐军攻灭西突厥汗国。唐高宗调露元年（679年），唐将王方翼修筑碎叶城，用以取代焉耆镇，成为"安西四镇"中最西边的一镇。修建了碎叶城，控制了楚河河谷，碎叶和广大中亚地区都归属于唐朝安西都护府，楚河河谷丰富的农业生产为驻守于此的唐军提供了充足的后勤给养。

后来碎叶城在战争中被摧毁，仅留下一座大云寺——它曾是唐朝交河公主的故宅。1000多年后的今天，大云寺正由日本考古队进行考古发掘。我们到达碎叶时正是2019年盛夏，日本考古队为了避暑已经撤离。交河公主是西突厥十姓可汗阿史那怀道的女儿，也是唐朝异姓和亲公主。开元十年（722年），唐玄宗封她为交河公主，嫁给突骑施的苏禄可汗和亲。大云寺是武则天政治造神的产物，她为了论证"以周代唐"的合法性，下令在全国各地建造多座大云寺，碎叶的这座应该是大唐版图里最西边的大云寺，这足以证明唐朝曾在此进行了实际统治管理。

早在100多年前，著名法国学者沙畹（Édouard Chavannes）就认定碎叶在楚河河谷中的托克马克附近。1960年，英国学者克劳森（Gerard Clauson）根据苏联的考古资料，明确提出楚河河谷中的古城遗址阿克·贝希姆就是唐朝碎叶城。

1982年，此地出土了一尊石刻造像，基座残存有汉字"□西副都□碎叶镇压十姓使上柱国杜怀□"，漫灭消失的3个字是"安""护""宝"。此人即杜怀宝，在《新唐书·王方翼传》中有他的相关记录："徙故都护杜怀宝为庭州刺史。方翼筑碎叶城，

五　天山脚下的楚河与碎叶

面三门,纡还多趣以诡出入,五旬毕。西域胡纵观,莫测其方略,悉献珍货。未几,徙方翼庭州刺史,而(杜)怀宝自金山都护更镇安西,遂失蕃戎之和。"[1] 此段史料明确无误地记录了碎叶城是唐朝将领王方翼修筑的,建成后,杜怀宝又再次镇守碎叶。这是一个罕见的例子,仅有境外出土的文物与中国史料互相印证,它也是证明阿克·贝希姆遗址是唐碎叶城的重要佐证。

碎叶城遗址是很大的一个城,城中有座高台,可能就是当时贵族、首领居住的地方。我站在碎叶城遗址的高台上,放眼望去,整个楚河河谷尽收眼底,南边是巍峨的天山,北边是西流的楚河,扼守于此,就可以控制龟兹—勃达岭—热海—怛罗斯—石国这一路的交通要道。高台上有多个房屋遗址,当年高仙芝率大军驻扎于此,想必也是住在其中的某一间。不远处就是喀喇汗国和西辽的首都八剌沙衮(虎思斡鲁朵),现在还留存有宫殿、陵墓遗址与高大的布拉纳塔。

玄奘在碎叶见到了西突厥可汗之后,继续西行,到达西突厥可汗经常去避暑的地方,名为"千泉",该地也在天山的北麓,如今是一个人口稠密的城镇——梅尔克。我们到达梅尔克时早已物是人非,路边有多处泉水涌出,地面形成湿地,依然是当年玄奘所见情景:"南面雪山,三陲平陆。水土沃润,林树扶疏,暮春之月,杂花若绮,泉池千所,故以名焉。"[2]

---

[1]《新唐书·卷一百一十一·列传第三十六》,第4135页。
[2]《大唐西域记校注》,第76页。

"水土沃润，林树扶疏"的千泉

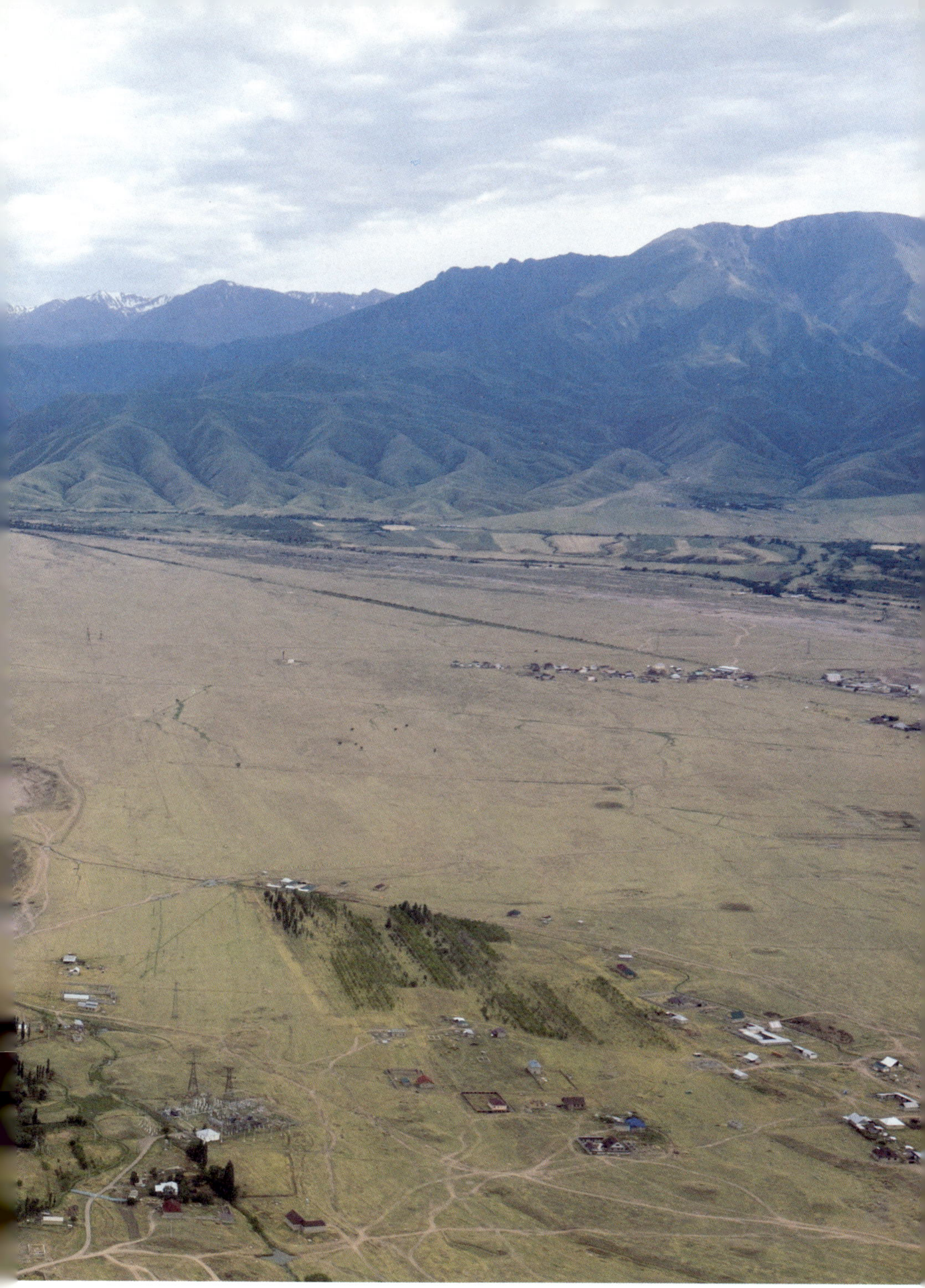

六

凭吊怛罗斯古战场

从碎叶再西行就是怛罗斯,然后丝路开始转向南,到达河中地区粟特人昭武九姓国中的石国(今乌兹别克斯坦的塔什干一带),与丝路中道会合。

怛罗斯就是怛罗斯之战的地方。玄奘描述这里"城周八九里,诸国商胡杂居也"[1],这种状况和碎叶差不多。据杜环《经行记》记载,"川西南头,有城名怛罗斯。石国大镇"[2]。怛罗斯是石国的城市,属昭武九姓国,当时粟特人在河中地区有很多城市。怛罗斯现名塔拉兹,今属于哈萨克斯坦,但城的南郊就是吉尔吉斯斯坦边界。石国的首都在今乌兹别克斯坦首都塔什干附近。如今中亚五国的国界完全是苏联时期人为划定的,很多既非自然边界,也非人文边界。

---

1 《大唐西域记校注》,第77页。
2 《经行记笺注》,第51页—第53页。

六　凭吊怛罗斯古战场

怛罗斯附近的草原

　　在楚河流域一路旅行非常舒服，自然环境特别优良，一座座村镇彼此远远相望，丝路北道一带是哈萨克斯坦人口最密集的地方。我们走的公路边上有一条高大浓密的林荫带，就是古代的道路，中间是车马商队行走的。在中亚地区行走时如果没有树荫的遮蔽，毒辣的太阳很容易把人晒中暑。

　　怛罗斯是一个商业城市，里面有浴室，有基督教堂，也有佛寺和琐罗亚斯德教的教堂。它的市中心有个非常巨大的考古遗址，时间跨度从2000多年前到1000多年前，正好从西汉至唐朝，最深的地层是2000多年前的，也就是中国西汉时期。怛罗斯城是匈奴人建的，这一点很多人想不到。汉元帝时期，匈奴郅支单于杀了汉朝的使者，得罪了汉朝，害怕汉朝军队来报复，就一路跑到郅罗斯，造了一座城。这个考古遗址底层就是2000多年前郅支单于城。建昭三年（公元前36年），汉朝西域都护甘延寿、陈汤率领的两路大军会师于此，汉军攻入郅支城，阵前斩单于，甘延寿、陈汤联名上奏皇帝，写出了千古名句："臣延寿、臣汤将义兵，行天诛，赖陛下神灵，阴阳并应，天气精明，陷陈克敌，斩郅支首及名王以下。宜悬头槁街蛮夷邸间，以示万里，明犯强汉者，虽远必诛。"[1] 再往上是一个1400年前的城市遗址，还有浴室，当年玄奘很可能还在这里洗过澡。在这个地层也发现了琐罗亚斯德教和基督教的教堂，这就是玄奘经过时此地的宗教信仰。

唐天宝十载（751年），玄奘经过此处后100多年，在怛罗斯城外的塔拉兹河畔，当时世界两大强盛的帝国——阿拉伯与大唐之间发生了一场惊天动地的大战。

中国和阿拉伯的史书对这次怛罗斯之战的记录都很简略，甚至连双方的人数也有多种说法。唐朝宰相杜佑著的《通典》认为此次惨败7万人尽没，司马光《资治通鉴》认为"蕃、汉三万众"，而新、旧《唐书》则都认为是2万。对手阿拉伯方面的史料认为中国军队有10万人，当然夸张敌人的力量也是常态。其实这些说法都是需要推敲的，唐驻守安西的全部部队不过24000人，他们当然不可能全部参战，比如几年前高仙芝率安西军征小勃律不过

---

[1] 《汉书·卷七十·傅常郑甘陈段传第四十》，第3015页。

六 凭吊怛罗斯古战场

动员了1万人,那么在怛罗斯之战中加上西域诸国的军队,二三万人比较合理。而对手方的人数,两种阿拉伯史料记录的己方军队人数都是10万人。

高仙芝部下、诗人岑参有一首诗《武威送刘单判官赴安西行营便呈高开府》描绘了此次大战的准备阶段情况,可谓第一手资料:

热海亘铁门,火山赫金方。
白草磨天涯,湖沙莽茫茫。
……
都护新出师,五月发军装。

根据这首诗,战争应该发生于天宝十载(751年)的夏末秋初。岑参很幸运没有上战场,而他的朋友刘单此行应是凶多吉少,很难生还。对于此战的结局,双方都没有异议——唐军大败,阿拉伯史料认为唐军的伤亡高达7万人,其中俘虏达2万多人。怛罗斯之战持续了5天,起初唐军占了上风,后来唐军的同盟军葛逻禄部反戈一击,与阿拉伯军夹击唐军,形势逆转,唐军惨败,高仙芝率残兵逃回安西。杜环是此次大战中的幸运儿,他被阿拉伯军俘虏,西行至巴格达、地中海、埃及、东非、北非,竟然在11年后经海路到达广州回国。杜环所著的《经行记》记录了高仙芝的行军路线:

碎叶国从安西西北千余里。有勃达岭……勃达岭北行千

怛罗斯古战场

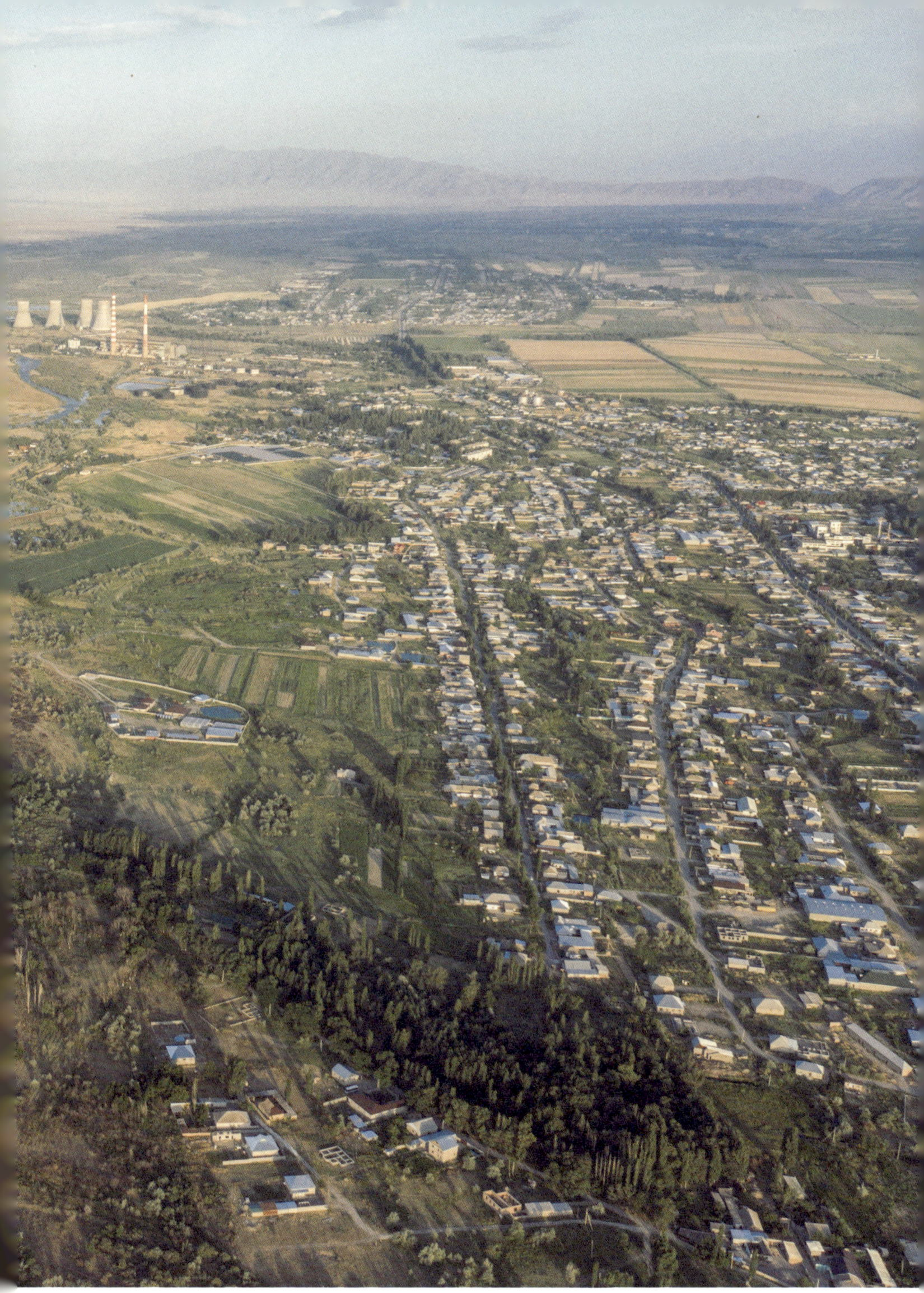

余里，至碎叶川。其川东头有热海，兹地寒而不冻，故曰热海。又有碎叶城。天宝七年，北庭节度使王正见薄伐。城壁摧毁，邑居零落。昔交河公主所居止之处。建大云寺犹存……其川西南头有城，名曰怛罗斯。石国大镇。即天宝十年高仙芝军败之地。[1]

怛罗斯之战后，唐朝的势力并未退出中亚地区。2年后，高仙芝的长期搭档封常清还率军远征大勃律获胜。唐朝退出中亚地区、丝路中断的最重要原因，还是几年后爆发的"安史之乱"，唐玄宗将驻扎安西、北庭和陇右的唐军精锐悉数东调平定叛乱，导致边防空虚，吐蕃趁机占领了河西走廊甚至直至凤翔（今宝鸡）一线，安西、北庭的留守唐军仍然坚守，但在未来的三四十年间，安西北庭也沦陷于吐蕃手中，从此丝绸之路再也没能恢复汉唐时的盛况。

因此，怛罗斯之战虽然没有很大的历史重要性，但这确实是唐朝和阿拉伯帝国之间正面冲撞的一场大战，明载史籍。2019年7月，我到此考察，除了怛罗河水仍然长流，没发现过去的任何痕迹，但据当地人说，在此发现了很多作战的遗物，如甲胄兵器等，正在筹划建立一座主题博物馆。

1　《经行记笺注》，第37页—第53页。

七

粟特人的河中

玄奘经过怛罗斯后,"从此西行二百余里,至赭时国(唐言石国)"[1]。唐言就是汉语,石国是今乌兹别克斯坦首都塔什干一带,这就到了河中地区。这一片是波斯帝国的东北部边疆地区,相当于中国的东北。现在的塔什干是以前粟特人生活的地方,在波斯帝国最东北有一个省叫索格底亚那,意思就是粟特人的地方。它正好处在丝绸之路的中途,从中国去地中海,到这里正好是一半的路程。粟特人天性就擅长经商,便在中间做起生意。唐三彩中那些牵着骆驼或者骑在骆驼上吹着笛子、长相奇特的人偶就是粟特人。

史思明和安禄山都是粟特人,安禄山的"禄山"是粟特语Rokhshan,意思是"光明",因为粟特人普遍信仰琐罗亚斯德教,即中国人俗称的"拜火教"。中国人觉得粟特人的姓太长,很绕

---

[1] 《大唐西域记校注》,第82页。

口，所以他来自哪个国家，就用这个国家的名字给他们作姓，比如安禄山的继父是安国人，来自乌兹别克斯坦的布哈拉，就姓安，虽然他原姓"康"，祖先来自康国，即撒马尔罕。安禄山的副手叫史思明，顾姓思义，他的祖先来自史国（今乌兹别克斯坦的沙赫里萨布兹）。许多沿着丝绸之路来到中国，后来又东迁河北的粟特人都成了安禄山麾下的将士，在"安史之乱"中成为叛军的主力。因为中国人称粟特人为"昭武九姓"，所以史思明号称"昭武皇帝"，也即粟特皇帝之意。

中亚地区的人民并不保守，女人们都不蒙面，男人们也爱美酒，而且这里还出产上好的葡萄酒、白兰地。千万不要以为在这里吃不到猪肉，事实上，塔什干就有不少正宗的中式餐馆，满足中国人对家乡味道的思念。这里也没有大多数人想象中的那么危险，苏联解体后形成的中亚五国，相对于阿富汗、巴基斯坦的安全局势要好得多，一些人其实是把中亚地区和中东地区混淆了。在乌兹别克斯坦，即使是与阿富汗隔河相望的铁尔梅兹，也感受不到什么紧张的气氛。

塔什干这个城市非常出人意料。它是中亚地区最大的城市，也是以前沙俄的中亚总督府所在地，当时叫西突厥斯坦总督府。20世纪60年代，塔什干曾经发生过8级以上的大地震，把整个旧城基本上都摧毁了，苏联各加盟共和国共同援建，重建了一个塔什干。塔什干街头随处可见俄式风格的建筑，沙皇与苏联统治留下的印记无处不在。乌兹别克斯坦独立后的首任总统卡里莫夫酷爱白色，所

七　粟特人的河中

以整个城市以白色建筑居多，再加上大面积的绿化，塔什干显得非常干净、整洁。塔什干是一个非常欧洲化的一个城市，到处是画廊、酒吧，我们住的酒店对面就是一个俄式建筑风格的歌剧院，我们晚上还去看了歌剧《拉美莫尔的新娘露琪亚》，这是一部讲述美好爱情的悲剧故事，主演是乌兹别克斯坦著名的花腔女高音，唱功着实让人赞叹，一开始还担心会有人看不下去，结果每个人都沉醉其中。塔什干也非常时尚，女性穿着时髦开放，甚至满大街超短裙，一点也不保守。这和大家对中亚地区的想象一点也不一样——通常人们会觉得西部很落后，中亚地区更落后，其实根本不是。

塔什干非常多元化。乌兹别克斯坦国家博物馆展出了从布哈拉、费尔干纳等地出土的各式珍贵文物，充分验证了古希腊文明、波斯文明以及东亚文明曾在这里交融、演进。博物馆里有很多佛像，有的就是从乌兹别克斯坦和阿富汗交界处铁尔梅兹的佛寺里搬过来的，过去这里信仰佛教，玄奘见过这里的很多佛寺。国家博物馆里还有各种各样的贵霜贵族塑像。

乌兹别克斯坦有一个民族英雄叫帖木儿，对其他民族来说，他就是个在中亚地区到处屠杀的杀人魔王。实际上帖木儿属于蒙古人和突厥人的混血，帖木儿汗国恰恰就是被乌兹别克人给摧毁的，但现在乌兹别克斯坦人把他当作自己的民族英雄，塔什干市中心还有一个巨大的帖木儿骑马像。这位富有传奇色彩的一代枭雄，还曾想翻越帕米尔高原，远征明朝，无奈病死于征伐途中，使得当时的大明侥幸逃过一劫，百姓免于战乱流离之苦。

塔什干中心广场的帖木儿骑马像

乌兹别克斯坦一连串的城市，从塔什干到布哈拉、撒马尔罕当时都是粟特人的地方，中国统称为"昭武九姓国"，玄奘称之为"窣利"，波斯人称之为"索格底亚那"，这一地区位于中亚两大河流阿姆河和锡尔河之间，又称为"河中地区"，是整个中亚地区最发达的地方，撒马尔罕、布哈拉和希瓦都是世界文化遗产城市。河中地区的北边是从费尔干纳流下来的锡尔河，河水流经的地方就是大片绿洲，边上就是沙漠；南边就是中亚最大的河流阿姆河，发源于帕米尔高原位于中国与阿富汗边境的部分，但

七　粟特人的河中

现在由于中上游建水库，两河的中下游水量小了很多。

粟特人，因为地处中亚，是当年丝绸之路的中间商，东至中国，西至地中海都有他们的商队。玄奘对粟特人颇为不屑，说他们"形容伟大，志性恇怯。风俗浇讹，多行诡诈，大抵贪求，父子计利，财多为贵，良贱无差。虽富巨万，服食粗弊，力田逐利者杂半矣"[1]，认为他们是见利忘义的诡诈之徒，即使有亿万家财，生活也非常粗陋。

从塔什干飞往布哈拉，只需要约1小时。在飞机上拍河中地区可以看得很清楚，布哈拉在阿姆河北侧，阿姆河的支流泽拉夫善河由东向西流经此地，这条河的流域也是粟特人的家园。

这座交融着波斯-阿拉伯、突厥-蒙古和俄罗斯帝国的血泪情仇的丝路古城，中国古称为"安国"，即玄奘的"捕喝国"，但他本人并没到过此地。因为重要的地理位置，布哈拉历来是兵家必争之地。中亚历史的风云在这里书写了浓墨重彩的一笔：布哈拉曾是波斯帝国的一部分，也曾作为萨曼王朝的首都，成吉思汗还曾经亲自率兵征伐，帖木儿的铁骑亦使之臣服，最后被俄罗斯帝国征服。

现在的中亚城市基本上是伊斯兰化以后建的。怛罗斯之战后，阿拉伯的力量在中亚地区占据了主导地位，开始伊斯兰化。唐朝在怛罗斯之战以后没过几年，就发生了"安史之乱"，唐玄宗命令驻扎在新疆、甘肃等西北的边防军主力东调到洛阳、长安和河

---

[1] 《大唐西域记校注》，第72页。

北平定"安史之乱"。吐蕃人趁机从青藏高原下来，把河西走廊、陇东、兰州，甚至宝鸡全部占领，国都长安变成了边境城市。后来，新疆的安西和北庭两个都护府又坚持了三四十年，但是等战士们全部老了以后，这两处也被吐蕃人攻下，西域就此完全丢失。中华文明对这里的影响缺失了，丝路也就中断了。这种中断并不是自然意义上的中断，各地之间的自然道路肯定还存在，但是波斯文明、地中海文明和中华文明之间通过陆路的直接交流停止了，被吐蕃人切断，偶尔能有一二个人走过，但那相当于走私，不能形成大规模的商队，此后商业运输便倾向于走海运。

现在中亚地区的建筑基本上都是伊斯兰化以后兴建的，所以很多都是经学院或者清真寺。但现在人们有一个错误的认识，看到中亚这些大穹顶和细密的马赛克，就以为这是典型的伊斯兰教风格。其实不是，这种建筑风格是波斯式或罗马式，或者是两者的混合。像撒马尔罕的巨大建筑，就是帖木儿俘虏的波斯工匠建的。玄奘如果现在到中亚地区的这些国家去看，他是认不出来的，那时候中亚地区还没有伊斯兰教的清真寺。

布哈拉市中心有一条古路，古代的丝路商队就是从这条道路走过的，路边还遗留了一个巨大的驿站，这是确凿的证明。更有意思的是这个驿站附近有一个佛寺，阿拉伯人进来以后保留了波斯式建筑，把它改建成清真寺，就成了今天的样子。

中亚地区在历史上非常坎坷，从帕米尔到地中海是一个非常完整的地理单元，中间没有大山大河，所以它很容易形成强权，

七　粟特人的河中

穿过布哈拉中心区的丝路，右侧是驿站

被一个国家完全统治，中国称之为"四战之地"。美其名曰"人种的文明交流"，实际是通过战争交流的。哪边的势力强，哪边就过来打一遍。2500年前，波斯人先来打了一遍，然后是希腊的亚历山大，再是帕提亚帝国，一波接一波。摧毁性最大的一次是13世纪蒙古的入侵，蒙古不止一次西征，每一次都经过中亚地区。蒙古人喜欢屠城，中亚地区被蒙古人摧毁得非常厉害。当地灌溉

布哈拉波依卡扬建筑群,上方是雅克城堡

要靠水渠,蒙古人就把水利灌溉系统全部摧毁,水利设施一旦被破坏,很难恢复。波斯文明很发达,大家知道新疆的"坎儿井",就是波斯传到新疆和中亚地区的,坎儿井(Kariz)就是波斯语。

布哈拉市中心的卡扬清真寺有一座巨大的宣礼塔,也是唯一一座完整保留的13世纪之前的建筑,据说成吉思汗打下了布哈拉以后,看到这座塔特别壮观,就特许把这座塔给留了下来。布

七　粟特人的河中

卡扬清真寺

哈拉城内其余的 13 世纪之前、玄奘经过时看到的所有建筑都被摧毁了，变成了一堆废墟。出于保护目的，现在宣礼塔已经不向游人开放登高。布哈拉城外还完整地保存着一处 9 世纪的建筑杰作、世界文化遗产——萨曼王室的陵墓，大圆顶与立方体的结合，象征着天与地的相通。这座历经战乱与风雨洗礼的千年古墓，现在已成为各国穆斯林朝拜的圣地。

从布哈拉到撒马尔罕的驿站

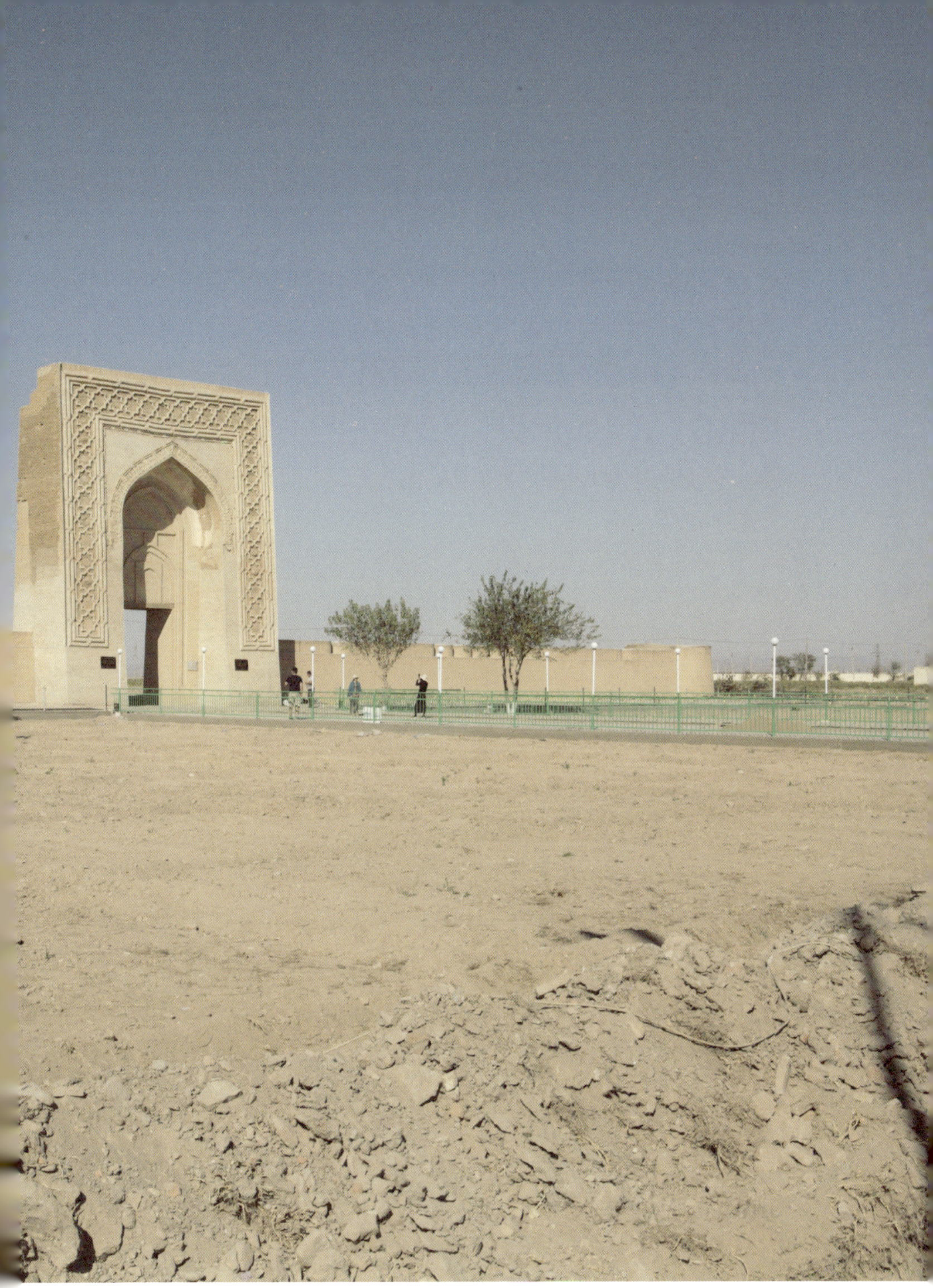

从布哈拉往东到撒马尔罕,是河中地区丝路的主干道,一路沿着泽拉夫善河的绿洲前行。沿途还有古老的水窖,几千年以来,清凉的水源不断供给着丝道上往来的商队行旅。有水源的地方必设驿站关卡,在水窖的斜对面,便是古丝道上的骆驼驿站,遗址区面积广大,不逊于河西走廊的悬泉置。

飒秣建国周千六七百里,东西长,南北狭。国大都城周二十余里,极险固,多居人。异方宝货,多聚此国。土地沃壤,稼穑备植,林树蓊郁,花果滋茂。多出善马。机巧之技,特工诸国。气序和畅,风俗猛烈。[1]

——《大唐西域记》卷一

撒马尔罕可以说是粟特人的首都,是中亚河中地区最大的城市,玄奘把它叫作"飒秣建",这是他由塔什干南下亲自经过的地方。去撒马尔罕的途中可以看到巨大的驿站,建筑也是波斯式的。河中地区完全是平原,公路和古代丝路相对来说是重合的,都是贴着河边走,所以公路边也能看到过去的驿站。从河中地区到伊朗、土耳其,保留了很多这样形式的驿站——和敦煌边上的悬泉置形制不一样,因为葱岭以西是波斯和希腊文明占主流。这些驿站的门特别高,可以把拖着货的骆驼直接牵进去;门很矮的话,骆驼只能留

---

1 《大唐西域记校注》,第87页。

七 粟特人的河中

在外边,一觉醒来货都给人偷光了。有的驿站为骆驼准备了单间的房间,有的只有一间大通铺,把骆驼牵进去和人混居。

玄奘笔下的飒秣建是一座特别大的城市,他前面写到的素叶水只有"周六七里",飒秣建是"周二十余里",而且是"异方宝货,多聚此国""土地沃壤,稼穑备植",农业、商业都特别发达,人口特别多;"机巧之技,特工诸国",能工巧匠最多;"林树蓊郁,花果滋茂,多出善马",自然条件也非常好。到现在,撒马尔罕也是整个中亚地区重要的历史文化名城,留下的遗迹也特别多。

现存的撒马尔罕老城是帖木儿兴建的,他的帝国首都就在撒马尔罕,他死后也安葬于此。沙地广场是帖木儿时代的代表性建筑,它们都是规模宏大的波斯式建筑,镶嵌着马赛克,非常壮观。但玄奘不可能见到这些,它们都是14世纪的建筑。马赛克实际是从东罗马传过来的,中亚地区是一个东西文明不断交流的地方,河中地区讲的本来就是伊朗语的一种方言,很容易和波斯工匠交流,蒙古、突厥等游牧部族不会建造这些建筑,就大量聘请波斯工匠。古代波斯占领了两河流域,即现在的伊拉克一带,边上就是地中海东岸、罗马帝国,所以他们之间的文明交流非常快,不断地刷新技术与文化。

相对来说,中亚地区的地形从帕米尔高原到地中海之间,是一个完整的地理单元,交流非常容易,但是要翻越帕米尔相对困难。中国在东亚大陆的最东端,北边是蒙古高原,东北的森林很

沙地广场

难逾越，西南是青藏高原，海拔太高，还要翻越喜马拉雅山，所以丝绸之路都取道甘肃和新疆，不会走青藏高原。汉唐时期的中国正西方是塔里木盆地的大沙漠，虽然有点绿洲，但再往西走就是帕米尔高原，都很难通过。所以丝绸之路在2000多年的中国历史上，只维持到唐代中叶，持续了1000多年，是中国接触中亚地区的波斯文明、地中海的希腊文明和罗马文明很重要的一条通道。我们现在吃的黄瓜、大蒜、石榴、葡萄和葡萄酒等，马吃的苜蓿，琵琶、二胡、唢呐等乐器，都是张骞通西域以后，逐渐传到中国

七　粟特人的河中

丰盛诱人的农产品

的；中国向西运送的主要是丝绸，是奢侈品。从这一点上来看，在丝绸之路的交易中，输入中国的东西更多、更日常。犍陀罗的艺术和佛教也传到了中国，丝绸之路对双方意义都很重要。

撒马尔罕有优质的农产品，我们在当地时都很喜欢逛自由市场，一逛好几个小时，一边买一边吃，那边瓜果丰盛，色泽艳丽，特别好吃，价格也很便宜。

中亚地区现在能找到的、蒙古人摧毁之前的大型宫殿遗址就在撒马尔罕，即阿夫拉西阿卜（Afrasiab）考古遗址，曾经的古代撒马尔罕城所在地，汉朝西域三十六国之康居，唐朝时属"昭武九姓"的康国。苏联考古学家把当年粟特国王的宫殿挖掘出土，不过整个遗址发掘得很少，因为它规模太大了。在他们的"太和殿"中，也就是国王接待国宾的地方，还有壁画残存，上面居然绘制了唐高宗与武则天的形象，这是非常罕见的。

这幅壁画是用蓝色的青金石粉涂绘的，历经1400年都未褪色。中国绘画有一个特点，就是君主画的比例特别大，像描绘唐太宗的《步辇图》，唐太宗身高达二三米，周边的人都像侏儒一样，这是作画时有意为之。粟特人也是这样，国王和皇后在画中的形象特别大。这幅壁画里几个女子在划龙舟，穿的全是唐装，而粟特人是没有端午节的，因此这幅画借鉴了中国的端午节。坐在前端的是位巨型胖妇人，就是皇后武则天。这就牵涉到一个历史进程：玄奘出玉门关以后进入的西域，是突厥人占领的地方，包括撒马尔罕都是隶属于突厥人的附属国，到唐太宗驾崩时，唐朝的势力也还没到达这里，即现在的新疆中部这一块；到他儿子唐高宗时，唐朝军队继续向西打，才灭了西突厥汗国，唐朝的影响才传到这里。

有个非常有意思的事情，似乎玄奘在《大唐西域记》中记载的那些和他关系好的君主基本都没有好下场。高昌国王麴文泰和他关系最铁，在他去了印度以后，高昌国就被唐军给灭了，麴文泰在城破之前竟被吓死了；玄奘还见了西突厥汗国的统叶护可汗，人家还以国宴招待他，派了翻译、骑兵保卫他去印度，结果第二

七　粟特人的河中

粟特王宫中的武则天

年，统叶护可汗就被刺杀了；印度的戒日王是玄奘的保护人与赞助者，也在玄奘离开印度几年后身死国灭。当然，这些和玄奘都没有关系，只是偶然的巧合。

唐朝灭了西突厥汗国后，以前附属于西突厥汗国的粟特小国就归顺了唐朝。唐朝设置了安西都护府，这些人还是继续当他们的国王，当然会经常接见唐朝使节，所以就把唐朝皇后的像画在壁画上，以示友好。

还有一幅壁画损毁得比较厉害，但仔细看，能看出右边是一个人骑在马上，拿着一个长矛在猎狮，很英勇的一个形象，这个人就是唐高宗。

壁画中的粟特国王和天鹅，中间骑在骆驼顶上的就是粟特国的国王

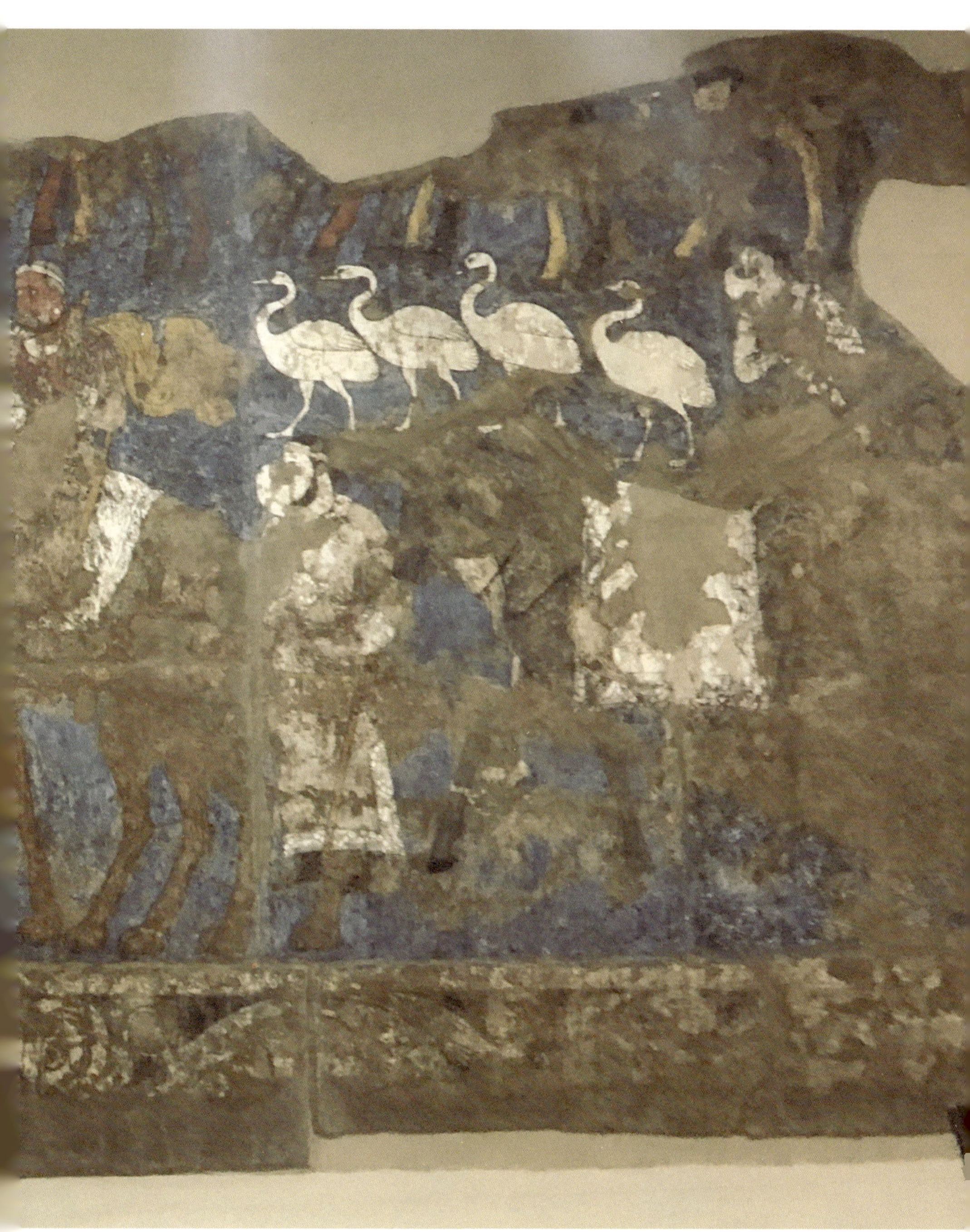

当地还有一个解说的视频，解说词比较详细：

  现在，我们透过阿夫拉西阿卜宫殿，来看一下7世纪撒马尔罕的景象。在挖掘的过程中发现，宫殿里有30多个房间，根据中国的记录，该宫殿极有可能为复式建筑，是能够从远处观看到的大规模建筑物。进入宫殿中央，可以发现一个边长为11米的正方形房间，四面墙上画着拥有华丽色彩的壁画，那么这些画中究竟有什么内容，是出于什么目的画的呢？仔细观看这面的西侧墙壁，一个人的白色衣角上存留着用古代粟特语写成的碑文。

  右侧使团中有一个人，他看似是王的大臣，他前面有三个拿着豹皮的人，推测为来自西藏等山区地区的使团，后面则是古代韩国人，戴着鸟羽装饰的帽子，并配有带圆环装饰的刀。唐朝人站在中央，进贡蚕茧和绸缎，他们看似也是从右侧使团队伍中走出来的，这些人全部来自撒马尔罕的东侧。他们的周围是突厥人，他们在画中或站或坐，壁画的左右，看似是突厥人放下的盾牌和旗杆，有人认为这些物品凸显的是游牧民族的特点，另外由此也能看出突厥对这个地区的影响力。

  对面的北墙上画着的是以唐朝为主题的一幅画，左侧船上的人是一位被推测为唐朝皇后的女性，以及10多名侍女及船夫。下面则是身份不祥的、想象的动物，还有鸭子、喂食

七 粟特人的河中

吃的鸟妈妈和小鸟、莲花等。船的右侧是乘坐着护卫兵的另一艘船,还有水牛和赶水牛的人。陆地上呈现的则是生动的打猎场面,可以看到用长矛击打猛兽的骑马者,以及正在用箭射其他猛兽的骑马者。

这一侧也与南墙一样,图画中的中心人物的大小变化特别大,学者们普遍认为这个人是唐朝的皇帝。对于为何将整个北墙都用来画唐朝人物,我们不得而知。但有一点十分明确,就是这一地区与唐朝关系十分友好。

当时撒马尔罕是粟特人的首都,它不仅和唐朝的关系特别密切,和整个欧亚大陆的关系都比较密切,壁画中就有来自朝鲜半岛和青藏高原的使者。

从撒马尔罕继续向南行,就到了中国旧称"史国"的沙赫里沙布兹,玄奘称之为"羯霜那国",它是今乌兹别克斯坦南部的一个城市。这地方很少有外国人会去。玄奘写自己从撒马尔罕"西南行二百余里入山,山路崎岖,蹊径危险,既绝人里,又少水草"[1]。我们特地选了传统的山间道路前往沙赫里沙布兹,这也是玄奘当年走的道路。

沙赫里沙布兹是帖木儿的老家,他原本想安葬于此,后因路途遥远而作罢,这里迄今仍保存着他的家族墓地。帖木儿在此建

---

1 《大唐西域记校注》,第98页。

山路崎岖，蹊径危险

有巨大的宫殿，宫殿大门原来竟然有 70 米高，帖木儿曾设想用此门来阻挡入侵者的铁骑。巨大的城墙、城门、宫殿大门到现在还有残留，遗迹还有四五十米高。

在夏宫，我们偶遇了一对正在拍摄结婚照的年轻人，新郎的朋友热情地邀请我们参加晚上的婚礼派对，因缘殊胜，500 人的婚

七　粟特人的河中

宏伟的宫殿大门

宴狂欢派对成为此行最意外的惊喜。

在沙赫里萨布兹城郊的小镇，我们的到来将这场热情洋溢的乌式婚宴推向了高潮。主人及宾客热情地欢迎我们，也许是因为这个小城极少见到中国人的缘故，男女老少争相敬酒、合影，一起跳舞狂欢，恍惚有种红毯明星的感觉。

八

找到丝路的重要地标：铁门

> 铁门者左右带山，山极峭峻，虽有狭径，加之险阻，两傍石壁，其色如铁。既设门扉，又以铁锢，多有铁铃，悬诸户扇，因其险固，遂以为名。[1]
>
> ——《大唐西域记》卷一

接下来，玄奘讲到了中亚丝路的一个重要的地标，从沙赫里沙布兹"东南山行三百余里，入铁门"[2]。玄奘在《大唐西域记》里的两个地方讲到了"铁门"这个名称，一个是铁门关，一个是铁门，这两个地方完全是两回事。他提到的铁门关是在中国新疆库尔勒孔雀河峡谷的铁门关，现在遗址还在，当年丝路中道确实是从铁门关走的；而铁门是没有"关"字的，在撒马尔罕的南面也

---

1 《大唐西域记校注》，第98页。
2 同上。

八 找到丝路的重要地标：铁门

确实有个铁门。很多史料上都有铁门的记录，这是中亚从撒马尔罕南下阿富汗、印度，西向伊朗的一个重要通道。

《大唐西域记》对铁门的描写非常夸张，很让人怀疑实地是不是真的这样。

玄奘说"铁门者左右带山，山极峭峻"，就是说铁门左右都是像刀削出来一样的山体，"虽有狭径"，路非常狭窄，"加之险阻，两傍石壁，其色如铁"，两边直立的石壁，颜色像铁一样。"既设门扉，又以铁锢，多有铁铃"，证明山谷特别窄，有大门，轴是铁的，上面还悬挂着铁铃，也就是玄奘经过的时候，这个山谷还有两个大门，可以把整个山谷关起来。所以这个山谷不可能有几百米宽，否则没法造个大门。现在的材料都造不了几百米宽的大门，木头最多做十几米宽的门。

玄奘出了铁门就到了睹货逻国，就是当年的大月氏人统治的大夏，隋唐时候叫作"吐火罗"。"南北千余里，东西三千余里，东阨葱岭，西接波剌斯，南大雪山，北据铁门"[1]，它的东边是葱岭，西边是波斯，南边是大雪山即兴都库什山，位置特别重要。吐火罗国北边的铁门就是它和昭武九姓国的分界线。

蒙古国曾经发现过一块石碑叫《阙特勤碑》，立于唐开元十九年（731年）。阙特勤是后突厥可汗毗伽的弟弟，当时后突厥汗国是臣服于唐朝的，他去世后，唐玄宗就派人去致哀，还立了

1　《大唐西域记校注》，第100页。

"两傍石壁,其色如铁"的铁门

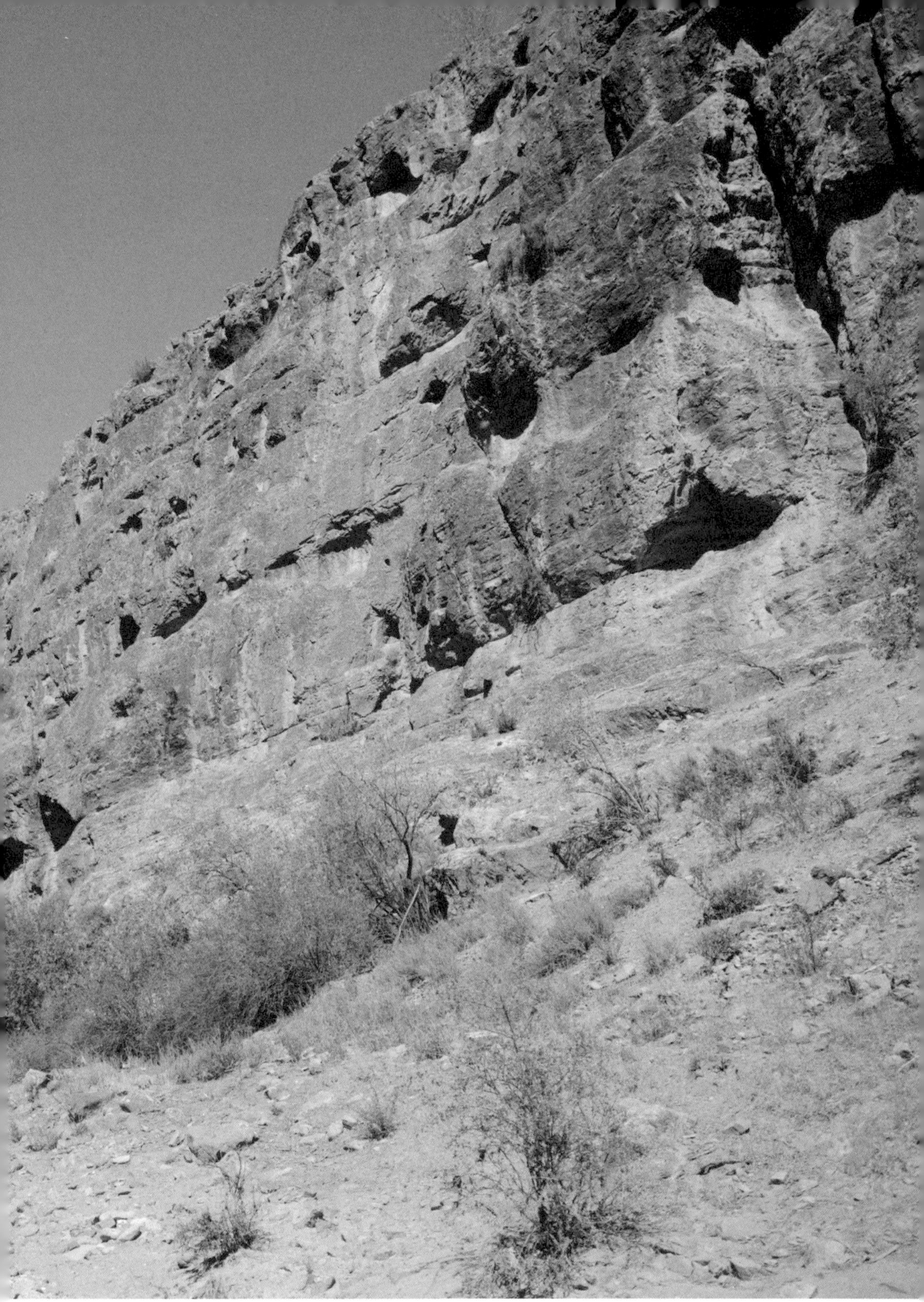

一块《阙特勤碑》，上面刻着写给他的悼词。这块碑是突厥语民族最早的文字记录实物。上面还有毗伽可汗的话，他说自己曾率突厥军队征伐到珍珠河外的铁门。"珍珠河"就是锡尔河，中亚地区两条大河北边是锡尔河，也叫珍珠河，南边叫阿姆河，就是玄奘称的"缚刍河"，两河之间就是这些粟特人的昭武九姓国。

13世纪，成吉思汗西征时，有一个叫邱处机的道士去拜见过成吉思汗。他去的路上也经过了铁门，这在记录他此行的《长春真人西游记》中有记载。

铁门的北边是撒马尔罕，南边是阿姆河，从河中地区越过阿姆河，就到了阿富汗、大夏，即吐火罗故地，铁门是一个很重要的路径。但是它确切的位置究竟在哪里？我找到了它，这应该是中国学者的第一次。

铁门在公路附近，但是离公路有2公里，并不在公路上。几百年前，有一个西班牙和法国的欧洲使团到达撒马尔罕，去见帖木儿。他们曾经画了一幅版画，画的就是铁门，就像电影《指环王》中的那种魔幻情景一样，和玄奘描写的完全一样，极峭峻，其色如铁，10米左右宽的一条道路，两边全是高且陡峭的悬崖绝壁。

中国的史料中也记录了经过铁门的人。600多年前，明成祖派陈诚出使帖木儿帝国，曾经过铁门，陈诚之后，再也没有任何中国人经过铁门的记录。

我根据这些史料描写的位置找到了铁门。根据Google Earth，

八 找到丝路的重要地标：铁门

空中看铁门

看得出我们是走在一个山谷里边，但是它反映不出山谷的陡峭，因为它太陡、太窄了，从太空中不可能发现它，因为阳光照射不进去，都是阴影，卫星也拍不出来，所以从卫星图片上是发现不了铁门的。

这条独特的峡谷只有2公里长，我们走了一个来回，整个峡谷就十几米宽，中间建那两扇门，完全可以把它封闭起来。从航拍照片上看，它就像大地上的一个裂口，像是刀劈出来的。

我们在铁门南端入口碰到一个90多岁的乌兹别克老人，他说在苏联还没修公路之前，商队就是从这里面走的。古代的道路和现在的公路是不在一起的，所以在公路上找铁门永远找不到，它在野外无人区，与公路相隔2公里，很难准确地找到，甚至无人机都看不到，它非常狭窄。我们在峡谷中间还发现了一个平整的大石块，像石桌，大概1米多高，不知道是人工的还是自然形成的，我相信很多人都在上面休息或野餐过，甚至包括玄奘本人。

九

阿姆河边的希腊遗迹和佛国

> 呾蜜国东西六百余里,南北四百余里。国大都城周二十余里,东西长,南北狭。伽蓝十余所,僧徒千余人。诸窣堵波(即旧所谓浮图也,又曰鍮婆,又曰塔婆,又曰私鍮簸,又曰薮斗波,皆讹也。)及佛尊像,多神异,有灵鉴。[1]
>
> ——《大唐西域记》卷一

玄奘继续南行到呾蜜国,就是现在的铁尔梅兹,靠近阿姆河边,河的对岸就是阿富汗。2018年10月,我也跟着他从撒马尔罕一路南下,发现了铁门,然后到达此地。玄奘在这个国家发现了十几座佛寺和佛塔,"窣堵波"就是浮屠,即佛塔。玄奘描写的地方在1400年前基本上都信仰佛教,一直到阿富汗都是佛教国度。

---

1 《大唐西域记校注》,第103页。

坎皮特佩遗址，当年阿姆河由城下流过，现已经南移

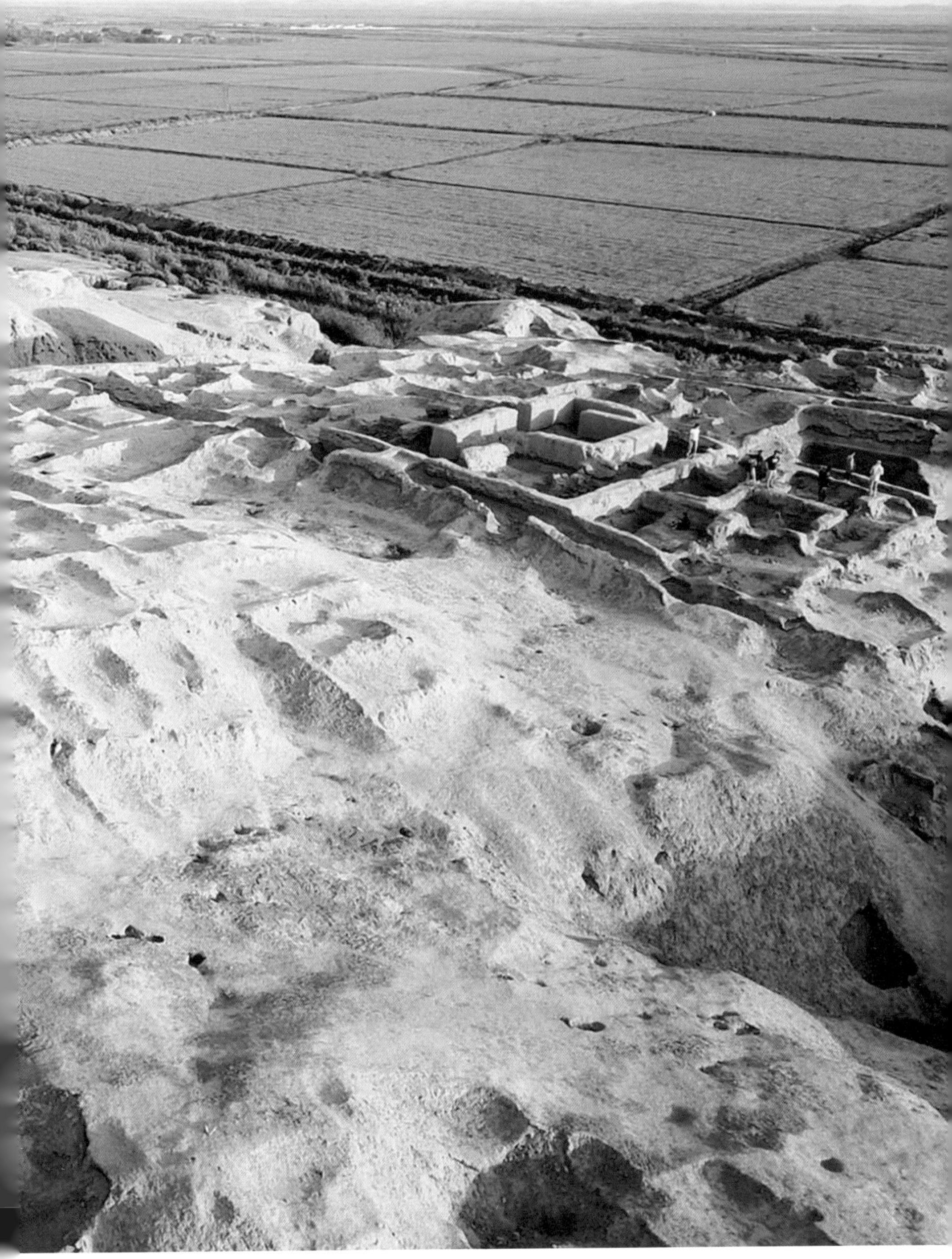

我们到达呾蜜国的阿姆河边，那里留存着一个2300多年前古希腊的城市遗址坎皮特佩（Kampyr-Tepa），此处在铁尔梅兹的西北约30公里处。当年亚历山大大帝远征北渡阿姆河的时候，就是从这里上的岸。站在古城墙上远眺阿姆河，如一条银带闪闪发光，将乌兹别克斯坦与阿富汗分隔开来。

此地和阿伊哈努姆一样也被猜测是"阿姆河边的亚历山大"，但迄今还没有确凿的证据。无论坎皮特佩是不是"阿姆河边的亚历山大"，但公元前329年，亚历山大大帝率领的希腊联军由此渡过阿姆河却是确凿的史实。此前他已经占领了波斯帝国的绝大部分领土，波斯亡国之君大流士三世已经被手下杀死，阿契美尼德王朝灭亡。但亚历山大并没有止住征服的脚步，他率军继续向东进攻，追击杀死波斯皇帝的凶手贝苏斯（Bessus），认为他杀死自己的君主僭称皇帝犯了滔天罪行，这也是为了向广大波斯民众示好统战。传说由于敌人此前已经焚毁了阿姆河上的船只，希腊联军到达南岸后只能利用皮囊泅渡，因此花了好几天时间才得以全军渡过这条他们称之为奥瑟斯（Oxus，即阿姆河）的伟大河流，并在该北岸建立了一座宏伟的城市，就是现在的坎皮特佩遗址，它如今也被列为世界文化遗产。在随后的希腊-巴克特里亚王国时期、贵霜帝国时期，这座城市一直繁荣发展，直至阿姆河不断北移冲毁了城市，居民只得抛弃了家园。

2000多年后，我于2018年10月到达此地，发现遗址周边无人居住，完全是一片荒地，我们要下车步行几公里才能到达这座

九　阿姆河边的希腊遗迹和佛国

荒废的遗址。遗留的城墙仍然非常高大，整座城市坐落于高台之上，分成城堡与下城两部分。该城被一条宽阔的街道一分为二，街道由数个带房屋的街区和一个中央广场组成。在此考古发现了来自不同国家和时代的硬币，不同宗教的殿堂、陶俑、兵马俑，青铜、银、骨制成的珠宝，以及桦树皮和纸莎草纸手稿。而当年造成城市荒废的阿姆河却恶作剧式地再次改道，不过这次是向南，要在高台上远远眺望，才能依稀辨别出地平线上的河流，河对岸就是阿富汗，因此以前该遗址是边界禁区，一般人禁止进入。

我们在此流连许久，穿行于如迷宫一样的遗址中，一间间的房间和一条条街道，直至夕阳远远沉入了远方的地平线。中亚地区是一个精彩纷呈的地方，几千年来，不同的人群，不同的文明，不同的宗教你来我往，盘根错节，层层叠叠难以分清。2300多年前，希腊联军就此北上，越过阿姆河，进入了河中地区，甚至进一步控制了另一条伟大的中亚河流锡尔河上游两岸的费尔干纳盆地，建立了"伟大的爱奥尼亚"——大宛国；200年后，张骞竟然在此喝到了葡萄酒，发现了汗血马，由此吸引了汉武帝的关注目光，开辟了西方人的丝绸之路、东方人的天马之路，将位于亚欧大陆两端的地中海文明、中华文明联系在一起，这一切又何尝不是源于亚历山大大帝率军于此渡过阿姆河呢？

这座可能的"阿姆河边的亚历山大"东南方30公里处是铁尔梅兹，它现在也是阿姆河的重要渡口城市，与之不同的是，它在2500多年前的波斯帝国时期建成，一直繁荣至今。铁尔梅兹经历

法雅兹特佩的佛塔

了波斯阿契美尼德王朝、亚历山大帝国、塞琉古帝国、希腊-巴克特里亚王国、贵霜帝国、萨珊波斯帝国、西突厥汗国、阿拉伯帝国、蒙古帝国……直至帖木儿帝国、布哈拉汗国、俄罗斯帝国的统治，几乎是一部完整的中亚变迁史。

铁尔梅兹城郊也有一个佛教圣地遗址法雅兹特佩（Fayaz Tepe），亦是世界文化遗产。这个寺院是贵霜时代保存较好、最具

九　阿姆河边的希腊遗迹和佛国

代表意义的佛教寺院遗址之一,玄奘曾在此短暂停留并习经讲学,现如今只剩一座佛塔和僧侣居住区的残垣断壁。塔什干博物馆里非常美丽的佛像就是在这座佛塔里出土的,1972年由苏联考古学家发现,据说佛塔下面还有泥塑佛像掩埋于此。守护在这里的老人特意拿出土文物陶器与古钱币,热情地介绍说,自己曾随着日本考古学家加藤九祚参与挖掘工作。铁尔梅兹考古博物馆展出了附近出土的大量佛教造像遗存。铁尔梅兹在历史上曾是佛教东传的重镇,也难怪会让日本考古学家加藤九祚为之着迷,倾其一生发掘与保护文物。

如同众多中亚城市一样,13世纪铁尔梅兹也毁于蒙古人的入侵,但由于其优越的地理位置,很快复兴,14世纪阿拉伯旅行家伊本·白图泰(Ibn Battuta)记录这座城市拥有"精美的建筑物和集市,遍布运河和许多花园"。

19世纪末英俄大博弈的结果是阿富汗与俄罗斯帝国以喷赤河-阿姆河为界,河的右岸属俄,左岸属阿,铁尔梅兹就成了阿俄边境的重要口岸,以前属于俄罗斯帝国,现在属于乌兹别克斯坦,这完全是人为造成的政治边界。在古代,阿姆河两岸同属一个文明圈、一个国家,阿姆河并非自然边界,不是文明交流的阻隔。阿姆河一路流向咸海,位于其下游的是当今世界最神秘的国家,当年在那里诞生了几个强大的帝国——安息(帕提亚)、塞尔柱突厥,它也是奥斯曼土耳其人的故乡。

⬡ 十

在最神秘的国度寻找波斯、希腊、印度遗迹

玄奘经过时称呾蜜国的铁尔梅兹，由此南渡阿姆河，到达缚喝国（今阿富汗的巴尔赫附近），进入了今阿富汗国境。当时的丝绸之路常规路线除了玄奘走的这一条，还有一条从撒马尔罕沿着泽拉夫善河一路西行至布哈拉，然后南下渡过阿姆河到达丝路另一重镇——中国《后汉书》中的"木鹿"，即梅尔夫（Merv）古城，在今土库曼斯坦境内的马雷（Mary）附近，也是世界文化遗产。

土库曼斯坦号称世界上最难到达的国度，当然也是最神秘的国度，经过种种努力，2019年10月我们终于到达此地，开始丝绸之路考察。

木鹿古城历史非常悠久，在波斯帝国阿契美尼德王朝时期已经有记录，留存至今的圆形城堡埃克卡拉（Erk Gala）建于公元前7世纪。公元前4世纪，亚历山大大帝率领希腊联军攻克木鹿，以他的名字将其命名为亚历山德里亚（Alexandria），随后的塞琉古

十　在最神秘的国度寻找波斯、希腊、印度遗迹

波斯人建的埃克卡拉古城与希腊人建的久乌尔卡拉

帝国时期，希腊人扩建了木鹿城，在埃克卡拉南侧建了一个更大的方型城久乌尔卡拉（Gyaur Gala），现存的城墙仍然非常雄伟，高10米左右。

由于其重要的地理位置与建筑规模，随后的贵霜帝国、安息帝国、萨珊波斯帝国、阿拉伯帝国先后统治木鹿，在7世纪被阿拉伯人征服占领前，此处一直流行佛教，而且在此发现了分布最西的佛教遗址。

分布最西的佛教遗址

    经过伊斯兰化的塞尔柱突厥人的又一次大规模扩建，木鹿城被阿拉伯人称为"世界母亲""呼罗珊首府"，也是强大的塞尔柱突厥帝国的首都。新城建在希腊人建的老城西侧，其中留存着至今最壮观的建筑"鸽子窝"（Kepderihana），这里曾是皇家仓库。塞尔柱的几代君主也安葬于木鹿。12世纪，木鹿成为世界最大的城市之一，人口超过50万，但在100年后，与中亚地区的撒马尔罕、布哈拉等大城市一样毁于蒙古人的屠城。

十　在最神秘的国度寻找波斯、希腊、印度遗迹

"鸽子窝"

　　由布哈拉沿着阿姆河向西，就是汉代通向里海周边的奄蔡国的西域北道，分别通往乌兹别克斯坦的希瓦（Khiva）和土库曼斯坦的库尼亚–乌尔根奇（Kunya-Urgench）这两个世界文化遗产，它们曾是统治中亚和伊朗高原的花拉子模帝国（Khwarezmid Empire）的重要城市，后者还曾是帝国的首都。

　　希瓦是希瓦汗国的首都，是中亚地区保存最为完整的古城，也是乌兹别克斯坦第一处世界文化遗产。据说希瓦得名于此处优

希瓦古城

质的水源,商旅经过此地,喝水后大喊"Khey vakh!",即"太高兴了!",因此这座城市以希瓦(Kheyvakh)之名而闻名,现在通常略写为Khiva。在17世纪,希瓦成为中亚地区著名的奴隶市场。19世纪上半叶,大约100万波斯人和数目不明的俄国人在那里被奴役,然后被出售。希瓦汗国于1873年被俄罗斯帝国征服,成为附庸国,1920年被废除,随后并入苏联的乌兹别克斯坦和土

十 在最神秘的国度寻找波斯、希腊、印度遗迹

库曼斯坦两个加盟共和国。

希瓦古城分为内外两部分，城中最显著的地标是中央城市广场上的卡尔塔小尖塔（Kalta Minor Minaret），高 26 米，贴满了蓝色马赛克，本来是清真寺的宣礼塔，但没有完成，只有小半截，而原计划高达 70 米，因此它成为中亚诸多宣礼塔中最别致的一座，也成了希瓦古城的标志物。

由希瓦再向西北的库尼亚-乌尔根奇，汉语旧译为"玉龙杰赤"，是花拉子模帝国的首都，位于阿姆河左岸（南岸），一度超过布哈拉和撒马尔罕成为中亚最繁荣的贸易城市，但先后两次毁于成吉思汗和帖木儿的屠城，现在留存的遗迹已经为数寥寥，由于其历史文化价值，仍然被列为世界文化遗产。

丝绸之路的主要方向还是伊朗高原、两河流域以及最终的地中海地区，因此即使向西到达玉龙杰赤后，还是要向南进入伊朗高原；经典丝路在河中地区的主要干道是撒马尔罕-布哈拉-木鹿一线，由木鹿向南直接到达伊朗的赫拉特，或向西经由尼萨（Nisa）到达伊朗高原。尼萨位于土库曼斯坦的首都阿什哈巴德（Ashgabat）西郊，紧邻伊朗边界，在 2000 多年前，它是帕提亚帝国的首都，在中国史料中因其开国国王阿尔沙克（Aršak I）的名字，又被称为"安息"。帕提亚帝国全盛时期统治整个伊朗高原、两河流域、阿富汗以及阿姆河以南的中亚地区，是当时与罗马、贵霜、汉并列的强盛帝国，罗马几百年的劲敌，它也是丝绸之路上中国的主要贸易伙伴，曾用 2 万骑兵在边境迎接汉朝的使者。

花拉子模帝国首都玉龙杰赤遗址

尼萨遗址

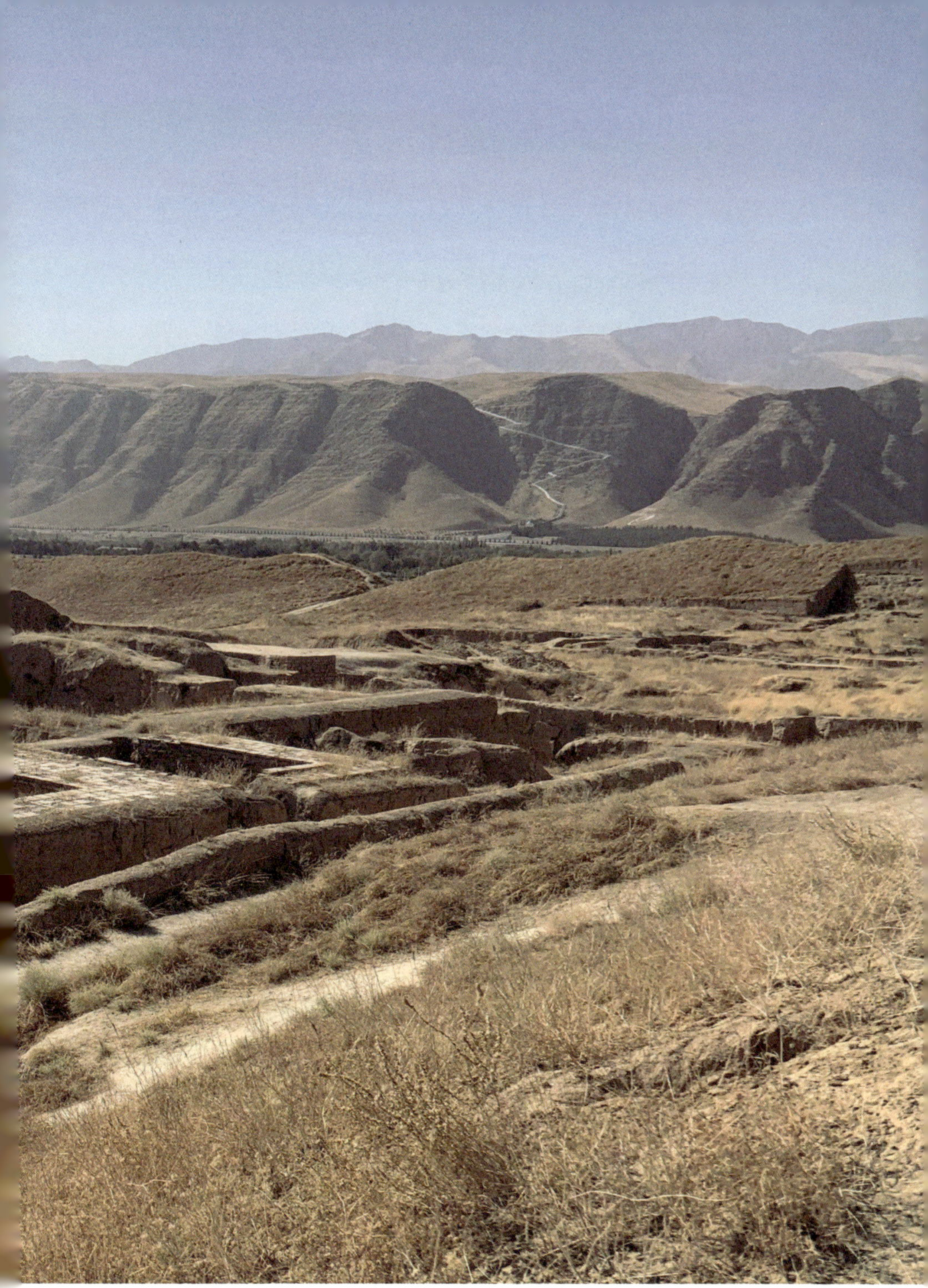

帕提亚帝国起源于今天的土库曼斯坦，不断南下占领了希腊人的塞琉古帝国在伊朗高原的领土，希腊人被其分开为东、西两大部分，塞琉古帝国向西退往地中海东部的黎凡特地区，而留在中亚、与故乡切断联系的希腊人则建立了希腊-巴克特里亚王国和大宛国。帕提亚帝国深受波斯与希腊文明的影响。

尼萨城由帕提亚开国国王阿尔沙克一世（公元前248年—公元前211年在位）建造，成为其强大帝国的首都，毁于公元前1世纪的大地震，其遗址也是世界文化遗产，在此出土了大量的希腊化文物，收藏于阿什哈巴德的国家博物馆。虽然阿什哈巴德号称"白色大理石城"，但乏善可陈，除了这一座收藏了大量帕提亚文物的博物馆。

土库曼斯坦也是汗血宝马的原产地。2019年，我有幸在土库曼斯坦观瞻并骑行了汗血宝马。当时我特地向马主人求证，汗血马吃什么东西，他说吃苜蓿和大麦，不吃其他的草，因此苜蓿作为马的食物，当时才会一并引入中国。我又问马主人，马为什么会"汗血"，是否如流行所说，是马身上的寄生虫导致皮肤出血所致？马主人断然否认，并且让我抚摸马的皮毛。汗血宝马的皮毛光滑如锦缎，皮肤非常薄，可以清楚看到皮下的血管，马奔跑时血液流动加速，汗出如浆，给人一种流汗血的错觉。汗血马四肢细长，体态纤秀，用拇指和食指可以环绕其脚踝，奔跑轻盈如同舞步，但脾性暴烈，速度很快，非主人不能驾驭。俊逸剽悍的汗血宝马又被称为"天马"，正是汉武帝对"天马"的热情追求

十 在最神秘的国度寻找波斯、希腊、印度遗迹

金色的汗血宝马最名贵

导致丝绸之路的最终开辟,这也是为什么丝绸之路亦被称为"天马之路"。

中亚地区和很多人印象中的不一样,想到中亚地区就觉得是草原、游牧,其实不是,它有非常繁荣的农业文明和商业文明,还有很多城市,留下了丰富的遗址,包括佛教、琐罗亚斯德教、希腊式的建筑遗址,还有留存千年的驿站。中亚地区是波斯、希腊、印度等多重文明的交汇之地,精彩纷呈,是丝绸之路经过的最为丰富多彩的路段。

结束语

读万卷书，行万里路

读万卷书是为行万里路做准备，万卷书提供了大量的线索，但它们毕竟只是多手资料，并非事实本身，所以必须行万里路到达现场进行实地考察，验证万卷书的准确性与精准度。这是10年来我进行丝绸之路精准复原工作的原则方法，本书是丝路精准复原工作的初步总结。因此要读万卷书，更要行万里路，否则只会沦为室中书呆子或行走莽夫。

"丝绸之路"是在2100多年前西汉时期的天马战争，即汉军两次远征大宛以后正式开辟、开通的，到唐朝"安史之乱"以后基本中断。这是经典的丝绸之路，而不是现在被泛化的丝路。"丝绸之路"不是简单的地理意义上的道路，简单的地理道路在几万年前可能就存在，只要有人类就有道路，一直到现在仍然存在——帕米尔地区牧人放羊、放牦牛还是在走这些经典意义上的

结束语　读万卷书，行万里路

丝绸之路。

经典的丝绸之路就是汉唐全盛时期，通过河西走廊的玉门关、阳关，经过罗布泊、塔里木盆地的绿洲，翻越壮丽的葱岭，通向中亚地区，到达波斯和地中海的线路干道。丝绸之路是中华文明、波斯文明、地中海文明等几大文明体之间直接交流的道路。同一个文明内部，如武威、张掖之间也有道路，从这个村到那个村也有道路，但这些不能叫丝绸之路，因为它们在同一个文明体内，它们之间的交流没有重大的文明交流意义。2000多年前的希腊文明就在中亚地区，这不仅是有历史上的记录，实地也有丰富的遗迹可证明；2000多年来，巨大的山脉、河谷和山口也都没有什么变化；即使如自然环境变化最大的罗布泊，由当年丝路全盛时期烟波浩渺的大湖到彻底干涸，我们也可以从湖盆的盐壳判断当年湖水的范围。

"精准复原"就是揭示了古人是怎样行走的，古人的眼睛能看到什么样的景观，让现代人能最大限度目睹古人看到的情景，古人是如何从此走过，而不是在现代高速公路、铁路经过的茫茫戈壁沙漠上经历所谓的"丝绸之路"。

"学术以审美开始，以审美结束"，这是我在进行第一次丝绸之路考察时随口说的一句话，至今一直信奉，这是我本人对学术的要求。缺乏审美的学术，学者没有从事的激情；缺乏审美的学术，大众缺乏欣赏的需求。因此我想将本书以简洁清楚的文字，配有大量的一手图片、简明的路线地图呈现，让读者在获得第一手信息之余，又能沉浸于丝路之美。

丝绸之路属于学术，更属于大众。本书的初衷就是让大众更好地、更真实地了解丝绸之路的来龙去脉，以及目睹留在今天地球表面的真实遗迹，让大众能行走在同一路线，到达同一地点，缅怀、想象行走在这条路上的旅人，与他们共享此情此景，同情同理，才能真正逼近他们当年的感受，大众又能沉浸于丝绸之路的想象：当年玄奘和其他丝路行旅真的就是经过这里，昔日他之所见皆我今日所睹。

本书想呈现给读者"你从未见过的丝绸之路"，所有内容完全来自我本人实地考察后获得的第一手信息，而不是史料的排列组合、推理加工，这就是本书的写作初衷：奉献给读者完全原创、精准的丝绸之路信息，以及建立在实地考察基础上对丝绸之路的全新认识与思考。

侯杨方

2022年6月于上海